JN415733

2판

아동연구의 방법

Doing Research in Child Development
and Early Childhood Education

2판

아동연구의 방법

Doing Research in Child Development and Early Childhood Education

조복희
이주연
김양은
지음

교문사

머리말(2판)

대부분의 사람들에게 '연구'는 흰 실험복을 입고 비이커가 구비된 실험실에서 현미경을 보는 것을 연상케 하고, '통계'는 어려운 수학적 공식과 수치가 제시되어 이해하기 어려운 영역으로 인식되고 있다. 그러나 인간이 살아가는 사회현상에 대한 이해를 위해서는 자연과학적 연구뿐만 아니라 사회과학적 연구가 필요하며, 연구를 수행하기 위해서 통계적 방법이 개발되어 왔다. 요즈음 언론에서 여론조사 결과를 이야기할 때 '신뢰수준 95%에 표본오차 ±3.0%'라 발표하는 것도 조사연구와 통계가 실생활에 얼마나 밀접한지를 보여주는 것이다.

사회조직에서 성장하고 발달하는 영유아 및 아동학을 전공하는 대학원생들의 연구도 그 어느때보다 활발히 이루어지고 있다. 하지만 이들을 가르치고 논문을 지도하게 되면 연구방법에 대한 기본적인 지식이 부족할 뿐 아니라 통계분석에 대해서 지나친 부담감을 갖고 있음을 알 수 있었다.

본 책은 영유아 및 아동, 청소년을 대상으로 이루어지는 다양한 연구의 방법과 통계분석에 쉽게 접할 수 있도록 구성되어 실제로 연구를 수행하는데 도움이 될 뿐 아니라 기존 연구를 이해하는 데 길잡이가 될 것으로 기대한다. 다만 질적연구는 그 자체만으로도 또 다른 연구방법과 분석이 요구된다고 판단하여 이번 개정에서 다루지 못한 아쉬움이 있다.

본 책은 2008년도 '아동연구의 방법'을 개정한 것이다. 개정에는 3명의 저자가 참여하여 복잡한 수학적인 공식은 가급적 배제하고 적절한 예시를 제시하는 데 좀 더 시간을 할애하였다. 이번 개정판도 초판과 마찬가지로 전체를 5부로 구성하였다. 제1부에서는 연구의 중요성과 연구 윤리에 대해 서술하였다. 제2부에서는 연구의 절차, 3부에서는 연구자료의 수집방법, 4부에서는 자료에 대한 적합한 통계방법을 기술하고 있다. 마지막 5부에서는 가상 데이터를 사용하여 인문사회분야에서 널리 사용되는 통계프로그램인 SPSS(version 28)를 활용하여 실제적 통계결과를 제시하였다. 아무런 통계지식이 없는 학생들도 가상 데이터를 갖고 프로그램에 입력하여 지시대로 클릭을 하면 순식간에 결과를 도출할 수 있어 통계 분석에 대한 두려움을 없애는 데 도움이 되리라 생각된다. 또, 5부에서 도출된 결과를 갖고 차근차근 앞부분을 학습하는 것도 본 책을 활용하는 또 다른 방법일 것이다.

책이 나오기까지 많은 분들의 도움이 있었다. 먼저 본문에 제시된 연구를 수행한 연구자들에게 깊은 존경과 감사를 전한다. 제시된 예시를 바탕으로 후배들과 후학들이 연구방법을 이해하고 새로운 연구를 수행하는데 밑거름이 될 것이라 생각된다. 아울러 책의 출간을 위해 애써주신 교문사 관계자분들과 강의자료를 제작해준 이경돈 박사에게도 고마운 마음을 지면으로 대신한다. 본 책을 통해 영유아 및 아동학 분야에서 신뢰롭고 타당한 연구가 더 많이 이루어지길 기대해본다.

2022년 2월

머리말(1판)

최근 과학적이고 실증적인 연구에 대한 관심이 느는 것은 사회가 발전할수록 객관적인 근거나 자료에 대한 필요가 높아지는 것을 반영한다. 특히 계속 새롭게 발전하는 통계 프로그램의 적용으로 실증 연구의 질도 크게 높아지고 있다.

저자는 1970년대 중반 미국에서 통계학과 연구 방법론을 수강하면서 특정 언어의 장벽을 넘어 전 세계 연구자와 소통할 수 있는 실증연구의 매력을 실감할 수 있었다. 학위를 마친 후 학부와 대학원에서 학생들을 가르치고 논문을 지도하면서 이러한 과목들의 중요성을 더욱 느끼게 되었다. 이 과목들을 강의하면서 생소한 용어와 개념들을 학생들이 좀더 쉽게 이해하도록 '연구방법론'의 교재를 개발하였다. 1991년 《가정학 연구방법론》을 출간하였고, 10년 뒤인 2002년에는 《생활과학 연구방법론》을 출간하였다.

연구의 방법은 전공영역에 따라 크게 다르지 않으나 학문의 세분화로 아동을 대상으로 연구하는 전문가들만을 위한 안내가 필요하리라 여겨졌다. 이번 《아동연구의 방법》은 두 가지 목적에서 집필되었다. 먼저 아동에 대한 연구는 대단히 어렵고 여러 가지 제약이 있는 가운데서도 다양한 연구 방법들이 개발되어 왔고, 이러한 연구방법의 도움을 통해 좀 더 쉽게 아동에게 접근할 수 있다는 것을 알도록 한 것이다. 또 다른 목적은 비단 연구는 하지 않지만 연구를 비판하고 연구결과를 평가할 수 있는 전문적인 능력의 개발에 기여하는 것이다. 아동을 대상으로 한 모든 전문가가 연구를 하는 것은 아니며, 그들 중 일부분은 아동에 대한 연구결과를 이용하는 기회가 많기 때문이다.

이 책은 본 저자의 기존 저서를 개정하는 틀에서 크게 벗어나지 않는다. 그러므로 연구방법론의 앞의 두 책과 마찬가지로 총 5부로 구성되어 있다. 제1부에서는 아동학 연구와 과학적 연구의 중요성을 다루었으며, 최근 우리나라 연구에서 크게 이슈가 되고 있는 연구의 윤리에 대해 서술하였다. 제2부에서는 연구의 절차에 따라 그 과정을 상세히 기술하였다. 이것은 전공에 따라 연구의 과정이나 강조하는 절차가 다를 수 있기 때문에 연구를 전체적 맥락 속에 이해하도록 돕고자 하는 것이다. 제3부에서는 연구자료의 수집방법을 소개하고, 특히 최근 많은 연구자들이 관심을 두고 있는 질적 자료 수집방법도 다루었다. 제4부에서는 수집된 자료의 성격에 적합한 통계 방법을 기술하고 있다. 제5부에서는 가상 자료를 만들어 컴퓨터에 입력하며 최신 윈도우용 SPSS을 이용하여 도출된 결과를 해석해 보았다. 이 통계 프로그램은 클릭만으로도 통계자료를 분석할 수 있도록 하여 통계 초보자들도 그 과정을 이해하는 데 큰 어려움이 없도록 하였다. 5부로 구성된 이 책은 한 학기의 강의로는 내용이 다소 많아 강의 대상이나 강의 성격에 따라 1~3부와 4~5부로 나누어서 강의를 할 수 있도록 하였다.

그동안 연구법에 대한 교재를 내면서 젊은 연구자들이 연구 기술을 향상시키는 데 도움이 되기를 바라면서 노력해 왔으나 여전히 아쉬운 점들이 있다. 연구방법을 쉽게 이해하도록 내용을 가능한 간단히 하고자 한 것이 깊이가 없는 책으로 비치지 않을까 염려도 된다. 많은 내용을 포괄적으로 다루다 보면 양이 지나치게 방대해져 손쉽게 이용하기 어려울지도 모른다는 판단에 가능한 기술방법을 축약하였다.

이 책이 나오기까지 많은 분들이 함께 애써주셨다. 먼저, 저자가 1990년 울산대 박혜원 교수와 함께 번역한《발달심리의 연구법》으로부터 많은 도움을 받았다. 공동역자인 박혜원 교수에게 감사드리고 싶다. 또한 제2장 〈연구의 윤리〉, 그리고 제8장 중'검사 및 측정도구', 제15장 〈질적 연구〉를 집필한 이윤형 교수에게 고마움을 전하고 싶다. 두 사람의 전공이 각각 발달심리학, 유아교육이어서 이 책에 실린 연구에서의 실제 예가 다양한 것이다. 그러므로 이 책은 아동을 대상으로 연구하고자 하는 아동학 전공 학생은 물론 심리학이나 유아교육 전공 학생들에게 연구에 대한 이해와 실제적으로 연구를 수행하는 데 도움이 될 것으로 기대한다. 마지막으로 원고 정리와 교정에 많은 시간을 할애해 준 최현아, 이경돈, 전나리 조교에게 고마움을 전하고 싶다. 또한 이 책이 출판되기까지 애써주신 (주)교문사 류제동 사장님과 편집부 직원 여러분께 감사의 뜻을 전한다.

2008년 2월

저 자

1부 아동연구의 기초

2부 연구의 절차

1부

아동연구의 기초

1장

과학적 연구

과학이라면 우리는 화학이나 물리 등의 자연과학을 연상한다. 자연과학은 연구의 과정이 엄격히 통제된 실험실에서 정확하게 이루어지는, 즉 '과학적 방법'으로 이루어지기 때문이다. 그러나 심리학, 사회학 등의 사회과학은 자연과학에 비해 덜 통제된 상황에서 연구가 진행된다. 이러한 차이에도 불구하고 지식을 밝히고 탐구한다는 점에서는 사회과학이나 자연과학의 목적은 똑같다.

표 1-1 지식에 대한 과학적 접근과 비과학적 접근의 특성

	비과학적 접근	과학적 접근
일반적 접근	직관적	실증, 경험적
태도	무비판적, 수용적	비판적, 의심
관찰	일시적, 비통제	통제, 체계적
보고	편향, 주관적	비편향, 객관적
개념	모호, 추가 의미	분명한 감정의 조작적 정의
도구	부정확	정확, 정밀
측정	타당성과 신뢰도가 낮음	타당하고 신뢰로움
가설	검증 불가능	검증 가능

출처: Shaughnessy, Zechmeister, & Zechmeister(2014).

과학이란 보편적 법칙을 추구하는 체계화된 지식의 총체로 정의되며, 그 본질은 논리적이며 경험적이다. 논리적 측면은 과학적 이론으로 설명되며 경험적 측면은 과학적 연구로써 밝힌다.

1. 과학의 목적

자연과학이든 사회과학이든 종류에 관계없이 과학의 궁극적인 목적은 이론의 구축에 있다Kerlinger & Lee, 1999. 이론을 제시하면서 자연현상이나 사회현상을 구체적으로 기술하고, 설명하며, 예측도 하면서 나아가 통제를 할 수 있다.

1) 기술

기술description은 과학적 연구의 가장 기본적인 목적이다. 기술이란 현상을 체계적으로 묘사하는 것으로 변수 간의 관계를 정확히 진술하는 것이다. 각 연구 분야에서 관심 있는 현상을 정확하게 기술하는 것은 실증적 연구로 가능하다. 실증적 연구를 통해 어떤 현상이 나타나는 빈도, 중앙치, 분포 등을 살펴 그 현상의 상태를 파악하고 관련된 변수들을 발견할 수 있다. 이러한 변수들의 발견은 이론 개발을 위한 기초로서 매우 중요하다.

아동연구에서는 특정 연령에 보편적으로 나타나는 발달적 변화를 기술하는 것이 그 목적 중 하나이다. 예를 들어, 우리나라 유아가 걷기 시작하는 월령, 2세 유아가 획득한 단어 수, 5세 아동의 하루 평균 TV 시청 시간, 아버지의 하루 육아 참여 시간을 알아보는 것은 기술하고자 하는 다양한 주제 중 일부이다. 현상의 확인을 통해 신중하게 기술하여 관련성을 찾아야만 그 관계를 잠정적으로 설명할 수 있게 된다.

2) 설명

과학의 두 번째 목적인 설명explanation이란 '왜 그런 현상이 일어나는가'를 밝히는 것이다. 어떤 현상이 일어나는 선행원인이나 조건을 밝히게 되면 현상의 설명이 용이하다. 인과관계의 연구는 현상을 설명하기에 가장 적합하다. 예를 들어, 아동의 폭력적 TV 프로그램 시청이 공격성과 관계가 있다고 밝혀졌다면 왜 그러한 관계가 나타났는지를 설명해 주어야 한다. TV 프로그램에 대한 모방이 공격성의 원인이 되는지, 아니면 아동의 선천적 특성인 공격적 성향이 폭력적 TV 프로그램에 대한 선호를 야기하는지 등, 그 원인을 설명해 주는 것 역시 과학적 연구의 목적이다.

한편, 아동을 대상으로 하는 연구의 또 다른 중요한 목적은 개인차를 설명하는 것이다. 아동의 키, 인지능력, 정서적 반응, 성취동기의 수준 등 개인차가 유전적인 요인인지, 환경적인 요인인지를 설명하고자 하는 노력을 많은 학자들이 하고 있다.

3) 예측

예측prediction이란 어떤 현상이 실제로 일어나기 전에 미리 그것에 대해 말하는 것을 뜻한다. 만약 두 현상이 지속적으로 관련을 갖고 일어난다면 그 현상에 대한 예측이 가능할 것이다. 어떤 자연현상이나 사회현상을 예측한다는 것은 그 현상이 일어날 수 있는 조건을 정확히 알고 있다는 것을 의미한다. '취업어머니의 아동은 고정된 성역할 개념을 갖지 않을 것이다.', '아동기의 정서문제는 성인이 되어 대인관계에 어려움을 야기할 것이다.' 등은 연구를 통한 예측의 예이다.

4) 통제와 적용

어떤 현상에 대해 잘 이해하였고, 설명, 예측할 수 있다면 그 현상을 통제

control하고 적용application할 수 있다. 현상의 발생원인이나 선행조건에 대해 잘 알고 예측할 수 있다면 그 현상을 일으키게 하는 조건을 제거하거나 제시함으로써 통제와 적용이 가능하다는 것이다. 아동연구의 궁극적인 목적은 아동 개개인 삶의 질을 높이는 데 있다. 그러므로 연구에서 밝혀진 결과에 따라 통제하거나 적용하여야 한다Shaughnessy et al., 2014. 자연과학에서는 통제가 쉬우나 심리학, 아동학, 유아교육 영역에서는 쉽지 않다. 사회과학에서 사용하는 통제의 형태에는 중재프로그램, 처치요법 등이 있다.

기술, 설명, 예측, 통제는 연구에서 서로 밀접하게 관련이 있다. 어떤 현상의 원인과 결과를 밝힌 인과관계 연구에서는 설명을 할 수 있을 뿐만 아니라 예측, 통제가 가능하기 때문이다.

2. 과학적 방법

지식을 일반화하고 체계화시킨 형태의 이론을 제시하기 위해서는 과학적 접근을 해야 한다. 이는 다음과 같은 기본 가정에서 출발한다Miller, 2017.

> 이 세상에는
> 첫째, 자연현상이나 사회현상이 존재하고 있다.
> 둘째, 자연현상이나 사회현상에는 일정한 규칙이나 유형이 있다.
> 셋째, 이 자연현상이나 사회현상의 규칙이나 유형은 과학적 방법을 통해 관찰될 수 있다.

과학적 접근방법의 중요한 기본 원칙으로 객관성objectivity과 반복성replication을 들 수 있다. 객관성이란 개인적이고 주관이 없어야 한다는 의미가 아니라, 연구과정을 가능한 객관적으로 진행시킨다는 의미이다. 반복성이란 한 연구에서 얻은 결과가 다른 연구자에 의해 같은 절차를 걸쳐 수행되었을 때 비슷하거나 같은 결과가 얻어질 수 있어야 한다는 것이다. 같은 결과가 많은 다른 연구에서 나오게 되면 경험적인 일반화가 이루어지는 것이다. 이 두 원칙은 서로 관련되어 객관성이 유지되면 반복이 가능하고 반복되어 얻어진 결과들은 그 객관성이 인정된다.

과학적 연구는 논리적인 체계에서 비롯된다. 이 논리체계의 방법으로는 연역법과 귀납법이 있다.

1) 연역법

연역적 논리deductive logic란 일반원리에서부터 특수원리를 추출해 내는 사고법이다. 이는 큰 법칙이 작은 실례들을 통해 증명되는 것으로서 아리스토텔레스의 논리적인 추론방법, 즉 삼단논법의 기본 틀 —'인간은 모두 죽는다.', '소크라테스는 인간이다.', '그러므로 소크라테스는 죽는다.'—이 대표적인 예라 하겠다. 인간은 죽는다는 큰 법칙이 소크라테스의 실증적인 죽음으로써 증명되는 논리적인 지식체계를 구성하는 것이다.

2) 귀납법

특수한 사례들로부터 일반원리를 세우는 사고법이 귀납적 논리inductive logic이며, 이는 관찰된 작은 사례들로부터 일반화를 통해 이론을 발전시키는 사고과정이다. 즉, 소크라테스는 죽고 또한 많은 인간들이 죽는다는 사실을 알아낸 후 소크라테스가 인간임이 확인되면, 결국 '모든 인간은 죽는다.'라는 결론에 도달하는 것이다. 그러므로 귀납법에서는 구체적인 사례나 관찰, 경험 등에서 새로운 사실을 알아내 진리를 찾고자 한다.

연역법과 귀납법의 두 논리는 연속적으로 이어진다. 이 순환의 관계를 그림으로 보면 그림 1-1과 같다. 관찰을 통해 자료를 수집하여 일반화시키고 이론을 세운다귀납적 방법. 그리고 이론으로부터 새로운 방법으로 추리하고 가설을 세운다연역적 방법. 이 가설은 관찰과 일반화를 거쳐 다시 이론을 수정한다귀납적 방법.

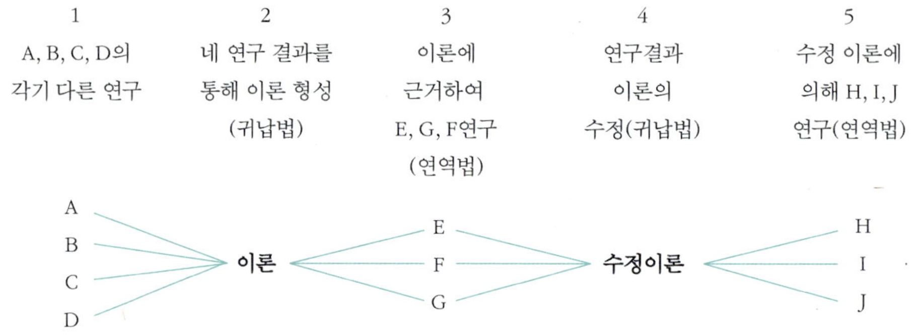

그림 1-1
귀납법과 연역법의 관계
출처: Davis & Smith(2020).

3. 과학적 사고의 요소

과학적 사고를 구성하는 요소와 그 정의를 살펴보면 다음과 같다.

1) 개념

개념concept은 이론의 기본 구조로 사물, 사건, 그들의 관계 및 특성 등 현상을 나타내는 추상적이고 관념적인 구성물이다. '학생'이라고 하면 공부한다는 개념을 보여 주고 있으며, '남성성'이라면 남자들이 갖는 특성을 의미할 것이다. 개념은 의사소통을 위한 상징이다. 그러나 같은 용어를 두고 대화 시에 서로 다른 개념으로 접근하는 것이 보편적이다. 예를 들어 지능에 대해 연구할 때, 지능의 범위를 어디까지 한정하는가에 따라 지능의 개념이 서로 달라질 수 있다. 그러므로 개념의 명확성과 정확성 확립은 연구의 필수적인 첫 단계라 할 수 있다.

2) 패러다임

패러다임paradigm은 일반적 관점, 또는 준거틀로서 우리의 관점을 조직하는 기본적인 모델 또는 도식scheme이다. 패러다임은 때로는 개념과 이론의 원천이 되기도 한다.

3) 이론

과학적 설명의 한 유형이 이론theory이다. 이론은 논리적으로 상호연관된 현상에 대한 체계적인 설명이며, 개념과 변수가 그 구성요소이다. 이론은 먼저 현상을 설명하고 예측해야 한다. 둘째, 이론은 검증이 가능해야 한다. 어떤 이론은 여러 가지 현실적 여건으로 지금 당장은 검증이 어려울 수 있으나 궁극적으로는 검증할 수 있어야 한다. 이론보다 좁은 의미로 사용되는 것을 모형model이라고 한다.

가설, 이론, 모형, 법칙의 차이점

- 가설: 검증될 수 있는 예측에 대한 진술이다.
- 이론: 변수들 간의 관계에 대한 체계적이고 일반화된 설명이다. 가설, 법칙(laws), 모형은 이론으로부터 추출할 수 있다.
- 모형: 이론보다 좁은 의미이며, 변수 간에 수학적인 관계로서 기술되는 경우가 많다.
- 법칙: 가설이 검증되었거나 또는 부분적으로 검증되었을 때 법칙이라 한다.

출처: Mitchell & Jolley(2012). Research design explained(8th ed.). Belmont, CA: Wadsworth Publishing.

4) 가설

가설hypothesis이란 실증적 실재에 대한, 또는 경험적 검증을 위한 진술이다. 이 진술은 둘 또는 그 이상의 변수간의 관계, 즉 독립변수와 종속변수 간의 논리적인 기대이므로 검증할 수 있는 형태를 지니고 있다. 연구자는 연구를 위한

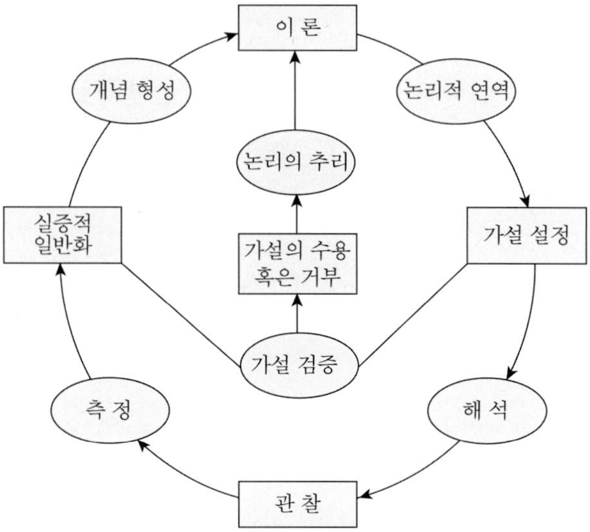

그림 1-2
과학적 연구에서 이론과 가설의 관계
출처: Black(1994).

가설을 설정할 수 있다. 이것을 연구가설research hypothesis이라 하며, 예측이 가능한 결과로 검증과정을 거친다.

5) 변수

변수variable는 실제 가설검증을 위해 설정된 개념이다. 즉, 개념이 이론이라면 변수는 관찰과 측정으로 볼 수 있다. 그러므로 연구에서는 변수의 조작적 정의operational definition를 필수적으로 하게 되는데, 이것은 변수를 측정하기 위해 변수를 구체적이고 객관적으로 조작하여 정의하는 것이다.

변수의 분류는 다양하다. 양으로 측정될 수 있는 연속변수와 대상의 속성에 따른 분류만 가능한 비연속변수가 있다. 또는 연구자가 조작할 수 있으며 통제하고 영향을 주는 독립변수independent variable와 연구의 결과를 구성하며 독립변수의 영향을 받는 종속변수dependent variable로 나눌 수도 있다. 변수에 대해서는 다음 장에서 상세히 기술하고 있다.

6) 관계

대부분의 연구는 개개 변수들의 속성을 규명하기보다는 변수들의 관계 relationship를 밝힌다. 관계에는 상관관계와 인과관계가 있다.

(1) 상관관계

상관관계correlation란 두 변수 간에 관계가 존재함을 의미한다. 많은 연구에서는 종속변수에 미치는 독립변수의 효과를 보고자 독립변수의 값을 인위적으로 변화시키고 그 효과를 관측한다. 그러나 독립변수의 통제가 불가능하거나 힘든 경우 상관관계 연구를 하게 된다. 예를 들어, 아동의 폭력적 TV 시청과 공격성의 관계연구에서 두 변수 간에 정적인 관계가 발견될 수 있다. 이때 연구자는 그 관계가 상관관계인지 혹은 인과관계인지 설명하고자 할 것이다. 먼저, 폭력적 TV 시청이 아동을 공격적으로 만드는 원인이 될 수 있다. 그러나 이와 같은 설명은 실험적으로 TV 시청을 조작하지 않았으므로 확신할 수 없다. 아무런 실험적 조작이 없었다면 TV 시청이 원인이기보다는 원래 공격적인 아동이 폭력적 TV 시청을 선호한다는 설명도 가능하기 때문이다. 또 다른 설명은 TV 시청과 공격성이 어떤 제3의 요인과 관련될 가능성이다. 예를 들어, 부모의 아동 양육 방식이 공격적 행동을 증가시키고 폭력 시청을 좋아하도록 할 수도 있다는 것이다. 이때 두 변수는 같이 변화하나 어떤 하나가 다른 하나에 영향을 주지는 않는다. 따라서 이처럼 변수들 간의 관계에 대한 해석에서 원인과 결과를 분명히 밝힐 수 없을 때 상관관계로 해석하게 된다.

(2) 인과관계

인과관계causality란 하나의 변수가 항상 원인이 되고 다른 변수는 항상 결과가 되며, 이 두 변수 간 관계의 방향이 절대적으로 역이 될 수 없는 것을 뜻한다. 인과관계의 기준은 다음 3가지를 들 수 있다.

- 시간상 원인이 결과를 앞선다.
- 두 변수는 실증적으로 서로 관련되어 있다.
- 두 변수와의 관계는 제3의 변수에 의해 설명될 수 없어야 한다.

그림 1-3은 학업스트레스와 성적이 인과관계가 없다는 것을 보여 준다. 인과관계에서는 원인과 결과의 방향성이 중요하고, 제3변수인 외생변수가 두 변수와의 관계에서 관련이 없어야 한다. 그러나 그림 1-3에서는 학업스트레스와 성적 간의 방향성이 불분명하여 시간상 원인과 결과가 명확하지 않고, 제3변수인 학업동기가 두 변수와 관련이 있기 때문에 학업스트레스와 성적은 인과관계에 있다고 결론내릴 수 없다.

인과관계는 결정적 모형deterministic model이라 한다. 다시 말해서 무엇이, 왜 그랬는가를 설명해 주는 방법이다. 자연과학은 결정적 모형에 근거해서 연구를 하지만, 제3변수의 가능성이 많은 사회과학에서는 확률적인 인과모형probabilistic causal model 연구가 많다.

상관관계는 인과관계를 증명해 주지는 않으나 상관연구에서 인과론적 결론을 유도할 수도 있다. 다음과 같은 세 경우에는 인과론적인 결론을 내릴 수 있다.

먼저 변수의 상식적 성격으로 인과관계를 자연스럽게 밝힐 수 있는 경우이다. 예를 들어, 성과 공격성이 상관이 있다면, 성은 원인이 될 수는 있으나 역으로는 상식적으로 용납되지 않는다. 따라서 성은 공격성의 원인이 된다. 두

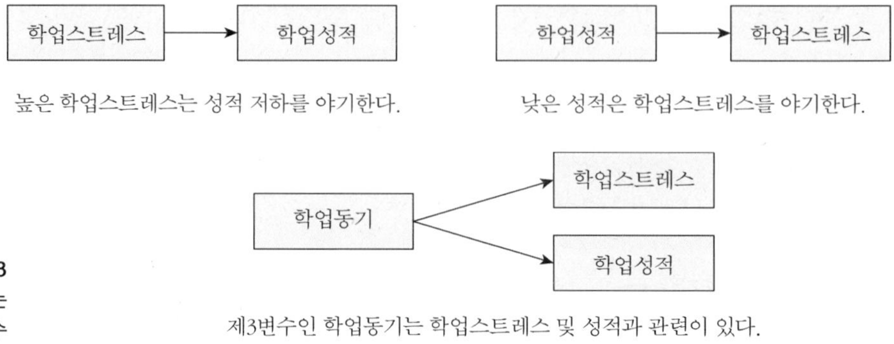

그림 1-3
인과관계로 볼 수 없는 두 변수

번째는 부분상관partial correlation 기법을 이용하여 제3의 공통요인을 통제시킨다. 제3의 요인을 통제하였을 때 두 변수의 상관이 감소된다면 그 관계는 없는 것으로 판명되나, 그 관계가 지속된다면 실제적인 관계가 규명되는 것이다. 그러나 모든 제3의 요인을 통제할 수 없다는 한계가 있다. 세 번째, 시차를 이용한 연구cross-lagged panel correlation가 가능하다. 이 방법은 일종의 종단적 연구방법이다.

4. 아동연구의 맥락

아동을 대상으로 하는 연구는 이들의 행동, 사고, 감정 등의 질문에 대한 해답을 과학적인 방법으로 구하는 것이다. 이때 아동의 행동, 사고, 감정 등은 역사적 맥락, 사회·문화적 맥락, 도덕적 맥락에서 야기되고 이해되어야 한다 Shaughnessy et al., 2014.

1) 역사적 맥락

심리학이 독립된 학문의 영역으로 인정된 것은 19세기 독일 라이프치히에 세워진 실험실 연구에 그 근거를 두고 있다. 그 이전 아리스토텔레스와 데카르트 같은 철학자들의 사고에 대한 저술을 심리학의 한 분야로 볼 수 있지만, 19세기 들어와서는 실험을 통한 과학적 실증연구가 인간 행동의 이해에 크게 기여할 것으로 간주되었다. 실증적 과학적 연구에 기초한 심리학자들은 감각과 지각에 관심을 두었고 아동에 대한 과학적 연구를 하게 되었다.

2) 사회·문화적 맥락

아동연구는 역사적 맥락에서 이해되고 과거의 연구 축적 토대 위에 새로운 연구가 이루어지는 것이 분명하므로 사회·문화적 맥락 속에서 수행된다. 모든 인문사회연구는 사회와 연구 간의 상호관계 속에 이루어지므로, 연구가 사회에 영향을 주고 사회는 연구에 영향을 주는 것은 명백하다. 그러므로 연구자는 사회에서 관심을 갖는 주제를 선정하게 되고, 선정된 주제를 통한 연구결과는 사회에서의 수용 정도 등을 염두에 둘 수밖에 없다. 예를 들어, 최근의 어머니 취업은 시대적 조류이므로 어머니 취업과 보육시설, 아동발달, 기업에서의 직장보육의 설치 후 고용원의 작업 효율성과의 관계는 연구되어야 할 주제이다. 논란이 되는 주제에 대한 연구결과는 그 의미가 크므로 연구자는 사회·문화적 맥락 속에서 연구를 하게 된다.

3) 도덕적 맥락

과학적 연구는 사실을 규명하는 과정이다. 이 과정에서 윤리적 문제를 지니고 있다면 과학적 연구가 될 수 없다. 남의 연구에 대한 표절, 연구에서 얻어진 결과의 필요한 부분만 발표, 의도적 해석 등은 연구자의 도덕적 결함을 의미한다. 연구자들은 연구를 통해 얻을 수 있는 여러 혜택 때문에 비윤리적인 행위에 유혹을 받기 쉽다. 승진, 명성, 연구비 제공기관의 요구 등이 연구자로 하여금 도덕적인 딜레마에 빠지게 할 수 있다.

2장

연구와 윤리

연구자는 연구를 수행하면서 많은 의사결정을 하게 되고 이 과정에서 다양한 윤리적 문제에 직면하게 된다. 특히 인간을 대상으로 하는 연구, 더욱이 그 주요 대상이 취약한 집단으로 분류되는 아동이라면 연구윤리에 더욱 민감할 필요가 있다.

이 장에서는 국가생명윤리정책원에서 제작·배포하고 있는 연구윤리지침 국가생명윤리정책원, 2018, 2019을 중심으로 연구윤리의 개념과 내용, 연구과정에 따른 윤리적 고려사항 등에 대해 살펴보고자 한다.

1. 연구윤리의 개념

연구윤리란 연구를 진행하는 동안 연구자가 준수해야 하는 모든 윤리적 규범과 원칙, 행동양식 등을 의미한다. 연구윤리의 개념을 설명하기 위해 레스닉 Resnik, 2018은 다음과 같은 요소들을 소개하였다.

연구윤리의 기본 개념

- 정직(Honesty): 데이터나 연구결과를 조작, 위조 또는 왜곡하지 않아야 한다.
- 객관성(Objectivity): 연구설계, 분석, 해석 시 편견이나 자기기만을 최소화한다.
- 청렴(Integrity): 약속과 합의를 지키고 생각과 행동의 일관성을 지킨다.
- 조심성(Carefulness): 연구의 전 과정을 신중히 검토하여 오류를 최소화한다.
- 개방성(Openness): 데이터, 결과, 아이디어, 기법, 도구 등을 공유하고 비판과 새로운 아이디어에 개방적이어야 한다.
- 투명성(Transparency): 연구평가에 필요한 방법, 재료, 가정 등을 공개해야 한다.
- 책임(Accountability): 연구에 책임을 지고 연구의 정당성을 설명할 준비가 되어 있어야 한다.
- 지적재산권(Intellectual Property): 지적재산권을 존중하고 표절하지 않아야 한다.
- 비밀보장(Confidentiality Protect): 연구에서 얻어진 개인정보 등을 보호해야 한다.
- 책임있는 출판(Responsible Publication): 학문적 발전을 위해 출판을 하되, 중복 출판을 피한다.
- 책임있는 멘토링(Responsible Mentoring): 후속세대를 위해 교육하고 조언한다.
- 동료 존중(Respect for Colleagues): 동료를 존중하고 공정하게 대해야 한다.
- 사회적 책임(Social Responsibility): 연구과 교육을 통해 사회적 이익을 증진하도록 노력한다.
- 차별금지(Non-Discrimination): 성, 인종, 민족성 등으로 차별하지 않아야 한다.
- 능력(Competence): 평생교육 및 학습을 통해 자신의 전문역량을 유지·향상시킨다.
- 합법성(Legality): 연구의 전 과정에서 관련 법규를 알고 준수할 의무가 있다.
- 동물관리(Animal Care): 동물연구 시 적절한 존중과 배려의 의무가 있다.
- 인간피험자 보호(Human Subjects Protection): 인간대상연구 시에는 위해와 위험을 최소화하고 이익을 극대화해야 한다. 인간의 존엄성, 사생활 및 자율성을 존중한다.

출처: Resnik, D. B.(2018). *The ethics of research with human subjects: Protecting people, advancing science, promoting trust*. Cham, Switzerland: Springer.

2. 연구윤리의 내용

연구의 책임있는 수행을 위해 연구자는 연구의 신뢰성과 타당성은 물론 윤리성도 고려해야 한다. 연구윤리는 대개 연구의 진실성 유지와 생명윤리 준수의 두 가지를 주요 내용으로 하고 있으나 구체적으로는 다음의 다섯 가지 내용으로 구성된다국가생명윤리정책원, 2018, 2019.

1) 진실성

연구윤리에서의 가장 기본적인 개념은 진실성이다. 진실성이란 과학적 연구 수행 시 연구의 설계부터 문헌고찰, 연구대상 선정, 자료수집 및 분석, 결과의 보고 등 전 과정에서 위조, 변조와 거짓, 속임수, 자기기만 등이 발생하지 않도록 하는 것이다. 의도적으로 연구의 결과를 조작하거나 누락시키는 등의 방법으로 진실성을 훼손하면 안되는 것은 물론이고, 실수나 부주의에 의해서도 그러한 일이 발생하지 않도록 해야 한다.

2) 공정성

연구윤리에서 말하는 공정성은 연구과정에 참여한 연구자의 노력에 대한 공정한 인정이 이루어졌는가를 의미한다. 즉, 연구에 참여한 사람들의 실제적인 기여도에 대해 명확하고 합당하게 그 공로를 인정함으로써 공정성을 확보하는 것으로 이해될 수 있다.

3) 민주성

민주성의 개념은 언뜻 생각하기에 연구윤리와는 다소 거리감이 있는 것으로 여겨질 수 있으나, 한 연구에 여러 명의 연구자들이 참여할 때 이 연구자들 간의 관계에서 필요한 연구윤리 개념이다. 즉, 연구가 수행되는 과정에서 연구자들 간에 강압이나 위력, 명령이 아닌 서로를 존중하고 인격적으로 평등한 관계가 형성되어야 함을 의미한다.

4) 윤리성

윤리성은 특정 연구대상이나 연구방법에서의 윤리성에 대한 내용으로, 인간이나 동물을 대상으로 하는 연구에서의 생명윤리와 직결되는 영역이다. 즉, 연구대상자의 보호 측면에서 연구자가 수행해야 할 윤리적인 역할과 책임으로 이해된다. 생명윤리와 관련하여 연구자가 준수해야 할 구체적인 윤리성의 내용과 범위에 대해서는 다음 절에서 자세히 다루고 있다.

5) 책임성

과학자로서 가지는 사회적 책임성 또한 연구윤리의 한 부분으로 이해된다. 이는 연구자들이 자신의 전공분야에서 전문지식을 가지고 전공영역의 지식을 탐구함에 있어 책임과 의무가 수반되는 직업적 전문성을 가져야 함을 의미한다.

3. 생명윤리

앞서 살펴본 연구윤리의 5가지 구성내용 중 네 번째에 해당하는 윤리성은 인간대상연구 수행 시 인간의 존엄과 가치를 침해하거나 인체에 위해를 끼치는 것을 방지함으로써 생명윤리 및 안전을 확보하는 것을 의미한다. 생명윤리법 제3조에서는 인간과 인체유래물 등을 대상으로 하는 연구가 지켜야 할 6가지 기본 원칙을 규정하고 있다.

1) 인권과 복지

연구과정 중 어떠한 행위도 인간의 존엄과 가치를 침해하는 방식으로 행해져서는 안되며, 연구대상자의 인권과 복지를 우선적으로 고려하여야 한다.

2) 자율성 존중

연구대상자의 자율성은 존중되어야 하며, 연구대상자 등의 자발적인 동의는 충분한 정보에 근거하여야 한다.

연구 참여에 앞서 연구자와 연구참여자 간에는 연구참여에 대한 일종의 계약을 맺는다. 이를 동의서informed consent라 하는데, 동의서는 연구대상자에게 연구의 목적, 방법, 위험성 및 이익, 참여자의 의무 등을 설명함으로써 연구의 참여여부를 결정하는 데 필요한 정보를 제공한다. 동의서에 포함되어야 하는 요건으로 코즈비와 베이츠Cozby & Bates, 2019는 아래와 같은 내용들을 제안하였다.

연구참여 동의서에 포함되어야 할 내용

- 연구참여자가 연구에 자발적으로 참여한다는 동의내용
- 연구목적에 대한 명확한 제시
- 연구절차에 대한 기술
- 연구참여와 관련된 예측 가능한 위험이나 불편사항과 그 대응책에 대한 기술
- 연구참여자나 다른 사람에게 줄 수 있는 이득에 대한 기술
- 해당 시, 적절한 대응책이나 처치에 대한 기술 또는 개인의 이득에 대한 기술
- 개인정보가 비밀로 보장되는 정도에 대한 기술
- 보상이 주어질 때 그를 얻기 위한 조건의 기술, 또한 연구를 중단했을 때 그 여파에 대한 기술
- 연구에 대한 의문 시 연락 가능한 연락처[주로 연구자, 지도교수, 연구위원회(IRB)의 전화번호]
- 연구 참여 거부나 중도 포기 등으로 인해 어떠한 불이익이나 피해가 없음에 대한 기술

- 동의서는 글자크기 11포인트 이상으로 출력
- 동의서는 전문적 용어 없이 초등학교 6학년~중학교 2학년 수준으로 작성
- 동의서는 1인칭으로 기술되지 않아야 함

출처: Cozby & Bates(2019). Methods in behavior research(14th ed.). Boston, MA: McGraw-Hill Education.

3) 사생활 보호

연구대상자의 사생활은 보호되어야 하며, 사생활을 침해할 수 있는 개인정보는 당사자가 동의하거나 법률에 특별한 규정이 있는 경우를 제외하고는 비밀로서 보호되어야 한다.

연구과정에서 얻어지는 연구참여자의 개인정보 및 사생활 정보를 유출하지

않겠다는 비밀보장confidentiality은 연구자와 연구참여자 간의 약속을 통해 지켜져야 한다Sales & Folkman, 2000. 비밀보장을 위해, 연구결과를 발표할 때는 개인식별번호 등을 통해 익명처리하거나 대상자로부터 얻은 정보를 수량화하여 통계분석함으로써 개인정보가 드러나지 않게 한다. 간혹 연구대상자의 개인정보를 공유하거나 공개해야 할 필요가 있는 경우는 연구참여자에게 충분한 사전설명과 함께 사전동의를 얻어야 한다.

4) 대상자 안전

연구대상자의 안전은 충분히 고려되어야 하며, 위험은 최소화되어야 한다. 어떤 연구이든지 연구대상자에게 위험성이 단 1%도 없다고 확언할 수 있는 연구는 없을 것이다. 왜냐하면 인간은 같은 상황에 대해서도 다르게 해석하고 다른 감정을 느끼며 다르게 행동할 수 있기 때문이다. 또한 현재의 어떤 행동이나 태도는 그들의 개인적인 과거 경험과 연결될 수도, 혹은 미래에 발생할 어떠한 사건과 연결될 수도 있기 때문이다.

연구를 설계하는 단계에서 연구자는 연구대상자의 위험risk과 이익benefit이 무엇인지 세심하게 고려하여야 한다. 이익이란 연구로 인해 얻게 되는 해당 분야의 지식과 기술에 대한 공헌, 연구집단의 복지나 사회적 이익 등으로 갈음되기도 한다. 따라서 이익에 집중하다보면 연구참여자의 위험이 과소평가되는 우를 범하기도 한다. 어떤 연구이던지 연구로 인한 위험과 이익이 있다는 관점에서 볼 때, 연구자는 위험을 최소화하는 방향으로 연구를 설계해야 한다.

5) 취약계층 보호

취약한 환경에 있는 개인이나 집단은 특별히 보호되어야 한다. 취약한 연구대상자란 그들의 고유한 속성이나 심리적·물리적 상황, 연구자와의 관계 등으로 인해 자율적인 의사결정에 어려움이 있거나 연구 환경에의 노출로 인해 더

표 2-1 아동대상 연구에서의 아동 및 법정대리인의 동의범위

	7세 미만	7~12세	13~17세
참여자본인(아동)		○	○
법정대리인(부모)	○	○	○

출처: 국가생명윤리정책원(2019). 취약한 연구대상자 보호 지침.

높은 위험에 직면할 수 있는 대상을 모두 포함한다.

연구에서의 취약성은 상황이나 맥락에 따라 인지적·의사소통적 취약성, 제도적 취약성, 문화적 취약성, 사회적 취약성, 경제적 취약성 그리고 의학적 취약성의 6가지로 구분된다국가생명윤리정책원, 2019. 이 중 아동을 대상으로 하는 연구는 인지적·의사소통적 취약성과 밀접히 관련된다. 만18세 미만의 아동 연구에서는 아동의 권리와 복지를 보호하기 위해 법정대리인으로부터 대리 동의를 받아야 한다. 또한 생명윤리법 제16조 2항에서는 대리인의 동의가 있더라도 연구대상자의 의사에 반하면 안된다고 규정하고 있다. 비록 아동승낙에 대한 법적 규정은 따로 마련되어 있지는 않으나 대학이나 연구기관의 자체 연구윤리심의위원회에서는 표 2-1과 같이 아동승낙에 관한 자체 기준을 두기도 한다.

표 2-1과 같이 만18세 미만의 모든 아동대상 연구에서는 법정대리인의 대리 동의가 필요하며, 추가적으로 아동의 연령에 따라 7~12세와 13~17세에게는 본인 승낙을 받을 수 있다. 이때, 7~12세 아동에게는 연구의 목적과 방법 등에 대해 간략히 설명할 수 있으나 청소년에게는 성인과 유사한 수준의 정보를 제공하는 것이 일반적이다.

6) 국제기준 수용

생명윤리와 안전을 확보하기 위하여 필요한 국제협력을 모색해야 하고, 보편적인 국제기준을 수용하기 위해 노력해야 한다.

벨몬트 리포트Belmont Report, 1979, 헬싱키 선언Declaration of Helsinki, 2013, 그리고 CIOMS 가이드라인International Ethical Guidelines for Health-related Research Involving Humans, 2016, 미국의 연방규정Code of Federal Regulations 45CFR46 등은 연구대상자를 보호할 의무에 대한 내용을 포함하고 있는 연구윤리 관련 국제기준들의 예이다.

4. 생명윤리위원회(IRB)

1) 생명윤리위원회의 역할

인간을 대상으로 하는 연구에서 연구참여자들의 권리와 복지를 보호하기 위해 생명윤리위원회Institutional Review Board, IRB가 운영되고 있다. 미국의 경우 연방규정에 따라 식품의약국FDA와 보건복지부DHHS 등의 생명윤리위원회에서 연구 승인에 대한 심의를 한다. 우리나라는 보건복지부가 지정한 공용기관생명윤리위원회가 운영되고 있으며, 다수의 연구가 이루어지는 대학이나 연구기관, 병원 등에서는 자체 생명윤리위원회를 두어 심의를 한다. 우리나라 대학 등에서는 생명윤리위원회와 연구윤리진실성위원회를 포괄하는 기관으로 연구윤리심의위원회 등의 기구를 두기도 한다.

2) 생명윤리위원회 심의 절차

그림 2-1은 생명윤리위원회의 일반적인 심의절차를 나타낸 것이다. 각 기관에 따라 해당 절차의 세부적인 부분에는 다소 차이가 있다.

아동을 대상으로 하는 모든 연구는 연구수행 전에 IRB의 승인을 받아야 한다. 대학의 경우 학교마다 IRB승인 요구범위가 다르다. 따라서 학위논문을 준비하는 대학원생이라면 먼저 소속 대학의 IRB규정을 명확히 확인할 필요가 있

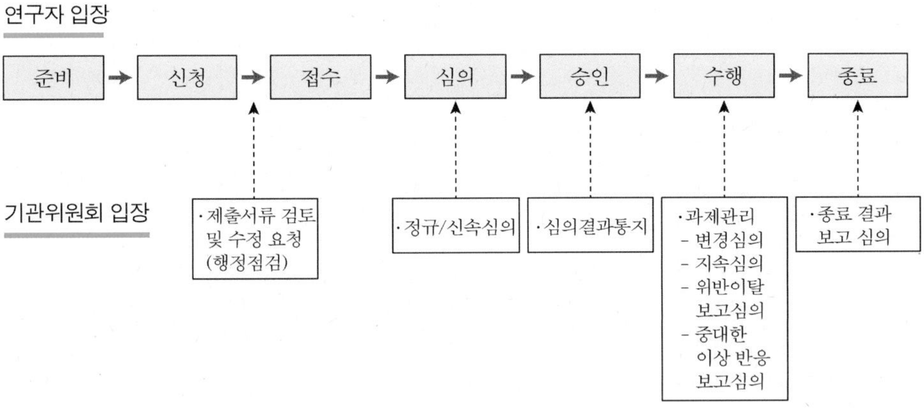

그림 2-1
연구의 수행과 생명윤리위원회 절차
출처: 국가생명윤리정책원 (2018).

다. 물론, 최근 들어 연구윤리에 대한 중요성이 강조되면서 소속대학에서 요구하지 않더라도 추후 학회지에 게재하는 등의 과정에서 IRB승인 여부를 제시해야 하는 경우도 많다. 따라서 본인의 연구를 윤리적으로 타당하고 신뢰롭게 진행하고자 한다면 소속대학의 IRB승인 필수조건에 관계없이 심의를 받아 진행하는 것도 바람직하다. 소속기관에서 IRB심의가 제공되지 않는다면 보건복지부 지정 공용기관생명윤리위원회를 통해 심의를 받는 방법도 있다.

연구의 수행은 승인통보를 받은 후에 시작해야 한다. 연구수행 도중 주기적으로 지속심의를 받거나 연구내용에 변경사항이 생기면 변경심의 등을 받아야 한다. 그리고 연구수행이 종료된 후 연구자는 종료보고를 한다.

2부

연구의 절차

연구를 수행하는 데에는 절차가 있다. 아래 제시한 그림은 연구에서의 순환관계와 보편적으로 요구되는 연구의 절차를 각각 나타낸 것이다. 이 절차는 시간적으로 또는 연구과정에서 서로 밀접하게 관련되어 있다. 그러므로 연구자는 연구의 성격과 목적에 따라 이 단계를 재배열할 수 있고, 경우에 따라서는 어느 단계가 불필요할 수도 있다. 2부 연구의 절차에서는 '① 주제 및 변수의 선정 → ② 문헌고찰 → ③ 연구의 설계 → ④ 연구대상의 선정 → ⑤ 측정도구의 선정 → ⑥ 자료의 수집과 분석 → ⑦ 결과해석 → ⑧ 연구결과의 발표' 순서로 연구의 절차를 소개하고자 한다.

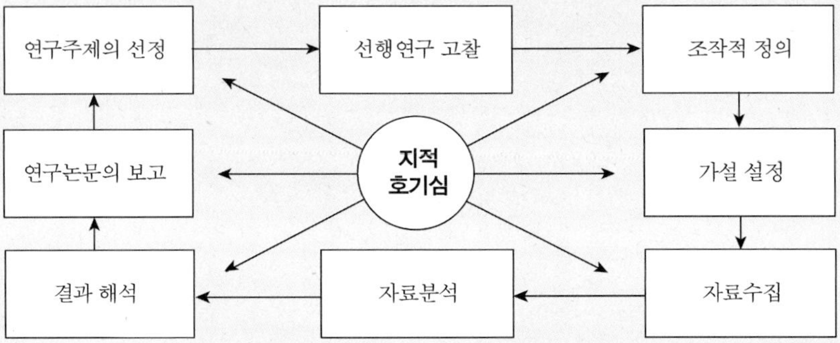

그림 과학적 연구에서 순환모형
출처: Dane(2018).

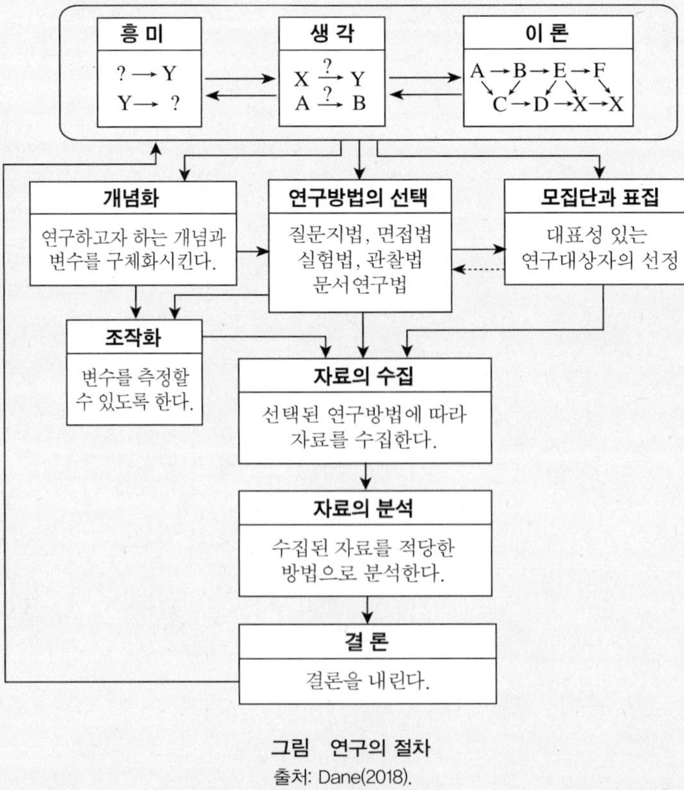

그림 연구의 절차
출처: Dane(2018).

3장

연구주제의 선정과 문헌고찰

1. 연구주제의 선정

연구는 주제를 선정하는 데에서부터 출발한다. 주제를 선정하는 것은 연구에서 가장 힘든 과정이다. 한 분야에서 대단한 영향을 미친 연구자들은 연구기술보다는 고유의 연구주제를 선정하는 능력으로 판단되며 이는 연구주제가 얼마나 중요한가를 말해 준다.

연구의 주제는 사람들이 생각하는 상식, 주변에서 흔히 볼 수 있는 현상이나 행동, 기존의 이론, 과거의 연구 또는 실제적 문제 등 다섯 가지 방법에서 얻을 수 있다Cozby & Bates, 2019.

첫 번째로, 과거 우리나라의 부모들은 '남아존중' 관념이 강하였다. 이 가치관이 현대에도 똑같이 나타나는지, 시대의 변화에 따라 변하였는지를 연구의 주제로 삼을 수 있을 것이다. 이것은 대부분의 사람들의 상식에서 연구주제를 선정한 예이다.

두 번째로, 주변의 관찰을 통해 연구주제를 선정할 수 있다. 주변의 행동에 호기심을 갖고 있는 연구자들은 연구를 할 수 있는 기본 요소를 갖추었다고 볼 수 있다. 예를 들어, 모차르트 음악이 태교에 좋다고 하여 임산부들이 모차

르트 음악을 많이 듣는지를 관찰하는 연구는 주변의 행동양상을 연구주제로 발전시킨 경우이다.

세 번째로, 앞 장에서 연역법과 귀납법에 대한 연구의 과학적 방법을 고찰하였다. 이론으로부터 연구의 주제를 선정하여 이론의 수정을 거쳐 다시 새 이론의 구축 등 순환과정으로 연구가 진행될 때, 기존의 이론에서 주제를 찾을 수 있다.

네 번째로, 연구경험이 많은 연구자들은 과거 연구에서 연구의 주제를 선정하게 된다. 기존의 연구를 고찰하게 되면 일관성 없는 결과를 보고한 연구들을 많이 발견하게 된다. 예를 들어, 첫째 아이는 부모의 관심을 많이 받으므로 좋은 환경에서 성장한다고 보는 연구가 있을 수 있고, 반면 부모 역할에 대한 경험도 없고 미숙한 부모의 양육을 불리한 환경으로 간주하는 연구가 있을 수 있다. 이와 같이 상반된 결과에 대한 의문에서 연구를 시작할 수 있다.

마지막으로, 실제적 문제를 해결하기 위한 연구주제가 있을 수 있다. 대부분의 응용연구가 여기에서 출발한다. 예를 들면 어린이집이나 유치원에서 장애아 통합반 운영의 효과, 직장여성의 육아휴직 이용의 실태 등 다양한 연구주제가 가능하다.

이처럼 연구자는 이론적 관심 때문에 주제를 선정할 수도 있고, 또는 일상생활의 경험을 통한 실제적 필요에서 주제를 발견할 수도 있다. 기존의 이론에

표 3-1 연구주제의 탐색방법

개인 전략	대인 전략	인쇄물	컴퓨터 자료
개인 경험	교수와의 토론	학회지	인터넷
소설/TV	연구자와 접촉	도서관 자료	학회지
		학술회의 자료	학술회의 자료
		학위논문	학위논문

출처: Leong & Austin(2006).

근거하여 연구주제를 선정한다면 연역적인 방법으로 연구가 진행될 것이다. 먼저 이론 자체에 일관성이 없거나 또는 이론 간에 상반된다면 그것을 반증하기 위한 주제를 택할 것이다. 다음으로는 기존의 이론으로 현상을 설명할 수 없다면 새로운 연구문제를 도출할 수 있다. 이런 연구는 새로운 이론에 대한 개발이 될 수도 있고 현존 이론의 수정이 될 수도 있다.

연구과정의 첫 단계인 이 과정에서 많은 시간과 노력을 기울이면 다음 단계를 쉽게 진행시킬 수 있다. 처음에는 광범위한 주제를 선정한다 하더라도 연구자의 지식에 의해 주제가 축소되어야 한다. 특히 초보 연구자는 경험의 부족과 연구에 대한 의욕으로 광범위하고 진행이 어려운 주제를 선정하기 쉽다. 실제로 연구가 가능한 영역으로 주제를 좁히며 다듬는 과정에서 동료나 주위 사람들과 상의할 수도 있다.

예를 들어, 아동발달과 관련된 텔레비전을 연구하고자 할 때에도 다음과 같이 다양한 주제로 연구가 가능하다.

- 아동의 TV 시청 시작 연령
- TV 프로그램의 교육적 효과성
- TV 시청에 대한 부모의 태도
- TV 속 인물에 대한 아동의 모방
- TV 프로그램의 폭력 정도
- TV 속 인물의 성역할
- 아동이 많이 시청하는 프로그램
- TV시청과 언어발달

2. 변수의 선정

앞 장에서 변수가 과학적 사고의 요소라는 것을 밝힌 바 있고 변수를 측정하기 위해서는 변수에 대한 조작적 정의를 내려야 한다고 기술하였다.

1) 조작적 정의

변수를 측정하기 위해 변수를 구체적이고 객관적으로 조작하는, 즉 변수의 조작적 정의operational definition가 필수적이다. 조작적 정의란 어떤 변수를 산출하고 측정하는 데 필요한 조작들로 정의하는 것을 말한다. 그러므로 온도는 어떤 용기 내의 수은의 위치로 정의되고, 지능은 스탠포드 비넷Stanford Binet IQ검사의 수행 정도로 정의될 수 있다.

연구자들이 이론적 개념을 어떻게 구체적인 측정으로 전이하는가를 살펴보고자 한다. 아동의 공격성에 대해 연구할 때, 연구자는 먼저 공격성에 대한 조작적 정의를 내려야 한다. 공격성에 대한 다양한 개념에서 특정 지표를 선택하는 것이 조작적 정의이다. 예를 들어, 공격성은 상대방을 해치려는 의도를 갖는 다양한 신체 행동때리기, 차기, 꼬집기 등으로 정의할 수 있다. 공격성을 때리는 것으로 정의하였다 하더라도 때리는 행동도 행동의 측면에 따라 다르다. 즉, 아동이 얼마나 자주 때리는가를 공격성으로 할 수도 있다. 그러나 행동의 빈도가 아닌 행동의 강도를 연구할 수도 있기 때문에 얼마나 심하게 때리는가로 공격성을 측정할 수 있다. 또 다른 정의로는 행동의 빈도나 강도가 아니라 행동의 시간적 측면도 가능하다. 예를 들어 때리는 행동이 일어난 전체시간 양으로 연구할 수도 있다. 물론 이러한 것은 서로 연관되어 있어 빨리 때리는 아동이 자주 때리고 강하게 때릴지도 모른다. 따라서 어떤 연구자는 이러한 측면들을 모두 연구에 포함할 수도 있을 것이다.

공격성의 개념은 여러 가지로 조작적으로 정의될 수 있으므로 특정 연구에서는 이 가능성 중에서 단지 하나의 정의를 내리고 있다는 것을 주지해야 한다. 따라서 연구에서 사용된 특정 조작적 정의가 다른 연구에서 보았던 정의들과 다를 수 있으며, 그 정의가 타당하다고 생각될 수도 있고 또는 어떤 면에서 부적당하다고 여길 수도 있다. 연구자가 지녀야 할 것은 일반적인 개념을 구체적 측정으로 변형시킬 때 선택이 필요하다는 이해력과 실제로 사용된 조작에 따라 연구를 평가하는 능력이다.

조작적 정의는 추상적 개념을 관찰 가능한 구체적 용어로 전환하는 것이므로 변수의 조작적 정의가 명확할 때 다른 연구자가 같은 변수를 반복할 수 있으며, 반복된 연구에서 똑같은 결과가 도출된다면 그 주제에 대한 이론 구축을 통해 연구의 가치를 높일 수 있을 것이다.

2) 독립변수

독립변수란 글자 그대로 다른 변수에 의해 영향을 받지 않고 연구에서 독립적으로 작용하는 변수이다. 독립변수의 유형에는 ① 인구학적 변수demographic variable, ② 환경변수environmental variable, ③ 경험변수experience variable, ④ 생리학적 변수physiological variable 등이 있다.

먼저 인구학적인 독립변수는 연령, 성, 성격 유형, 전공 유형 등 연구대상자의 특성을 대표하는 변수이다. 환경변수는 연구대상이 처해 있는 환경을 독립적으로 볼 때 일컬어진다. 예를 들어, 어린이집 아동을 대상으로 공격성을 연구하기 위하여 2세반 아동, 3세반 아동 그리고 혼합반 아동을 비교하면 연구자는 환경변수를 독립변수로 선정한 것이다. 경험변수는 아동연구에서 흔히 사용하고 있는 교육 또는 교육경험들을 말한다. 유치원 경험, 2세 때 어린이집 경험, 아동의 특별활동 경험 등이 여기에 속한다. 생리적인 변수는 연구자가 연구대상자의 생물학적 상황을 변화시켜 결과를 보고자할 때 도입된다. 예를 들어, 아토피 아동을 대상으로 특정 약물의 효과를 실험한 연구가 있다정자용·오세영·조복희, 2007. 이들은 유치원과 어린이집의 아동을 대상으로 아토피 판정을 받은 아동 중 연령과 성 등을 고려하여 두 집단으로 나눈 뒤 한 집단에게는 ○○라는 약을, 다른 집단에게는 무해한 영양제를 먹게 한 후 그 결과를 보았다. 이와 같이 새로운 약이 연구대상자의 생리적인 생태에 어떤 변화를 주는가를 볼 때 생리적 변수를 활용한다.

표 3-2 독립변수의 예

개체변수	능력변수	인성변수	가족변수
연령	지능	불안수준	수입
성	학업성적	외향성/내향성	사회경제적 지위
민족		자아개념	취업
		자존감	부모 결혼형태
		뇌사용	가정환경
		학업스타일 (예: 장독립/장의존)	출생순위
			형제수

출처: Mills & Gay(2018).

앞서 소개한 독립변수의 유형 외에 표 3-2와 같이 나누기도 한다.

3) 종속변수

종속변수는 말 그대로 독립변수에 의해 변화하는 변수로 연구대상자의 행동이나 반응에 해당한다. 종속변수의 측정은 정확도, 빈도, 수준, 지속정도 등 다양하다. 예를 들어, 아동의 기억력 검사에서 주어진 단어를 정확히 기억하는가를 알아보는 것은 정확도로 측정하는 것이며, 어린이집에서 유아들의 상호작용횟수 연구는 빈도로 종속변수를 측정하는 것이다. 특정 행동이 얼마동안 지속되는가를 측정하는 종속변수로는 남아와 여아의 공격적 TV프로그램 시청비율을 비교하는 것을 예로 들 수 있다.

독립변수와 종속변수를 나누어서 기술하는 것은 많은 연구에서 볼 수 있으나 모든 연구에서 다 그런 것은 아니다. 예를 들어, 아동의 IQ와 학업성취와의 관계를 알고자 할 때 초등학교 아동을 대상으로 두 측정치, 즉 IQ점수와 학업성적을 수집할 수 있다. 'IQ가 높은 아동이 학업성적에 있어 더 우수한가?'에 관심을 두어 한 측정에서의 변화와 다른 측정에서의 변화가 서로 관련이 있는

가를 알아볼 수 있다. 이러한 유형의 연구에는 실험자에 의해 통제되는 독립변수가 없다. 오히려 IQ와 시험점수는 모두 결과변수들로서, 이들 간의 관계는 독립과 종속의 인과관계가 아닌 상관관계로 이해된다.

4) 외생변수

외생변수exogenous variable는 연구의 결과에 의도하지 않는 영향을 주는 변수로, 오염변수confounding variable라 하기도 한다.

실험연구에서 독립변수의 조작에 따라 종속변수는 영향을 받는다고 가정을 하고 연구가 진행되지만 반드시 그렇지 않은 경우도 있다. 즉, 독립변수의 영향을 받지 않으면서 종속변수의 변화를 일으키는 경우 외생변수extraneous variable가 있는 것으로 본다. 연구자의 성, 나이 등 신체적 특성이나 심리적 특성이 외생변수가 될 수 있다. 예를 들어, 면접법을 사용한 연구에서 면접자의 외모나 말투 등에 의해 응답이 달라질 수 있다. 이것이 연구의 결과에 영향을 미치게 되므로 외생변수라 한다. 뿐만 아니라 연구자의 기대, 연구대상자의 반응 등도 외생변수가 된다.

실험연구에서 외생변수는 독립변수와 종속변수의 관계를 밝히는 데 방해가 되므로 가능한 한 통제가 되어야 한다. 외생변수의 통제 방법은 그림 3-1과 같다. 무선화 등의 통제방법에 대해서는 타당도와 실험법에서 자세히 기술하고 있다.

① 연구대상자의 무선배정
② 모든 대상자에게 동일 척도 사용
③ 모든 대상자에게 같은 날, 같은 장소에서 연구 진행
④ 모든 대상자에게 표준화된 측정도구 사용

그림 3-1
외생변수의 통제

3. 연구문제와 가설

연구주제는 과학적인 방법으로 해결 가능한 연구문제로 설정되어야 한다. 그러기 위해서는 먼저 연구의 의의를 살펴보아야 한다. 연구문제가 아동학의 지식체계에 기여할 수 있는가, 또는 실제 생활에 적용할 수 있는 것인가를 검토해 본다. 즉, 학문적 공헌도나 실질적 효율성이 있어야 한다. 이 두 가지를 만족시킨다는 것은 쉽지 않으므로 한 조건이라도 충족된다면 연구의 의의가 있다고 보겠다.

다음으로 연구의 가능성을 살핀다. 연구문제가 정의된 대로 정확하게 측정될 수 있는 변수로 이루어지지 않는다면 연구가 불가능하다. 개념의 정립과 조작적 정의가 연구문제와 거리가 있다면 잘못된 연구결과를 얻게 된다.

세 번째로 연구실행상의 문제를 고려해야 한다. 계획된 시간 내에 연구를 끝낼 수 있는지, 연구대상이 있다면 그들을 표집할 수 있는지, 연구비용을 감당할 수 있는지를 파악해야 한다.

표 3-3은 연구목적, 연구문제, 연구가설의 내용과 위치를 비교하여 제시한 것이다.

표 3-3 연구목적, 연구문제, 연구가설의 비교

	연구목적	연구문제	연구가설
서술의 내용	전반적 경향	대립할 수 있는 문제를 서술	기대에 대한 예측 서술
논문에서 기술하는 위치	서론의 마지막 부분	① 서론의 마지막 부분 ② 이론적 배경 서술 후 ③ 독립된 장에 서술	

출처: Cresswell & Guetterman(2018).

연구목적과 연구문제

본 연구에서는 아동의 성별, 부모의 학력, 가정의 월평균 소득, 한부모 가정 여부 등과 같은 사회인구학적 변인을 통제한 상태에서 부모의 양육태도와 부모와 대화시간의 양이 아동의 행복감에 미치는 영향을 분석하고자 한다. 그리고 이때, 전술한 바와 같이 부모의 양육태도와 부모와 대화시간의 영향력의 주효과와 상호작용효과를 통합적으로 살펴보고자 한다. 본 연구의 구체적인 연구문제는 다음과 같다.

연구문제 1. 아동의 사회인구학적 변인, 부모의 양육태도, 부모자녀 대화시간 및 아동의 행복감 간의 관계는 어떠한가?

연구문제 2. 아동의 행복감에 대한 부모 양육태도(따스함, 거부, 강요, 구조제공, 비일관성, 자율성지지)와 부모와 대화시간의 주효과 및 상호작용효과는 어떠한가?

출처: 문예은 · 이주연(2021). 아동의 행복감에 대한 부모양육태도 및 부모와 대화시간의 영향. 한국보육지원학회지, 17(1), 85-104.

1) 연구문제의 진술

연구문제는 둘 또는 그 이상의 변인들 간의 관계를 진술하는 것으로, 좋은 연구문제는 실증적 검증이 가능해야 한다. 연구문제는 의문문으로 진술한다. 아동학 연구에서 연구문제 진술의 예는 다음과 같다.

① 폭력적 TV 시청은 아동의 공격성과 관련이 있는가?
② 아버지의 권위적인 양육태도는 자녀와의 대화시간과 관련이 있는가?
③ 부모의 학대 경험은 자녀를 학대하는가?
④ 어린이집에 다닌 경험은 유아의 사회성 발달을 증진시키는가?

2) 가설의 설정

연구의 목적이나 방법에 따라 가설을 설정할 수 있고 하지 않을 수도 있다. 탐색연구나 실태조사는 가설을 설정하지 않으나, 대부분의 연구에서는 연구문제를 가설로 전환시켜 사용한다. 특히 인과관계를 밝히는 연구에서는 검증 가능한 가설만을 사용하도록 요구한다. 왜냐하면 문제 자체는 질문이므로 검증할 수 없다고 보기 때문이다. 연구문제가 변수들과의 관계의 진술이라면 가설은 관계뿐만 아니라 그 관계가 어떠한가를 명시하고 있다. 즉, 연구문제에 대한 예측되는 잠정적인 답을 포함하고 있다.

앞에서 제시된 연구문제를 다음과 같이 가설로 전환할 수 있다.

① 폭력적 TV 시청은 아동의 공격성을 증가시킬 것이다.
② 권위적인 양육태도를 가진 아버지와 그들의 자녀는 대화시간이 적을 것이다.
③ 학대를 받은 경험이 있는 부모는 자녀를 학대할 가능성이 높을 것이다.
④ 어린이집에 다닌 아동은 다니지 않은 아동보다 사회성 발달수준이 높을 것이다.

가설에는 영가설null hypothesis, H_0과 연구가설research hypothesis, H_1이 있다. 영가설은 모집단에 대한 진술이고 연구가설은 표본에 대한 진술이라는 것이 가장 큰 차이이다. 영가설은 차이가 없다든가, 관련이 없다는 등으로 표시되고, 연구가설은 논리적으로 영가설과 반대되는 개념이다. 예를 들어, '키와 체중은 관련이 없을 것이다.'는 영가설이고, '키와 체중은 관련이 있을 것이다.'는 연구가설이 된다. 연구가설은 방향이 있을 수도 있고 방향이 없을 수도 있다. '키가 큰 사람은 키가 작은 사람보다 체중이 많을 것이다.'는 방향이 있는 연구가

표 3-4 영가설과 연구가설

가설의 유형	영가설	연구가설
목적	모집단에 차이나 상관이 없다는 것을 밝힐 때	모집단에 차이나 상관이 있다는 것을 밝힐 때
표현방법	집단 간에 차이가 없을 것이다. 서로 상관이 없을 것이다.	방향이 있는 기술을 한다. 즉 ~보다 높을 것이다, ~보다 낮을 것이다, ~보다 클 것이다 등

출처: Cresswell & Guetterman(2018).

설direction of research hypothesis이며, '키와 체중과는 관련이 있을 것이다.'는 비방향의 연구가설nondirection of research hypothesis이다.

연구문제 및 가설

〈연구문제 1〉 어머니의 양육행동은 유아의 어머니에 대한 표상을 매개로 하여 유아의 또래 유능성에 영향을 미치는가?
가설 1. 어머니의 양육 행동은 유아의 또래 유능성에 영향을 줄 것이다.
가설 2. 어머니의 양육 행동은 유아의 어머니표상에 영향을 줄 것이다.
가설 3. 유아의 어머니표상은 유아의 또래 유능성에 영향을 줄 것이다.

〈연구문제 2〉 유아의 어머니에 대한 표상은 유아의 또래에 대한 표상을 매개로 하여 유아의 또래 유능성에 영향을 미치는가?
가설 4. 유아의 어머니표상은 유아의 또래표상에 영향을 줄 것이다.
가설 5. 유아의 또래표상은 유아의 또래 유능성에 영향을 줄 것이다.

출처: 정지나·이영(2006). 어머니의 양육행동과 유아의 또래 유능성: 유아 내적 표상의 매개 효과 검증. 아동학회지, 27(4), 65-80.

4. 문헌고찰

문헌고찰은 연구문제와 관련이 있는 정보를 조사하여 체계적으로 요약하는 것이다. 물론 연구의 주제를 정하기 전에 선행하는 관심 있는 영역에 대한 문헌을 숙독함으로써 주제를 잡을 수도 있다. 따라서 연구문제의 선정과 문헌고찰은 순환적인 관계가 있다고 하겠다. 설카인드Salkind, 2019는 문헌고찰이 그림 3-2(a)에서와 같이 아이디어로부터 시작되어 순차적으로 진행되는 것이 전통적 견해지만 현실적으로는 그림 3-2(b)와 같이 이루어진다고 보았다.

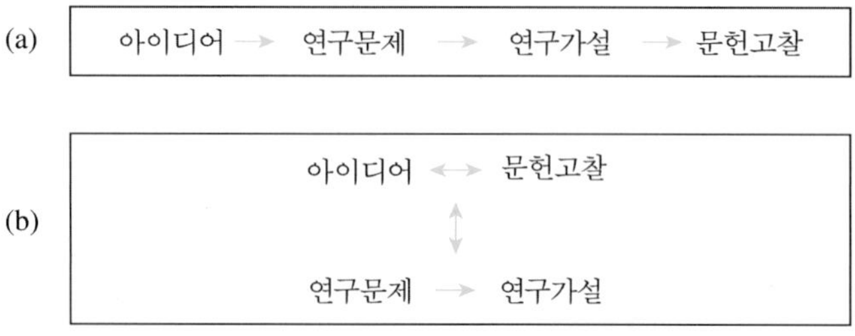

그림 3-2
설카인드의 문헌고찰방법
출처: Salkind(2019).

1) 문헌고찰의 목적

문헌고찰의 목적은 다음과 같은 3가지 이유에 근거한다. 첫째, 문헌을 고찰하면 연구에 대한 착상의 근원이 된다. 관심 있는 영역의 문헌을 섭렵하면 새로운 연구의 필요성을 깨닫게 되고 연구문제를 구체화할 수 있다. 둘째, 관심 있는 영역에 대한 문헌의 고찰은 이미 밝혀진 지식의 윤곽을 파악하게 한다. 현재까지의 밝혀진 지식을 알아야만 이미 발표된 연구를 반복하지 않으며 밝혀지지 않은 영역을 찾을 수 있다. 현존하는 지식을 기초로 할 때 좋은 연구를 위한 개념적 맥락을 잡을 수 있고 그 영역에 대한 이해력과 통찰력을 넓힐 수 있다. 셋째로 연구의 방법에 대한 정보를 얻게 된다. 연구절차, 측정도구, 통계분석을 습득하면 자신의 연구에 대한 구체적 전략을 세울 수 있다.

연구의 주제가 이미 선정되었다면 관련 문헌을 고찰하여 연구문제를 도출해야 한다. 선행연구를 통해 이론적으로 또는 방법적인 모순을 지닌 연구결과에 도전할 수도 있고, 단순히 선행연구를 반복하여 결과의 일관성을 확인할 수도 있다. 또한 두 영역을 혼합하여 새로운 연구방법을 시도할 수도 있다.

2) 문헌고찰의 출처

참고문헌에는 1차 출처와 2차 출처가 있다. 1차 출처란 연구를 직접 수행했던 사람에 의해 쓰여진 보고이며, 2차 출처는 연구자가 아닌 제3자에 의해 보고된 것이다. 논문에서 이론적 배경이라는 목차 하에 쓰여진 연구자의 보고는

표 3-5 아동학 분야 국내 학회지 목록

학회지명	발행인(학회명)	창간년도	학회지 검색 페이지 주소
가정과삶의질연구	가정과삶의질학회	1977	journal.khma.kr
놀이치료연구	한국놀이치료학회	1997	www.playtherapykorea.or.kr
미래유아교육학회지	미래유아교육학회	1995	www.futureece.or.kr
생태유아교육연구	한국생태유아교육학회	2002	www.ecoece.or.kr
아동과 권리	한국아동권리학회	1997	kccr.jams.or.kr
아동교육	한국아동교육학회	1991	kjce.jams.or.kr
아동중심실천연구	한국아동중심실천학회	2004	www.afterschool.or.kr
아동학회지	한국아동학회	1980	www.childstudies.org
열린유아교육연구	한국열린유아교육학회	1996	www.open33.or.kr
유아교육연구	한국유아교육학회	1976	www.ksece.or.kr
인간발달연구	한국인간발달학회	1999	www.kahd.or.kr
특수아동교육연구	한국특수아동학회	2000	www.kacsn.net
한국가족관계학회지	한국가족관계학회	1996	www.kafr.or.kr
한국보육지원학회지	한국보육지원학회	2005	www.educarechild.com
한국생애학회지	한국생애학회	2010	www.lifespan.re.kr
한국생활과학회지	한국생활과학회	1992	www.kahe.or.kr
한국심리학회지:발달	한국심리학회	1946	www.koreanpsychology.or.kr
한국심리학회지:일반	한국발달심리학회	1988	www.baldal.or.kr
한국아동복지학	한국아동복지학회	1993	www.childwelfare.or.kr
한국영유아보육학회지	한국영유아보육학회	1994	www.kce.or.kr
Family and Environment Research	대한가정학회	1959	www.khea.or.kr

2차 출처가 된다. 2차 출처는 연구문제에 관련된 정보를 포괄적으로 제공하고 있으므로 매우 유용할 수 있으나 충분하고 자세한 정보는 아닐 수 있다. 뿐만 아니라 이것을 쓴 사람의 가치관에 의해 달리 집약되고 요약되었으므로 주관성이 개입되었을지도 모른다는 점을 염두해 두어야 한다.

표 3-6 아동학 분야 국외 학회지 목록

학회지명	
American Journal of Education	Child Development
Child Welfare	Developmental Psychology
Education Research Quarterly	Educational and Psychological
Exceptional Children	Family Redations
Gifted Child Quarterly	Journal of Abnormal Child Psychology
Journal of Counseling Psychology	Journal of Education Measurement
Journal of Educational Psychology	Journal of Experimental Child Psychology
Journal of Marriage and the Family	Journal of Personality and Social
Journal of Psychology	Journal of Special Education
Measurement	Perceptual and Motor Skills
Phi Delta Kappa	Psychological Bulletin
Psychology	Review of Educational Research
Sex Roles: A Journal of Research	Young Children

전공서적은 전공 영역의 광범위한 지식을 제공해 주기 때문에 가장 보편적으로 먼저 찾게 된다. 특히 관심 있는 주제에 대한 정보를 다각도로 접근할 뿐만 아니라 그 정보에 대해 많은 참고문헌을 제시하고 있으므로 유용하다. 초보 연구자는 서적을 통해 연구의 주제를 찾을 수 있다. 서적은 2차 출처가 된다. 서적 외에 학술지에 실린 연구논문이나 보고서 그리고 석사와 박사학위 논문, 기타 간행물 등 연구에 필요한 참고문헌은 많다. 이러한 것들은 서적에 비해 최신의 정보를 담고 있다.

연구주제에 직접 관련된 문헌을 발견하기란 쉽지 않다. 이때 색인이나 초록abstract을 이용할 수도 있다. 최근에는 인터넷을 통해 관련문헌을 찾는 것이 일반적이다. 인터넷을 이용하면 도서관에서 지내야 할 많은 시간을 절약할 뿐 아니라 최신 정보까지도 얻을 수 있다. 인터넷을 통한 아동학회지의 논문 검색은

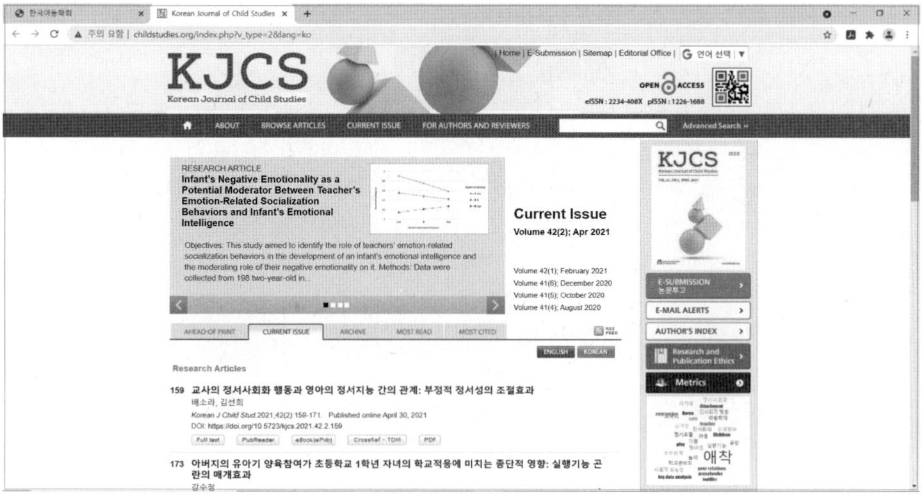

그림 3-3
아동학회지 논문 검색

그림 3-3과 같다.

3) 문헌고찰의 기록

문헌을 찾아서 읽고 난 뒤에는 기록해야 한다. 내용의 전체를 구성해 두고 순서를 정해 기록하는데, 이때 관련성에 따라 조직해 나가야 한다. 또한 단순히 문헌을 나열하면서 고찰하는 것이 아니라 자신의 연구에 대한 체계적인 논리를 제공해야 한다. 그러므로 기존 연구에 대한 일관성이나 모순을 지적할 수 있어야 하며, 연구방법에 대한 비교나 한계점도 밝힐 수 있어야 한다. 이러한 과정은 객관적이어야 한다. 서로 결과가 상충된 연구를 제시할 때에도 주관을 배제해야 하며, 가설이 지지되지 않은 연구라 할지라도 무조건 생략해서는 안된다.

객관적인 문헌고찰은 문체에도 요구된다. 즉, 주관적인 가치관이 개입된 문장은 피해야 한다. 예를 들어, '아동학 전공자는 전공에 대해 정체감이 낮다.' 라는 문장보다 '아동학 전공자는 전공에 대한 정체감이 낮다고 보고된다.'로 표현해야 한다. 문헌고찰의 끝 부분에서는 기존 연구를 요약하면서 비판하는 것도 가능하다.

국내 아동학 연구의 동향

연구자가 연구를 시작하게 되는 계기는 다양할 수 있다. 연구자의 궁금증에 의해 시작되기도 하고 기존의 이론과 연구에 대한 확장의 필요에 의해 시작되기도 한다. 어떠한 계기로 연구가 시작되던지 간에 구체적인 연구문제를 설정하는 과정에서 연구자들은 선행연구를 고찰하게 되는데, 이때 연구자들은 다양한 관점에서 기존 연구의 경향을 파악하게 된다. 즉, 연구의 주제, 적용이론, 주요 변인, 연구대상, 자료수집방법, 분석방법 등등에서 기존 연구들이 어떻게 수행되어왔는지에 대한 정보를 파악하게 되며, 이를 통해 기존연구와는 차별화된 새로운 연구설계를 도출할 수 있게 된다. 따라서 연구자들은 다양한 방법을 통해 기존연구가 어떻게 이루어졌는지의 연구동향에 대한 가능한 많고 정확한 정보를 얻는 것이 중요하다.

여기에서는 국내 아동학 연구의 대략적 연구동향을 소개하기 위해, 한국아동학회에서 창립 40주년을 맞이하여 발표한 연구(2019)를 간략히 제시하고자 한다. 해당 연구는 1980년부터 2019년까지 40년 동안 해당 학회에서 발행한 [아동학회지]에 실린 총 1929편의 논문을 발달, 가족, 보육 및 교육, 상담의 4개 분야로 구분한 후 시기별로 세부주제, 분석방법, 대상 등 다양한 세부기준에 따라 비교분석한 연구이다.

먼저, 지난 40년 동안 아동학 관련 논문의 주제분야별 분포를 살펴보면, 아동의 발달에 관한 논문이 1929편 중 총 855편으로 전체 연구의 44.3%를 차지하였고, 다음으로 가족환경에 관한 논문 553편(28.7%), 보육 및 교육관련 논문 417편(21.6%), 상담관련 논문 104편(5.4%)의 순으로 분류되었다. 이러한 분포는 해당 학회지의 성향을 반영한 것일 수도 있으나 학회지가 투고논문을 모집할 때 아동과 관련된 전반적인 주제를 모두 포괄하여 모집한다는 점에서 지난 40년 동안 아동학 관련 연구에서 많이 다루어진 주제가 무엇이었는지 대한 대략적인 정보를 제공한다고 할 수 있다.

다음은 발달, 가족, 보육 및 교육, 상담의 4개 분야 논문에 대해 각각 주제어를 중심으로 word cloud 분석을 한 결과이다. 발달을 주제로 하는 연구의 경우, 2000년 이후 논문에서 아동이라는 주제어 이외에 학교적응, 기질, 자아존중감, 창의성, 자기조절능력, 우울, 정서조절, 사회적 능력, 공격성 등의 주제가 많이 다루어졌음을 알 수 있다.

발달 논문의 주제어 분석(2000~2019년)

가족과 관련된 논문의 경우, 2000년 이후 논문을 대략 10년 단위로 구분하여 분석하였다. 그 결과, 두 시기 모두에서 양육행동과 부모에 관한 내용이 주를 이루고 있음을 알 수 있다. 이 밖에도 양육효능감, 양육스트레스, 통제, 기질 등의 세부 주제가 많이 다루어진 것으로 나타났다.

(2000~2009년)

(2010~2019년)

가족 논문의 주제어 분석

보육 및 교육 관련 논문 역시 2000년부터 2019년까지의 기간을 10년 단위로 나누어 비교한 결과, 2000~2009년 기간에는 창의성, 보육교사, 유치원, 유아, 영아, 교사 등의 세부주제어가 주로 연구되었으며 프로젝트접근법이나 구성주의접근과 같은 특정 프로그램에 대한 관심이 논문에 반영된 것을 알 수 있다. 2010~2019년의 기간에 발표된 논문에서는 보육교사, 교사효능감, 직무스트레스 등 교사와 관련된 연구가 활발히 이루어진 것으로 파악된다.

(2000~2009년)

(2010~2019년)

보육 및 교육 논문의 주제어 분석

마지막으로 상담 관련 논문은 2001년부터 2019년까지 프로그램이 주요한 세부 주제로 다루어진 것으로 나타났다. 시기별로 구분할 때, 2001~2010년의 기간에는 특히 또래, 문제행동, 사회적 특성에 연구가 집중되었던 반면 2011~2019년의 기간에는 부모교육, 정서, 모래놀이치료 등에 관한 연구가 활발히 이루어졌음을 알 수 있다.

(2001~2010) (2011~2019)

상담 논문의 주제어 분석

이와 같이 연구동향 논문은 특정 분야나 특정 주제에 대해 관련 선행연구들이 어떤 시기에, 어떤 소주제를 다루었는지에 대한 정보 뿐 아니라 연구대상, 연구방법, 적용이론 등 다양한 정보를 제공한다. 이러한 점에서 연구동향 분석논문은 문헌고찰이나 주제 선정 시 활용하기에 매우 좋은 자료라 할 수 있다.

출처:

- 권연희 · 전효정 · 고은경(2019). 아동학회지 40년의 역사: 발달. 2019 한국아동학회 40주년 기념 추계학술대회 발표논문집. pp. 45-65.
- 정유진 · 성지현(2019). 아동학회지 40년의 역사: 가족. 2019 한국아동학회 40주년 기념 추계학술대회 발표논문집. pp. 135-157.
- 이형민 · 이주연 · 이사라 · 박보경 · 박남심(2019). 아동학회지 40년의 역사: 보육 및 교육. 2019 한국아동학회 40주년 기념 추계학술대회 발표논문집. pp. 67-97
- 김태은 · 양성은 · 김민정(2019). 아동학회지 40년의 역사: 상담. 2019 한국아동학회 40주년 기념 추계학술대회 발표논문집. pp. 123-134.

4장

연구의 설계

연구문제를 개념화한 후 수행단계에 들어가면 연구설계를 해야 한다. 연구의 설계란 과학적으로 연구를 계획하고 조직하는 것으로 자료의 수집과 분석의 지침이나 전략을 포함한다. 연구를 설계할 때는 먼저 그 설계가 연구문제에 적절한가를 살펴보아야 한다. 다음으로 연구의 효율성을 고려해야 한다. 왜냐하면 아무리 훌륭하고 정교한 설계를 하더라도 연구문제에 직접적인 관련이 없다면 타당한 결과가 나올 수 없다. 또한 이상적인 연구설계라도 요구되는 시간, 비용, 기술 등을 연구자가 감당할 수 없다면 그 설계는 무의미하다. 그러므로 연구설계는 연구문제에 적절한 설계이면서 연구자가 재정적, 시간적 그리고 기술적 자원을 가지고 실제적으로 수행가능해야 한다.

연구를 계획하고 설계하는 목적을 캐린저와 리Kerlinger & Lee, 1999는 크게 2가지로 보았다. 먼저 연구의 질문에 대답을 줄 수 있어야 하고, 더불어 연구문제와 관련이 없는 외생변수를 통제하고 오차 변량을 최소화할 수 있어야 한다는 것이다.

연구설계 유형은 연구의 목적, 연구 시간차원, 연구 상황, 자료의 성격 등에 따라 대립된 쌍으로 분류된다(그림 4-1). 이 중 기초연구와 응용연구의 특성을 비교하면 표 4-1과 같다. 기초연구basic research는 현상이나 행동에 대한 기본

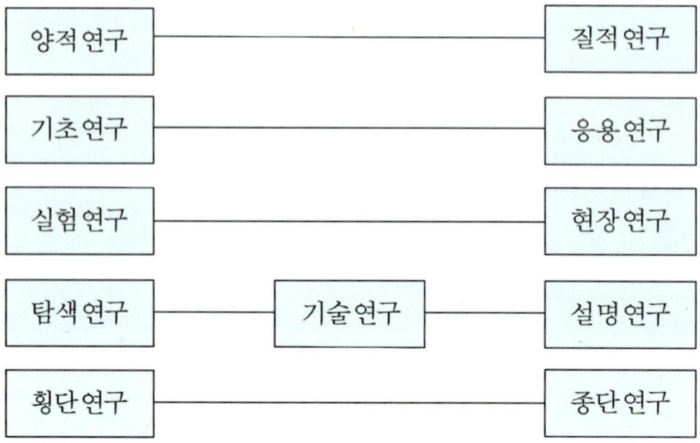

그림 4-1
연구설계의 유형

적인 질문이 연구의 주제가 된다. 예를 들어, 아동의 인지, 발달, 학습, 사회적 행동 등이다. 반면 응용연구applied research는 실제적인 해결방법을 제시할 수 있는 연구이다. 유아의 영어학습 효과가 부정적인지 긍정적인지를 밝히는 연구는 응용연구가 된다. 기초연구와 응용연구는 서로 시너지 효과가 있다. 기초연구에서 밝혀진 결과나 이론은 응용연구를 하는 계기를 마련해 준다. 스키너Skinner의 쥐에 대한 조건화 반응의 기초연구는 그 후 많은 응용연구로 이어졌다. 교실에서 아동을 대상으로 한 조건화 현상, 산업현장에서의 조건화 현상 등이 연구자들의 관심을 갖게 되었다.

표 4-1 기초연구와 응용연구

구분	기초연구	응용연구
연구주제의 선정	개별연구자	경우에 따라 연구비 수혜기관
연구의 목적	이론의 일반화	사회문제의 발전
연구의 동기	연구자의 지적 호기심	사회의 발견
연구의 타당성	내적 타당화 중심	외적 타당화 중심
연구장소	실험실	실상황

출처: Singleton & Straits(2017).

1. 연구목적에 따른 설계

연구설계는 연구의 목적에 따라 달라져야 한다. 연구의 목적은 탐색, 기술, 설명으로 분류할 수 있으며, 한 연구는 한 개 이상의 목적을 가질 수 있다. 또한 연구설계는 여러 유형으로 나뉠 수 있다.

표 4-2 연구유형별 분류

	비실험연구				실험연구	
	기술연구	역사연구	상관연구	질적연구	순수실험연구	유사실험연구
목적	기존 현상의 특성 기술	과거에 일어났던 사건의 현재와의 관계	변수와의 상관을 밝힘	인간행동을 사회·문화·정서적 맥락에서 이해	원인과 결과를 밝힘	완전통제 없이 인과관계를 밝힘
시간관계	현재	과거	현재 또는 과거 (상관관계), 미래(예측)	현재 또는 과거	현재	현재 또는 과거
요인 통제정도	매우 낮음	매우 낮음	낮거나 중간	중간 또는 강한 통제	강한 통제	중간 또는 강한 통제
논문에서 보는 용어	기술, 면담, 이론적 기술	과거, 기술	관계, 상관관계	사례연구, 평가, 역사적, 인류학적	비교연구, 효과	비교연구, 효과
예	유치원에서의 조기영어교육 실태	일제하 유아보육사 연구	폭력적 TV 프로그램의 시청과 아동의 공격성의 관계	결혼이민자 가정 유아의 보육기관 생활경험에 관한 질적연구	~의 효과	언어 능력에서의 성 차이

출처: Salkind(2019).

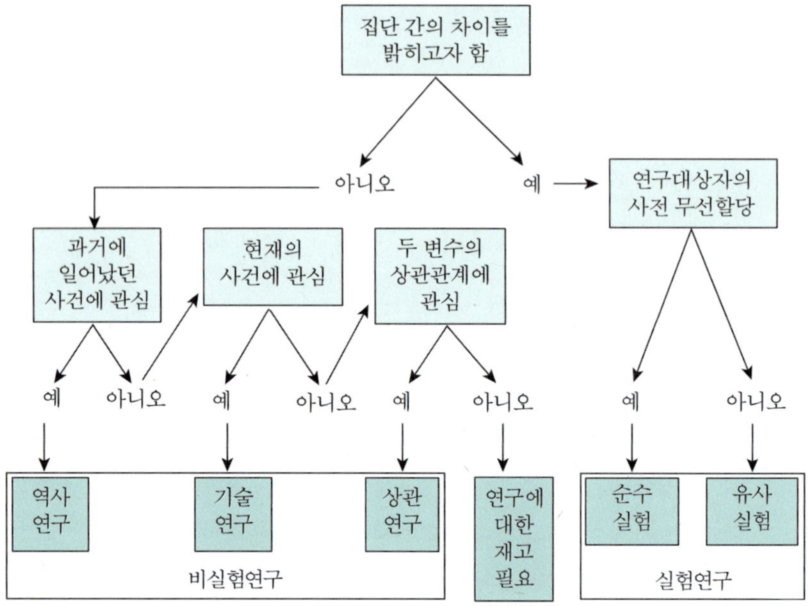

그림 4-2
연구설계
출처: Salkind(2019).

1) 탐색연구의 설계

탐색exploration연구란 어떤 현상이 존재하느냐 또는 일어나는가를 밝히는 현상의 존재여부를 탐색하기 때문에 매우 단순한 주제일 수도 있고 매우 복잡할 수도 있다. 탐색연구는 문제를 규명하는 데 목적이 있으므로 새로운 관점에서 연구의 영역을 개척하고 아직 연구되지 않은 문제들을 기존의 방법과 다르게 접근하여 연구하게 된다. 이론적으로 또는 실증적으로 사실이 밝혀지지 않는 것이 연구의 주제가 되므로 가설은 설정되지 않고 관련된 변수의 규명이나 변수들과의 관련성을 파악하는 경우가 많다.

탐색연구는 예상하지 못한 결과를 추정하면서 다양한 연구방법을 시도하는 연구자의 창조력과 통찰력이 중요하다. 그러므로 연구설계에 있어서의 표준화는 의미가 없어 진행과정에서 수정할 수도 있으며, 양적 측정보다는 질적 접근을 한다. 대체적으로 덜 구조화된 연구계획으로 연구를 탄력적이면서 주관적으로 진행시키지만 방향이 뚜렷하게 있어야 한다. 피아제Piaget의 아동연구는 전형적인 탐색연구라 하겠다.

탐색연구의 주된 단점은 연구문제에 대한 단서와 연구방법에 대한 통찰은 제공할 수 있으나, 표집과 대표성의 문제로 인해 일반화된 답을 제공하지 못한다는 것이다.

2) 기술연구의 설계

기술description연구는 어떤 특정 현상을 정확하게 파악하고 그 현상이 다른 현상과 어떻게 다른가를 이해하는 데 목적이 있다. 그러므로 상황이나 현상에 대한 개괄적인 서술보다는 정확하게 서술하여 관심 있는 상황의 파악이나 변수들과의 관련성을 파악하는 연구이다. 대규모의 사회연구가 여기에 속하며, 대표적으로 인구센서스sensus, 갤럽gallup 등의 연구를 들 수 있다.

탐색연구와 기술연구는 다음과 같은 점에서 구별된다. 첫째, 탐색연구는 중요 변수나 문제가 무엇인지를 발견하고자 하는 반면, 기술연구는 특정집단의 분포 등 특성을 기술한다. 따라서 기술연구는 정확한 연구목적하에 많은 사전 지식이 있어야 한다. 둘째, 탐색연구는 주관적 통찰에 의해 시작되어 연구과정에서 융통성이 강조되는 반면, 기술연구는 계획과 체계적인 절차로 오차를 줄이기 위한 구조화된 방법으로 정확성이 요구된다. 그러나 탐색연구와 기술연구는 가설을 설정하지 않는다는 점에서 같다.

3) 설명연구의 설계

설명explanation연구는 단순히 기술을 보고하는 연구가 아니라 나타난 현상에 대한 이유why를 밝히는 것을 목적으로 이론을 검증하는 것이다. 둘 또는 그 이상의 관계를 밝히는 상관관계의 측정으로, 또는 변수를 실험적으로 통제하는 연구설계를 통해 원인이나 이유가 밝혀질 수 있다. 인과관계를 규명하게 되면 현상에 대한 근본적인 문제해결이 가능해진다. 트루에True, 1989는 연구목적에

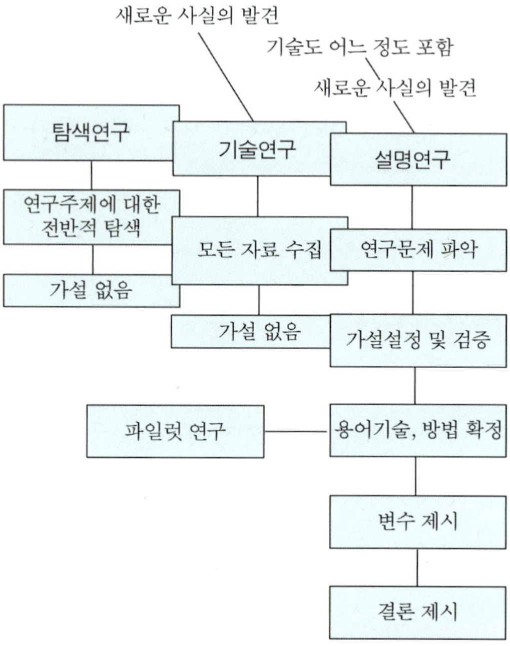

그림 4-3
탐색연구, 기술연구, 설명연구의 차이
출처: True(1989).

따른 연구의 과정에 차이가 있다는 것을 보여 주었다(그림 4-3).

2. 시간차원에 따른 설계

연구설계를 가장 보편적으로 나누는 것이 시간차원에 의한 것으로, 종단적 설계와 횡단적 설계가 있다.

1) 종단연구의 설계

종단연구longitudinal research란 같은 표본으로 시간 간격을 두고 적어도 두 번은 검사하는 것이다. 비록 반복검사를 하는 연구 중 어떤 것이 종단연구인가를 결정하는 확실한 기준은 없어도, 적어도 2가지 대략적인 기준이 있다. 첫 번째 기준은 실험적으로 일어나는 변화보다 자연적으로 일어나는 변화에 대한 연구라는 것이다. 그러므로 중재나 훈련효과의 연구는 비록 같은 아동이 여러 번 검사하더라도 종단연구에 속하지 않는다. 두 번째 기준은 적당한 시간을 두고 조사를 반복하는 것이다. 한 주 간격으로 같은 집단을 단순히 여러 번 검사한다고 해서 종단적 연구는 아니다. 그러나 '적당한 시간'이라는 것은 표집의 발달 수준에 따라 다르다. 만약 연구대상이 신생아라면 1주 간격의 일련의 재검사도 종단적이라고 생각될 수도 있다.

단기종단연구

본 연구는 종단선행 연구들, 자녀양육과정 모델(Belsky, 1984) 및 가족체계이론(Minuchin, 1974)에 기초하여 유아기 어머니의 자아존중감, 부모공동양육 및 온정적 양육행동과 학령진입기 아동의 내면화 및 외현화 문제행동 간 경로를 탐색함으로써, 가족환경 내 어머니의 개인적 특성인 자아존중감이 부모공동양육과 온정적 양육행동을 통해 아동의 발달에 영향을 미치는 단기 종단적 경로를 탐색하였다.

출처: 김태선, 도현심(2021). 유아기 어머니의 자아존중감, 부모공동양육 및 온정적 양육행동이 학령진입기 아동의 문제행동에 미치는 단기 종단적 영향. 아동학회지, 42(4), 473-489.

종단연구

본 연구에서는 초등학교 1학년 때 어머니가 지각한 양육행동이 초등학교 2~4학년 시기 아동의 불안과 집행기능 곤란을 통해 초등학교 4학년 때 아동의 학교적응에 미치는 종단적인 매개경로를 확인하기 위하여, 한국아동패널 8~11차년도 자료를 사용하여 자기회귀교차지연모형을 포함하는 구조방정식모형 분석을 실시하였다.

출처: 한세영·위현아·이정희(2021). 어머니가 지각한 양육행동이 아동의 집행기능 곤란과 불안을 통해 학교적응에 미치는 영향: 자기회기교차지연모델을 적용한 종단연구. 아동학회지, 42(2), 245-259.

(1) 종단연구의 문제점

종단연구에서는 타당성을 위협하는 문제들이 있다. 첫째, 검사도구가 구식이 되거나 검사의 이론적 흥미가 상실되어 사용되고 있는 검사도구가 폐기될 수 있다. 종단적 설계의 핵심은 먼저와 나중의 비교이므로 연구자는 어떤 측정이든 간에 처음에 사용한 것을 계속해서 사용하여야 한다. 그러나 종종 검사도구가 구식이 되고 긴 연구과정 중에 새로운 검사도구와 새로운 쟁점들이 나타나게 된다. 검사도구 폐기의 문제는 생애발달 연구와 같이 긴 기간의 종단연구에서 특히 문제가 된다.

둘째, 종단연구에서는 연구대상자의 시간과 노력이 계속적으로 요구되는데, 이러한 요구에 응하거나 연구의 가치에 신념을 가진 사람만 참여하게 됨으로써 이들은 모집단을 대표하지 않을 수 있다. 뿐만 아니라 표집된 대상은 출생시기가 같으면 코호트cohort 효과가 있다. 예를 들어, 생후 30년 동안 어떻게 변화하는지에 관심을 가진 연구자는 연구대상을 1970년에 출생한 사람들을 표집하여 30년 동안 자료를 수집한 후 그 결과를 가지고 30년 간의 변화에 대해 결론을 내릴 것이다. 그러나 연구대상이 2000년대에 출생한 사람이라면 결과는 다를 수 있다. 그러므로 1970년대 출생아동의 연구결과는 이 세대만의 특징일 가능성이 큰 것이다.

셋째, 표집에서 모집단을 대표하도록 선정하여 대상선정의 오류를 피한다 하더라도 선택적 누락selective dropout이 있다. 연락두절, 참여거부, 자연사망 등이 누락의 이유가 된다. 누락된 대상은 남아있는 대상과 여러 측면에서 다를 것이다. 만약 탈락이 무선적이라면 표본 크기가 축소된다는 문제와 탈락자의 첫번 조사에 대한 노력이 낭비된다는 문제가 있을 뿐이다. 그러나 종종 탈락은 무선적이지 않고 선택적이다. 즉, 연구에서 탈락된 대상과 남아있는 대상은 체계적으로 다를 수 있다. 예를 들어, IQ의 종단연구에서 탈락은 처음 시행에서 낮은 점수를 받은 사람들이고 중년과 노년의 비교연구에서 탈락은 더 나이든 사람들에게서 많다.

넷째, 반복되는 검사로 인해 먼저 실시한 검사가 사후검사에 영향을 준다. 같거나 유사한 검사를 반복하면 먼저 검사가 나중 검사에 영향을 미치는 검사경험testing 효과가 나타난다는 것이다. 예를 들어, 짧은 간격으로 반복해서 지능검사를 한다면 그것은 결과적으로 연구대상의 반응에 영향을 준다. 이러한 반응성reactivity은 장기간 빈번히 측정되는 종단연구에서 특히 현저하다. 그러므로 그러한 대상에서 얻은 반응은 발달의 과정에서 전형적이거나 대표적이지 못할 수 있다. 검사 경험이나 반응성 문제는 모든 종단연구에 전부 적용되는 것은 아니다. 이것은 성인을 대상으로 반복된 검사를 시행하는 연구에서 가장 현저하다. 반면 유아를 관찰하는 연구에서는 이에 대해 덜 우려해도 된다.

다섯째, 종단연구에서 연구대상의 연령과 검사의 시기는 필연적인 혼합문제가 있다. 이 혼합은 연령 비교를 집단 내에서 하기 때문이다. 즉, 연령을 비교한다면 시기를 달리하여 검사하게 된다. 예를 들어, 15세와 20세 사이에 일어나는 변화를 2000년에 태어난 대상이 15세와 20세가 됐을 때 조사할 수 있다. 두 측정의 결과에 차이가 있다면 여기에 대해 두 가지 설명이 가능하다. 하나는 연구대상의 연령이 5살의 차이가 있다는 것이고, 나머지 하나는 처음 검사가 2015년에 시행되고 다음에는 2020년에 시행되었다는 것이다. 종단연구에서 연령은 결코 시대적 요인과 분리해서 생각될 수 없다. 그러나 실제로 이러한 문제의 심각성은 연구하고자 하는 특정 현상에 따라 다르다. 예를 들어, 아동의 키를 2005년에 5세 된 아동을 2015년에 15세가 되었을 때 다시 조사할 수도 있다. 이때 키와 같은 종속변수는 시대적 요인으로 설명할 필요가 없다. 연령 간 키의 차이는 연령 변화에 따른 자연적 변화라고 말하는 것이 타당할 것이다. 그러나 특정 정책에 대한 태도를 조사하여 20세 때보다 30세 때 훨씬 부정적이라는 결과를 얻었다면 부정적 태도가 연령에 따른 변화인지 혹은 해당 시기에 있었던 정책과 관련된 특정한 사건이나 사회적 분위기 때문인지 알 수 없다는 것이다. 이러한 경우 역사적·문화적 설명이 더 바람직하다.

(2) 종단연구의 장점

앞에서 지적한 바와 같이 종단연구에는 단점이 많이 있으나 그에 못지 않은 장점이 있다. 먼저 개인차가 아닌 개인 내 발달intra-individual development 변화를 알 수 있다는 것이 종단연구의 첫 번째 장점이다. 연령의 변화와 연령차는 구별되어야 한다. 연령이 다른 대상을 표집하여 연구하면 그 측정은 연령의 변화가 아닌 연령차에 대한 것으로 볼 수 있다. 그러나 종단연구에서는 연령에 따른 변화를 볼 수 있다. 즉, 시간경과에 따른 개인 내 발달 변화에 대한 질문에 초점을 둘 수 있다. 개인 내 발달의 연구, 예를 들어 아동이 성장함에 따라 IQ가 좋아졌는지, 나빠졌는지, 같은지를 알려고 한다면 연령이 다른 아동을 검사하여 이 문제에 답할 수는 없다. 오히려 같은 아동을 계속 추적하여 연구해야 한다. 실제로 'IQ의 안정성'의 문제는 많은 종단적 연구의 주제가 되어 오래 전부터 최근까지 지속적으로 수행되어 왔다. 연구의 관심이 개인의 안정성이나 개인의 변화를 보려는 것일 때는 종단적 접근이 단순히 좋은 것이 아니라 필수적인 것이다.

둘째, 초기의 어떤 발달과 후기의 어떤 발달과의 관계를 알아보고자 한다면 종단적 접근이 필수적이다. 종단연구는 시간의 경과에 따라 하나의 특성 또는 하나의 행동체계를 추적하는 것에만 가치 있는 것이 아니라 초기의 어떤 발달적 현상과 후기의 다른 몇 현상들과의 관련에 초점을 둘 수도 있다. 예를 들어, 생후 2년간 뼈의 성숙속도를 사춘기가 시작되는 연령과 관계지어 볼 수 있고, 아동의 초기 2년간의 부모의 양육방식과 아동 중기 또는 청년기의 성격과의 관련성을 알아볼 수도 있다.

셋째, 종단적 접근은 아동이 성장함에 따라 행동체계들의 지속적이고 점진적인 변화를 추정하는 데 특히 적합하다. 아동발달 연구에서 대표적인 종단적 접근으로 피아제의 인지발달 연구를 들 수 있다. 피아제는 그의 세 자녀를 출생에서 2세 반까지 다양한 지적 행동을 도표를 만들어 가면서 종단적으로 연구하였다. 이 연구의 결과, 지적 행위의 범위나 통찰적인 면에 있어 이전의 모든 연구를 능가하는 영아지능 개념을 내놓았고 이것은 그 이후의 많은 연구에 대해 귀감이 되고 있다. 피아제의 연구결과가 연령이 다른 아동을 대상으로 한 횡단연구에서도 유추될 수 있을지도 모른다. 그러나 유아지능의 전체적인 윤곽이나 어떻게 지능이 발달하는지에 대한 것은 한 아동의 시간 경과에 따른 변화를 매일 집중적으로 연구하지 않고는 도출하기 어려울 것이다. 이러한 집중적 종단연구는 빈번한 관찰로 인해 영향을 받지 않는 어린 아동의 연구에 가장 적합하다.

넷째, 종단연구는 많은 기본 현상이 밝혀져야만 하는 새로운 조사영역에 필요하다. 피아제가 영아의 지능을 연구하기 시작할 때 그것이 '새 연구 영역'이란 말은 정확한 묘사이다. 일단 새 영역에 대한 일반 유형이나 특성이 밝혀지면 횡단적 연구를 하는 것이 바람직하다. 종단연구는 새로운 발달의 윤곽을 파악하는 데나 초기 원시적 유형이 중간단계를 거쳐 완전히 발달하는 동안의 점진적 과정을 밝히는 데 특히 적합하다. 예를 들어 신생아의 원시적 파악반사가 나이가 들면서 어떻게 변화하는지는 종단연구로 가능하다. 시간 경과에 따라 같은 아동을 면밀히 연구하는 것은 눈으로 관찰할 수 있는 행동의 기저 개념, 즉 인지 구조, 언어 규칙, 개인 학습반응을 해석하는 데 특히 도움을 준다. 대부분의 횡단연구에서 연구자는 연구대상을 처음으로 그것도 연구할 때만 만나게 되므로 대상의 행위를 이해한다는 것은 짧은 상호작용 기간에 가능하지 않을 것이다. 그러나 피아제는 아동의 구체적인 행위를 이해하는 데 충분한 배경지식이 있었으므로 훌륭한 연구결과를 가져왔다.

종단적 연구로 트렌드trend 연구, 코호트cohort 연구, 패널panel 연구가 있다. 코호트 연구는 같은 해에 출생했거나 같은 경험을 가진 사람들을 추적하여 동시출생 집단을 연대별로 조사하는 것이고, 패널연구는 같은 연구대상의 변화를 계속적으로 조사하는 것이다(그림 4-4).

그림 4-4
종단연구의 유형
출처: Cresswell & Guetterman(2018).

2) 횡단연구의 설계

횡단연구cross-sectional study는 연령이 다른 대상을 선정하여 동시에 조사한다. 따라서 횡단연구는 연령 변화를 직접적으로 측정할 수 없고, 시간의 경과에 따른 개인의 안정성에 관한 답을 줄 수도 없다. 횡단설계는 한 시점에서 연구를 진행하므로 자료수집에 있어서 노력과 시간이 종단적 설계보다 덜 든다.

(1) 횡단연구의 문제점

횡단연구의 문제점으로 먼저 연구대상자의 선정오류selection bias 가능성을 들 수 있다. 횡단연구는 연령이 다른 집단을 검사하기 때문에 연구대상 선정의 오류로 인해 비교되는 대상이 단지 연령이라는 독립변수뿐만 아니라 다른 면에서의 차이를 보일 수도 있다. 연구자는 연령을 제외한 집단 간의 모든 차이를 제거하는 것이 아니라 연령과 본질적으로 관련이 없는 것을 제거하고자 한다. 대부분의 경우, 성, 인종, 사회계층, IQ 등의 변인을 유사하게 배정해야 하는 것은 명백하다. 그러나 바람직한 배정이란 늘 쉬운 것이 아니라는 점이다. 전형적으로 아동연구자들은 연령별로 매우 다른 기관 등을 통해 대상을 표집한다. 즉 병원의 신생아, 참여에 기꺼이 응한 부모의 유아, 유치원이나 어린이집의 아동, 초등학생, 중학교나 고등학교 학생, 대학생을 표집한다. 이렇게 표집된 연구대상은 여러 면에서 차이가 있다. 그러므로 연구자가 배정의 중요성을 인식하더라도 실제로 비교 가능한 집단을 선택하기란 어려운 것이다.

오류는 선택적 탈락selective drop-out의 경우에도 일어난다. 대상 중 몇 명이 검사가 끝나기 전에 탈락되면 두 집단 간의 초기의 동질성은 순식간에 사라지게 될 것이다. 종단적 연구와 유사한 문제로 누락된 대상은 남아있는 대상과 다를 것이며 한 연령집단보다 다른 연령집단에서 더 많은 누락이 있을 때 더욱 문제가 된다.

선택적 탈락이 연령 비교에 오류를 보이는 예를 들면, 어린이집에서 어린 아동2~3세과 나이든 아동4~5세으로 나누어 두 개의 집단을 표집할 수 있다. 장기간 아동이 다양한 지시를 따라야 하고 적절히 반응할 것을 요구하는 연구라면 모든 어린이집 아동이 그러한 반응을 할 수 있는 것은 아니어서 몇 명은 연구로부터 탈락된다. 이때 나이가 어린 아동과 능력이 뒤떨어지는 아동이 주로 탈락된다. 그렇다면 나이든 아동집단의 대표성은 양호하나 어린 아동집단은 우수한 아동이 많이 남아 있는 편향된 표집이 된다. 이런 선택적인 탈락으로 연령에 따라 능력이 향상된다는 결론을 내릴 가능성이 감소된다. 연구자들은 일반적으로 연령에 따라 발달이 있으리라 기대하기 때문에 이 오류는 연구가설과 반대로 작용할 것이다.

연령차이 연구에 대한 종단적 접근에는 연령과 조사시기와의 필연적인 혼합문제가 있다는 것을 앞에서 언급하였다. 반면 횡단적 접근에서는 연령과 세대 또는 출생시기가 필연적으로 혼합된다. 횡단연구에서 연령이 다른 집단은 필연적으로 출생시기가 다르고 어느 정도 다른 환경에서 성장하게 된다. 나이든 사람은 교육 기회의 차이가 있으며 성인이 될 때까지 컴퓨터도 거의 없이 살아온 세대이다. 이들을 대상으로 연구의 종속변수에서 25세와 65세 간에 차이가 있다는 것을 발견했다고 하면 이 차이를 연령차로 보아야 할지 세대차이로 보아야 할지는 결론짓기 어렵다. 연령-출생시기의 혼합문제의 심각성은 연구의 특성에 따라 다르다. 연구의 종속변수가 가치관이나 IQ 검사 수행이라면 출생시기 효과는 꽤 명확할 것이나, 연구의 초점이 심장박동률이나 시력이라면 출생시기 효과는 훨씬 덜 중요할 것이다. 대체로 종속변수가 기본적이고 생물학적이라면 출생시기에 따른 효과는 적다.

측정의 동질성measurement equivalence은 횡단연구에서 문제시된다. 한 연령에 적합한 검사는 다른 연령에 맞지 않는 경우가 허다하기 때문이다. 예를 들어, 7세 아동에게 분류 검사를 조사할 수 있는 측정도구는 4세 아동에게는 언어 능력을 너무 요구하는 질문일 수 있다. 이 도구로 검사를 할 경우, 두 연령은 각기 다른 것즉, 7세 아동의 분류화 능력과 4세 아동의 언어 능력을 측정하게 될 것이다.

표 4-3 종단적 설계와 횡단적 설계의 문제점

종단적 설계	횡단적 설계
실제적 어려움(경비, 시간소모)	변화의 직접 측정 불가능
측정도구의 구식화 가능성	선택오류의 가능성
비대표적 표집 가능성	선택적 누락 가능성
선택적 누락 가능성	동질 측정의 어려움
반복검사의 효과	
동질 측정의 어려움	

따라서 만약 분류검사에서 7세가 4세보다 더 잘한다고 결론내린다면 이는 처음 연구자가 밝히고자 했던 분류능력에 대한 결론이라 할 수 없다. 종단적 설계와 횡단적 설계의 문제점을 간단히 표로 보면 다음과 같다(표 4-3).

종단적 설계와 횡단적 설계 외에 시간차이 설계time-lag design가 있다. 그림 4-5에서 시간차이 설계는 수평으로 나타난다. 2000년의 10세 집단과 2005년의 10세 집단, 2010년의 10세 집단, 2015년의 10세 집단을 연구하는 것이 시간차이 설계이다. 그리고 연속적인 설계가 있다. 종단적 연속설계longitudinal-sequential design는 다른 연도에 태어난 대상을 표집하여 그들을 같은 시기에 반복조사하며, 횡단적 연속설계cross-sectional sequential design는 둘 또는 그 이상을 표집하여 측정한다. 표준횡단연구와 비교해 볼 때 연속적인 접근은 적어도

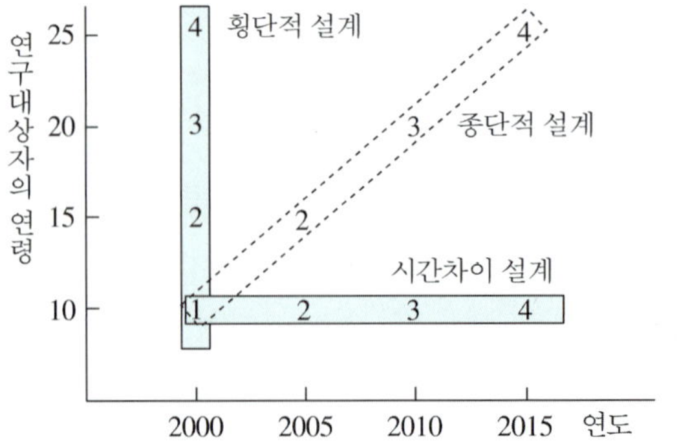

그림 4-5
종단적 설계, 횡단적 설계, 시간차이 설계

부분적으로는 연령과 출생시기의 혼돈을 피하는 장점이 있다.

3. 연구상황에 따른 설계

연구상황은 가장 보편적으로 현장 상황비실험연구과 실험실 상황실험연구으로 분류할 수 있다. 현장 상황은 어린이집이나 놀이터와 같이 자연적 상황에서 이루어지며, 실험실 상황은 연구를 위해 특별히 고안된 상황에서 수행된다. 현장-실험실 구별은 명확한 것처럼 보이나 그 구별이 쉽지 않다. 실험실 상황은 자연 상황과 어느 만큼 유사한가에 따라 다양하며, '현장' 상황에서도 실험통제를 하면서 측정되면 그 자연성을 잃는다. 그러므로 현장-실험실연구는 양분적 관계라기보다는 연속상의 관계라고 할 수 있다. 독립변수와 종속변수의 측정 및 수집위치를 중심으로 표 4-4와 같은 분류가 가능하다.

표 4-4 연구상황의 분류

		독립변수의 위치	
		실험실	현장
종속변수의 위치	실험실	1	2
	현장	3	4

1) 설계 1: 실험실-실험실연구

이 설계는 전형적 '실험' 연구이다. 실험연구에서는 통제된 실험 상황에서 실험적 조작이 이루어지고, 이 조작의 효과가 실험실 환경에서 평가된다. 예를 들어 TV 폭력과 공격성의 경우는 연구대상을 먼저 TV 폭력에 노출되는 실험집단과 비폭력적인 것에 노출될 통제집단을 무선적으로 나눈다. 각 집단의 아동은 실험실로 와서 그들 집단에 주어진 TV를 본다. 조금 후에 실험실 내에서 공격적 행동을 할 수 있는 기회가 주어진다. 실험집단이 통제집단보다 더 많은 공격성을 보이면 TV 모방의 영향으로 볼 것이다.

실험실연구는 두 가지 장점이 있다. 하나는 독립변수를 통제함으로써 내적 타당도를 최대화할 수 있고, 두 번째는 종속변수를 실험실에서 가장 쉽게 측정할 수 있다는 것이다. 실험실 접근의 장점은 다른 각도에서는 약점일 수도 있다. 장점이 '통제'라면 약점은 '인위적'이라는 점이다. 실험실은 실제 상황과 다르므로 '실험실에서 얻은 결과를 자연적인 상황에 일반화할 수 있는가?'라는 의문이 생긴다. 즉 내적타당도를 최대화하는 요인들이 외적타당도를 낮출 수 있는 것이다. TV 폭력과 공격성의 연구에서 자연스럽게 TV를 본다 하더라도 실험실에서의 시청 상황은 아동의 집과는 차이가 있다. 또한 실험실에서의 TV 노출은 너무 짧아 그 결과를 집에서의 장기간 시청효과로 일반화는 것은 모호할 수 있다. 종속변수에서도 한계가 있는데, 인형을 때리는 것으로 공격성을 측정했다면 이는 다른 아동을 때리는 것과 다를 것이다. 실험실연구는 또한 반응성과 반응유형의 문제에 부딪친다. 실험실의 아동은 불안해서 반응을 안 하거나, 성인이 원하는 것은 무엇이든 하려고 하거나 또는 처음 보는 많은 장비 때문에 산만할 수도 있다. '실험실'이라는 단어로 알 수 있듯이, 낯선 곳에서 전혀 접해 보지 않았던 것을 한다는 것은 모든 일상으로부터 일탈된 환경으로 인해 다양한 종류의 오류를 만든다.

2) 설계 2: 실험실-현장연구

이 경우에 독립변수는 실험실에서 조작되고, 종속변수는 현장에서 측정된다. TV 시청과 공격성 연구를 한다면 공격적인 TV 프로그램을 실험실에서 보여 주는 집단과 비공격적 TV 프로그램을 실험실에서 보여 주는 집단으로 나누어 이들이 놀이터나 현장에서 보여 주는 공격성을 측정하는 것이다. 실험실-

현장연구의 단점은 설계 1과 설계 4의 단점을 갖게 된다. 즉, 실험연구의 단점인 독립변수의 인위성과 비일반성, 현장연구의 단점인 종속변수의 측정의 비정확성이 제기된다. 뿐만 아니라 같은 연구 내에서 실험실연구와 현장연구를 조합하는 데 실제적인 장애가 있다.

3) 설계 3: 현장-실험실연구

이것은 독립변수를 현장에서 조작하고, 종속변수의 측정을 실험실에서 하는 것이다. 폭력적 TV 프로그램을 오랫동안 시청해 왔고, 좋아하는 집단과 그렇지 않은 집단을 나누어서 실험실에서 다른 사람의 고통 소리를 들려주면서 전류를 높이는 공격성 실험도 있다. 이 접근은 독립변수의 자연상황과 종속변수의 정확한 측정이 장점이다. 그러나 자연상황에서의 통제는 자연적일 수도 없고 통제에서도 한계가 있으며, 실험 상황에서 종속변수의 측정은 정확하지만 현실과 관련이 없어 인위적이라 볼 수 있다. 또한 실험실-현장연구와 같이 현장-실험실연구도 같은 연구 내에 상황을 혼합하는 데 어려움이 있다.

4) 설계 4: 현장-현장연구

독립변수가 자연 상황에서 조작되고 종속변수도 자연 상황에서 측정되는 현장-현장연구는 설계 4의 유형이다. 현장연구의 최대 장점은 '자연적'이라는 것이다. TV와 공격성의 관계를 아동이 집에서 보는 TV 프로그램이 그들의 집, 학교, 놀이터 등 일상적인 곳에서 보이는 공격성에 영향을 미치는가를 밝히는 것이다. 이처럼 현장연구는 자연 상황에 초점을 맞추기 때문에 외적타당도가 실험연구에서보다 더 높다.

TV 시청과 공격성과의 관계를 현장-현장연구 설계 시 연구대상의 반은 폭력적 TV 프로그램을, 나머지 반은 비폭력 프로그램을 일정기간 집에서 시청하게 하여 자연 상황에서 독립변수를 측정하고 TV 시청 효과 역시 자연적으로 보여 주는 공격성을 평정하면 종속변수 또한 자연 상황에서 일어났다고 볼 수 있다. 그러나 현장연구의 단점은 측정을 자연 상황에서 수행해야 하는 것이다. 연구를 위해서 TV 프로그램을 자연 상황에서 시청하게 하더라도 부모가 지정하는 프로그램을 시청하게 하거나 비폭력 TV를 보게 되는 연구대상들은 좋아하는 프로그램을 보지 못함에 따라 좌절하여 더 공격적이 될 수도 있다. 그러므로 연구의 결과를 왜곡시킬 수도 있다.

지금까지 예로 든 TV와 공격성의 실험실 또는 현장연구는 어떤 설계가 가장 정확한지와 관련하여 논쟁이 있을 수 있다. 그러나 논쟁이 중요한 것이 아니라 앞에 설명된 네 가지 접근을 통해 똑같은 결론을 얻는다면, 즉 TV 폭력이 공격성을 증가시킨다면 이 결론은 타당하다고 볼 수 있다. 현장연구와 실험실연구를 비교하면 표 4-5와 같다.

표 4-5 현장연구와 실험실연구의 비교

요인	현장연구	실험실연구
환경	자연적	인위적
독립변수	부분통제	통제
연구대상자 배치	무선 배치	무선 배치
연구대상자의 연구목적 의식	모름	실험인식(유아 제외)
외생변수 통제	약함	강함
반복연구	어렵다	쉽다
일반화	가능	매우 약함
장비	사용불가	복잡한 장비 사용가능

출처: Coolican(2019).

4. 질적연구 설계

1) 양적연구와 질적연구의 차이

양적연구는 실증적 경험주의에 기초하여 그 자료가 수치화되어 있으므로 통계적 기법이 매우 중요한 것에 비해, 질적연구는 양적인 통계방법으로 연구결과를 기술하지 않는다. 자연적인 맥락에서 생성되는 자료를 수집하고 연구과정을 심층적으로 분석하는 귀납적인 추론방법을 사용한다. 또한 질적연구에서는 단일자료에 의존하기보다는 면접, 관찰, 문서 등 다양한 형태의 자료를 수집하며, 연구참여자의 언어로 자료의 의미를 기술한다. 연구자는 연구의 주요한 도구로 인식되는데, 문서를 검토하고 행동을 관찰하고 면접을 통해 자료를

표 4-6 양적연구와 질적연구의 차이

양적연구	질적연구
자연과학적 접근	인문사회적 접근
측정가능한 변수	사회적 실체이므로 변수의 수량화가 쉽지 않음
연역법	귀납법
이론의 구축	이론의 일반화
가설검증	가설의 일반화
법칙과 원인 규명	의미추구
결과중심으로	과정중심으로
질문에 대한 해답추구	질문을 던지기
객관적인 연구자	몰입하거나 상호작용하는 연구자
실험 연구설계 및 표준화된 측정도구	심층면접 또는 참여관찰
제3자 입장에서 보고서 작성	주체적으로 보고서 작성
타당도, 신뢰도 요구	확실성 요구
계획된 연구방법과 과정대로 수행	연구방법과 과정에서 유동적

출처: Kopala & Suzuki(2012).

수집·분석하는 전 과정에 참여하는 동안 연구자는 경험과 인식, 가치 등을 가진 존재로 인식된다. 무엇보다도 질적연구는 양적연구와 달리 연구과정의 설계가 유연하여 연구의 처음과 끝이 일련의 단계적 절차로 계획되기보다는 순환적이고 교차적이며 반복적인 절차로 이루어진다.

2) 질적연구 설계의 유형

크레스웰Cresswell & Poth, 2017은 질적연구방법을 다음의 5가지로 소개하였다.

(1) 내러티브 연구

내러티브narrative는 하나의 사건이나 일련의 사건/행동에 관해 수집된 자료를 해당 사건에 대한 개인적 경험의 의미를 바탕으로 연대기적으로 나열하는 연구이다. 내러티브 연구는 다양한 방식으로 분석되는데, 이야기의 주제를 중심으로 분석하기도 하고 스토리텔링 특성에 대해 그 구조를 분석하기도 하며, 또는 이야기의 대상을 중심으로 대화 및 행위를 분석하기도 한다. 따라서 대개 내러티브 연구는 개인 또는 소수 대상자의 상세한 이야기나 인생 경험을 대상으로 한다. 개인의 이야기를 그들의 경험과 문화 그리고 역사적 맥락 안에서 풀어내기 때문에 연구참여자의 능동적 협력을 바탕으로 한다.

내러티브 연구에서는 한 개인의 인생에서 전환점이 되는 특별한 사건의 발현epiphanies을 찾아 순행-역행으로 기술하는 방식progressive-regressive method이 주로 이용된다.

(2) 현상학적 연구

현상학적 연구phenomenological research는 하나의 현상이나 개념에 대해 개인들의 경험의 의미를 기술하는 연구이다. 이는 객체로서의 현상이 개인의 경험을 통해 그 의미 안에서만 인식된다는 전제를 바탕으로 하며, 따라서 개인의 경험적 시각에서 그들 경험의 본질을 밝히는 것을 목적으로 한다. 현상학 연구는 해석학적 현상학과 심리학적 현상학으로 구분되며 후자는 가능한 연구자의 관점을 배제한 상태에서 연구참여자의 경험적 시각에 초점을 둔다Moustakas, 1994.

(3) 근거이론연구

근거이론grounded theory 연구는 참여자들의 관점에서 도출된 사회적 과정이나 행동양식, 상호작용 등에 대한 일반적인 설명이론을 발견하는 것을 목적으로 한다Corbin & Strauss, 2015. 근거이론 연구자는 참여자들과의 면접을 통해 하나의 과정에 중심현상이 무엇인지, 그 현상이 발생하는 인과조건은 무엇인지, 그 과정동안 채택된 전략은 무엇이며, 그 결과는 어떠한지 등을 반복적으로 질문하고 분석하여 논리적 다이어그램이론의 시각적 모형을 제시하게 된다.

(4) 문화기술지

문화기술지ethnography는 민속지학이라고도 하며, 문화인류학에서 전통적으로 사용해 온 접근방식이다. 문화기술지 연구는 근거이론 연구자들과 비슷하게 과정, 행동, 상호작용에 관한 패턴발견에 관심을 두지만 무엇보다도 문화공유집단cluture-sharing group에 초점을 둔다는 차이점이 있다. 즉, 문화기술지 연구는 문화공유집단의 가치와 행동, 관습, 신념이 공유되고 학습되는 패턴을 발견하고 기술하는 것을 목적으로 한다.

(5) 사례연구

사례연구case study는 하나의 경계를 가진 사례 또는 여러 사례들을 탐색하며, 현지관찰, 심층면접, 문서 및 보고서 등 다양한 자료들을 심층적으로 수집·분석하여, 사례기술case description과 사례주제case theme를 보고하는 연구방법

표 4-7 질적연구 5가지 유형의 비교

특성	내러티브 연구	현상학적 연구	근거이론연구	문화기술지	사례연구
초점	개인의 인생 탐색	경험의 본질 이해	현장의 자료를 근거로 한 이론 개발	문화공유집단에 대한 기술 및 해석	단일/복합 사례에 대한 기술 및 분석
설계에 적합한 유형	개인적 경험에 대한 이야기를 말하고자 할 때	체험한 현상의 본질을 기술하고자 할 때	연구참여자의 관점에서 근거이론을 개발하고자 할 때	집단 문화의 고유된 패턴을 기술하고 해석하고자 할 때	단일/복합 사례에 대한 상세한 이해를 제공하고자 할 때
학문배경	인류학, 문헌정보학, 역사학, 심리학, 사회학을 포함한 인문학	철학, 심리학, 교육학	사회학	인류학, 사회학	심리학, 법학, 정치학, 의학
분석단위	한 명 이상의 개인을 연구	경험을 공유한 여러 개인을 연구	많은 개인들이 포함된 과정, 행동, 상호작용 연구	같은 문화를 공유하는 집단을 연구	사건, 프로그램, 활동, 한명 이상의 개인을 연구
자료수집형식	주로 면접과 문서 활용	주로 개별면접, 문서와 관찰도 활용	주로 20~60명 정도의 개인들과 면접	주로 관찰과 면접 활용. 현장에서 다른 자료수집	면접, 관찰, 문서, 인공물 등 다양하게 활용
자료분석전략	이야기, 이야기 재구성, 주제 전개, 연대기 사용	의미있는 진술, 의미단위, 조직적 구조적 기술, 본질에 대한 기술	개방코딩, 축코딩, 선택코딩	문화공유집단에 대한 기술, 집단에 대한 주제	사례 간 주제뿐 아니라 그 사례의 주제와 사례에 대한 기술
보고서 작성	개인의 인생 이야기에 대한 내러티브 전개	경험의 '본질' 기술	하나의 그림으로 설명되는 이론을 창출	문화공유집단이 작동하는 방식을 기술	하나 이상의 사례에 대한 상세한 분석

출처: Cresswell & Poth(2017).

이다. 사례연구는 일반적으로 분석결과의 일반화를 목적으로 하지 않으며 사례의 복잡성을 이해하는 것에 초점을 둔다. 독특한 사례, 자세히 알려질 필요가 있는 사례, 그 자체로서 특별한 관심을 받는 사례 등을 연구하는 본질적 사례연구가 있는 반면, 어떤 문제나 관심사를 알아내기 위해 선택된 사례를 연구하는 도구적 사례연구가 있다.

5장

표집과 연구대상

연구의 설계가 완성되면 설계에 따라 연구대상을 선정해야 한다. 연구의 결과를 모집단에 일반화시키기 위해서는 연구대상 표본이 편포되지 않아야 한다. 즉, 표본은 모집단에 대해 대표성representativeness을 지녀야 외적타당도에 문제가 없다. 그림 5-1은 편포되지 않은 표본이다. 여기서 모집단population이란 연구결과를 일반화시킬 수 있는 특정 집단체를 의미하며, 연구대상subject은 연구되는 사람, 사물 또는 그 집단으로서 분석의 기초단위가 된다.

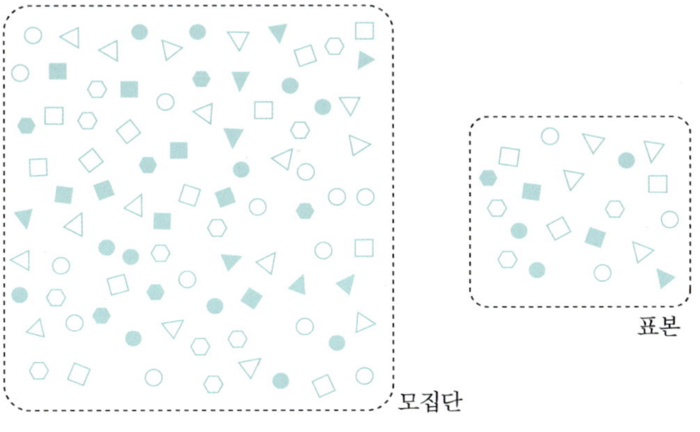

그림 5-1
모집단과 표본
출처: Babbie(2020).

1. 표집의 유형

연구대상을 선정하는 것을 표집sampling이라 하는데, 표집의 유형에는 크게 확률표집과 비확률표집 두 가지가 있다. 확률표집은 모집단의 요소들이 표본으로 추출될 확률이 알려져 있고, 비확률표집은 그 확률이 일정하지 않은 경우이다.

1) 비확률표집

비확률표집nonprobability sampling은 표집방법에 의하여 나타나는 편포bias를 측정할 수 없고, 모집단을 대표한다고 분명히 말할 수 없으므로 연구결과를 일반화하는 데 제약이 있으나, 다음과 같은 경우에는 비확률표본 연구가 이루어진다.

먼저, 모집단이 정확히 알려져 있지 않은 경우나, 모집단이 알려져 있다 하더라도 연구하고자 하는 현상이 거의 나타나지 않을 때 비확률표집을 하게 된다. 또는 모집단의 정보가 없어 정의되지 않거나 정의될 수 없는 경우에도 비확률표집을 통해 연구대상자를 선정하여 탐색연구를 진행할 수 있다. 비확률표집의 구체적인 방법으로 편의표집, 눈덩이 표집, 할당표집, 의도표집 등이 있다.

(1) 편의표집

모집단을 정의할 수 없거나 또는 표본 간에 별로 차이가 없을 것이라 가정될 때 표집하기 쉬운 사람을 대상으로 표집하는 방법이다. 예를 들어, TV 기자가 우연히 지나가는 사람에게 사회현상에 대해 질문을 한다면 우연표집 또는 편의표집accidential or convenience sampling에 해당한다. 이 표집방법은 편포된 대상을 선정할 확률이 높다. 그림 5-2에서와 같이 44명의 백인 여자, 44명의 백인

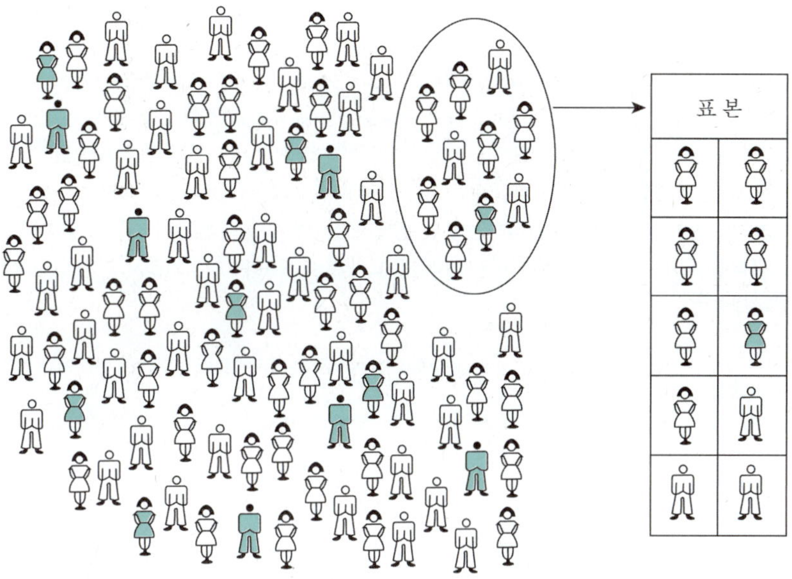

그림 5-2
편의표집
출처: Babbie(2020).

남자, 6명의 흑인 여자, 6명의 흑인 남자의 모집단에서 손쉬운 사람들만 표집하면, 백인 여자 6명과 흑인 여자 1명 그리고 백인 남자 3명만 선정될 수 있다. 이처럼 편의표집은 대표성의 정확도는 떨어지지만 시간과 돈이 절약된다.

(2) 눈덩이 표집

눈덩이 표집snowball sampling이란 연구대상자가 또 다른 연구대상자를 소개하는 방법으로, 눈덩이를 언덕 아래로 굴리면 점점 커진다는 데서 '눈덩이'라는 용어를 쓴다. 같은 특성을 가진 사람들끼리 집단을 형성하므로 찾기 어려운 대상일 경우 한 사람만 찾으면 연속적으로 비슷한 특성의 사람을 쉽게 찾을 수 있다는 장점이 있으나, 표본이 편포될 위험이 있다. 관찰연구나 지역사회 연구에 많이 이용된다.

눈덩이 표집

델파이조사에 참여한 전문가집단의 선정기준은 한국놀이치료학회 회원들을 중심으로 아동중심놀이치료를 주 상담지향으로 적용하고 있는 놀이치료 현장경력 10년 이상, 아동상담 및 아동관련 박사학위 소지자 등으로 학회원들의 추천을 받아 눈덩이 표집(snow-ball sampling)을 통해 모집하였다. 이를 통해 23명의 전문가가 본 연구에 참여하는 것을 동의하였는데, 이들은 영유아와 주양육자 간 놀이 관찰 및 상담경험이 있는 현장 및 학계 전문가로 아동학 관련 대학교수, 놀이치료사 또는 어린이집 운영자가 포함되었다.

출처: 김리진·이소연(2018). 델파이조사를 활용한 영유아기 자녀를 둔 부모의 놀이참여태도 척도 문항 개발. 놀이치료연구, 21(3), 379-397.

(3) 할당표집

할당표집quota sampling은 연구대상의 범주나 비율을 찾아내 그 범주에 배당될 표본을 의도적으로 추출하는 방법이다. 이는 특정 성격성, 연령을 지니고 대표성을 지닌 표본을 얻기 위하여 미리 할당표를 작성한 후 이를 토대로 연구대상을 선정하는 여론조사 등에서 사용하는 방법이다.

예를 들어, X시의 인구가 전체 인구의 10%라고 알려졌다면 표본의 10%를 X시에서 선정하는 것이다. 모집단의 특성이 알려져 있을 때 적당한 할당표집 분배를 할 수 있으나 경우에 따라서 할당을 위한 정보를 얻기가 쉽지 않다는 것이 단점이다.

(4) 의도표집

연구자가 모집단을 대표한다고 생각하는 집단을 연구목적에 따라 표집하는 방법으로 응답자를 선정하는 데 연구자의 기술과 지식이 사용되는 장점이 있다. 이런 점에서 판단표집judgmental sampling이라고도 한다. 즉, 연구에 적당한 특성을 지닌 집단을 목적하에 선택하는 방법이지만 표본으로부터 얻어진 결과가 모집단의 특성을 실제로 얼마나 대표해 주는지는 의문이다.

2) 확률표집

확률표집probability sampling은 모든 연구대상이 표본에 포함될 확률이 같은 상황에서 이루어지는 표집을 의미하며, 표본을 추출할 때 무선의 방법을 적용한다는 것이 전제된다. 확률표집의 적용은 그 특성 때문에 시간과 비용이 많이 드나 반드시 표집오차가 적다고는 볼 수 없다.

(1) 단순무선표집

단순무선표집simple random sampling에서는 각 표본요소가 선택될 동등한 기회를 갖는 것이 특징이다. 연구자가 모든 표본요소를 작성하여 번호를 부여한 뒤 무선과정에 의해 선택하므로 과정이 복잡하여 쉽게 이용되지 않는 방법이다. 그림 5-3은 모집단 100명에게 번호를 부여한 뒤 난수표에 의해서 10명을 표집한 단순무선표집의 예이다. 시작은 연구자가 임의로 선정하는데, 이 경우 난수표의 행 3과 열 1에서 시작하여 밑으로 10개의 번호를 추출한 결과이다.

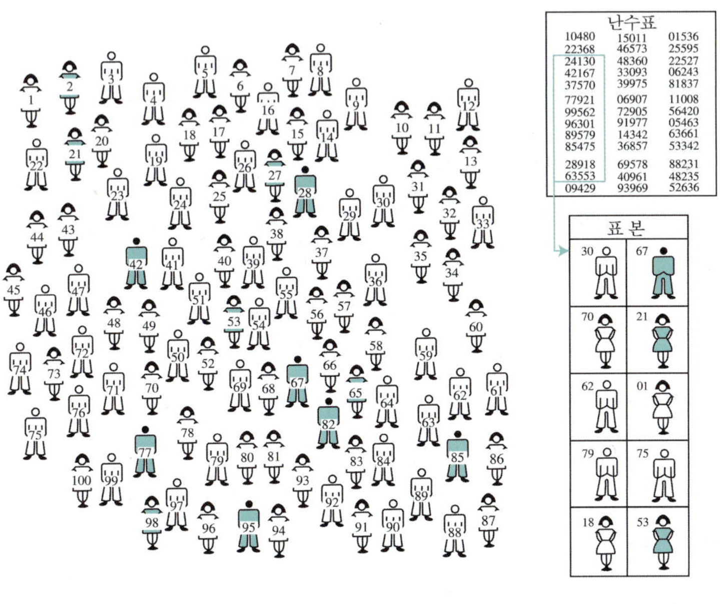

그림 5-3
단순무선표집
출처: Babbie(2020).

(2) 체계적 무선표집

체계적 무선표집systematic random sampling은 모든 표본요소에 번호를 부여하여 일정한 간격으로 선택하는 방법이다. 표집간격은 모집단 크기와 표본 크기에 의해 정해진다. 그러나 표집요소의 배열이 주기적일 때는 표집간격과의 중복가능성으로 인해 비무선의 위험이 있다.

$$\text{표집간격} = \frac{\text{모집단 크기}}{\text{표본 크기}}$$

(3) 층화표집

층화표집stratified sampling은 모집단을 서로 중복되지 않은 층strata으로 나눈 뒤 각 층으로부터 무선으로 추출하는 방법이다. 비확률표집의 할당표집과 다른 점은 의도표집이나 편의표집이 아닌 무선표집을 한다는 점이다. 이때 각 층

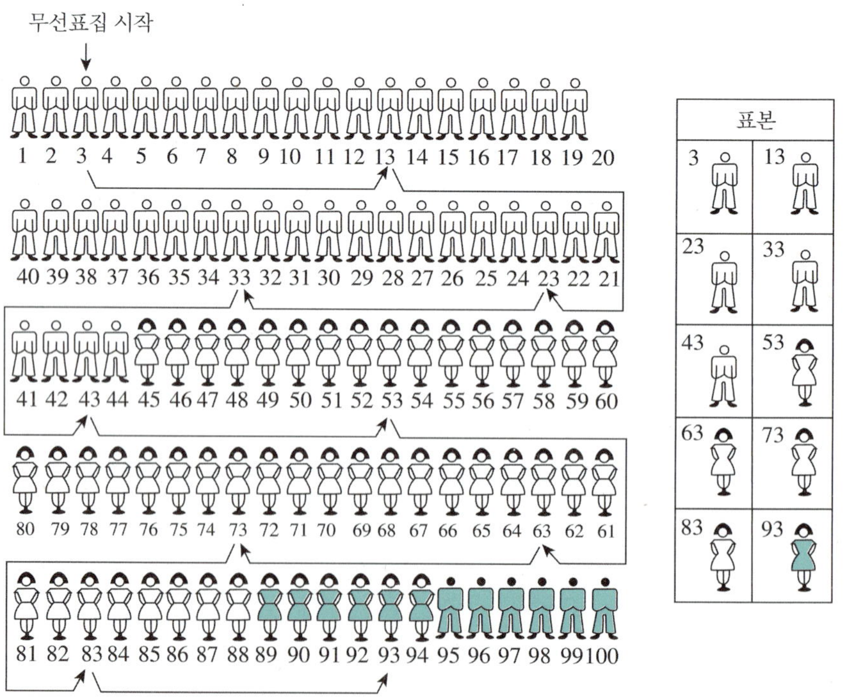

그림 5-4
체계적 무선표집과 층화표집의 혼합
출처: Babbie(2020).

은 동질적인 하위체계를 이루고 있다고 가정함으로써 가능한 표집오차를 줄이고 모집단의 대표성을 증가시킬 수 있다. 예를 들어, 성이라는 특정변인에 의해 남-녀로 유층화하여 각 유층집단에서 모집단의 수에 비례하여 무선으로 추출한다. 단순무선표집만큼 큰 표집이 아니라도 집단을 대표할 수 있으므로 상대적으로 시간과 비용이 절약된다. 그림 5-4는 모집단을 층화로 나누어, 백인 남자, 백인 여자, 흑인 여자, 흑인 남자로 분류한 후 각각에게 번호가 부여한 뒤 체계적 무선표집을 한 것이다.

(4) 군집표집

모집단이 매우 크면 단순무선표집이나 체계적 무선표집이 불가능하다. 더욱이 면접의 방법이라면 더욱 불가능하다. 이때 적용하는 방법이 군집표집cluster sampling이다. 예를 들어, 지역예: 시 또는 특성을 나타내는 군집을 표집하여 그 지역이나 군집 내에서 하위지역예: 구 또는 하위특성을 또 표집한 후 그 하위지역 내에서 표본을 선정한다. 이 방법은 시간과 돈을 크게 절약할 수 있다는 장점과 각 단계마다 대표성이 결여되면 표집오차가 커질 가능성이 높다는 단점이 있다. 군집 간의 동질성은 높으나 군집 내의 이질성이 크다면 모집단에 대한 대표성은 증가한다.

층화표집과 군집표집은 모집단을 작은 집단으로 나눈다는 점에서는 같으나, 층화표집에서는 모든 작은 집단이 마지막 무선표집에 이용되는 반면, 군집표집에서는 그 작은 집단의 일부만 표집에 이용된다는 점이 다르다. 또한 군집표집에서는 작은 집단 자체가 표본으로 선정되기도 한다. 그림 5-5와 그림 5-6은 군집표집의 과정을 보여 준다. 군집의 크기가 일정하지 않으면 대표성에 문제가 생기므로 규모비례 확률probability로 수정한 표집설계를 할 수 있다. 이 방법으로 개개 구성요인이 똑같은 선택 기회를 갖게 된다.

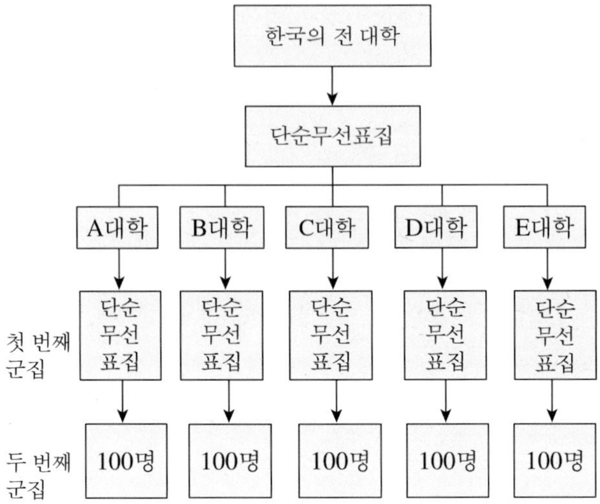

그림 5-5
두 단계 군집표집
출처: Dane(2018).

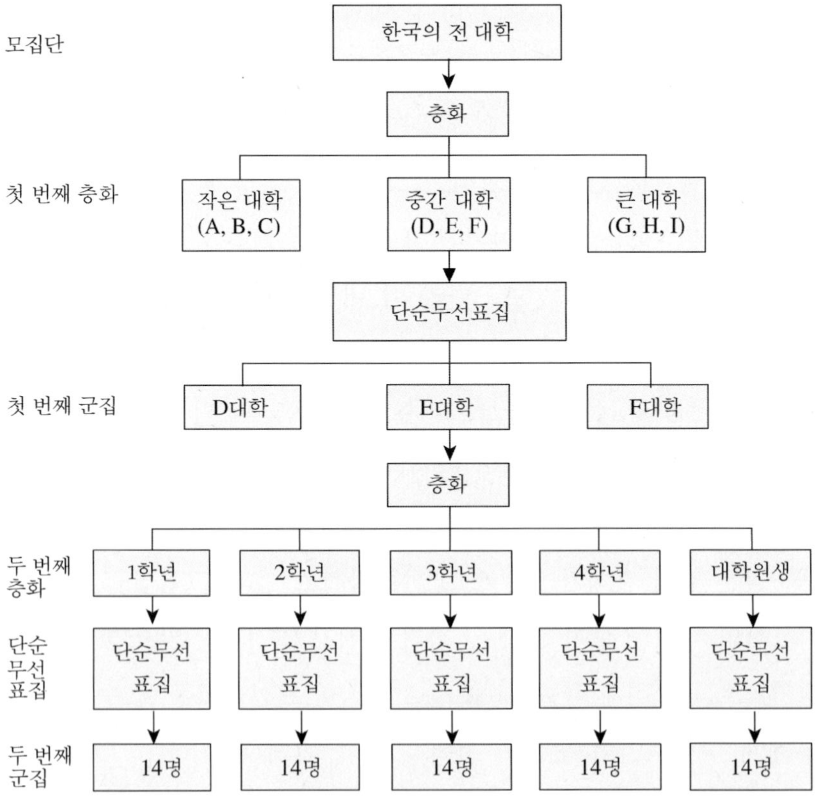

E대학에서 70명이 표집되고 D대학, F대학에서 각각 70명씩 표집된다. 또한 작은 대학(A, B, C)과 큰 대학(G, H, I)에서도 70명씩 표집되므로 전체 630명이 표집된다.

그림 5-6
두 단계 층화군집표집
출처: Dane(2018).

군집표집

군집표집(Cluster sampling)으로 서울특별시, 경기도, 전라도, 충청도, 강원도, 경상도, 제주도의 초등학교들을 지역별로 단순무선 추출하였다. 그리고 전화로 연구의 목적과 취지, 방법을 설명하고, 이중 참여에 동의한 17개 학교의 4~6학년 아동들을 대상으로 조사를 진행하였다. 연구에 참여한 초등학교의 지역별 분포는 서울특별시 4개교, 경기도 4개교, 경상도 3개교, 전라도 2개교, 충청도 2개교, 강원도 2개교, 제주도 1개교였다.

출처: 김세영(2015). 자아강도와 학교 적응이 학령기 아동의 생활만족도에 미치는 영향. 아동학회지, 36(4), 111-127.

표 5-1 표집유형의 강점과 약점

	표집유형	적용환경	강점	약점
확률표집	단순무선표집	연구 변수에 있어 모집량이 동질	높은 대표성	시간낭비
	체계적 무선표집	연구 변수에 있어 모집량이 동질	높은 대표성, 무작위로 사용하지 않아도 됨	단순무선표집이라 다소 덜 무선
	층화표집	연구변수에 있어 모집단이 이질적이면서 몇 개의 집단이 존재	모집단의 집단에 대해 높은 대표성	시간낭비 지루함
	군집표집	모집단이 개별적이지 않고 단위로 구성	용이, 편리	단위구성원이 이질적 가능성
비확률표집	편의표집	모집단으로부터 표집이 쉬울 때	편의적, 경제적	일반화에 의문이 있음
	할당표집	집단으로 존재하나 층화표집이 불가능할 때	집단의 대표성	일반화에 의문이 있음

출처: Mills & Gay(2018).

2. 연구대상

연구자들이 관심을 가진 모집단 전부를 연구하는 것은 불가능한 경우가 많다. 영아 연구자들은 세상의 모든 아기를 대상으로 연구하지 않을 뿐만 아니라 국내의 모든 아기나, 어떤 한 특정지역 전체의 아기도 연구대상으로 하지 않는다. 이에, 실제로 연구자는 표본sample 또는 연구대상subject을 조사하고 이 표본 또는 연구대상으로부터 얻은 결과를 더 큰 모집단population에 일반화시키려고 한다. 표본이 모집단을 대표한다면 일반화는 정당하다.

표본 또는 연구대상이 연구자가 일반화하려는 모집단을 대표할 수 있는 논리적인 첫 단계는 모집단을 규정하는 것이다. 만약 모집단을 '한국의 3개월 된 건강한 아이'라고 규정한다면, 다음 단계는 그 모집단으로부터 무선표집random sampling을 하는 단계이다. 무선표집에서는 모집단의 모든 구성원이 표집될 가능성이 동일하기 때문에 표본을 통한 연구결과가 모집단의 특성을 잘 반영한다고 가정할 수 있다. 이때 연구의 결과는 표본의 크기에 따라 달라지는데 100명의 무선표집이 3명의 무선표집보다 훨씬 더 대표적일 것이다.

표본의 대표성과 관련하여 생각해볼 사항들은 다음과 같다. 첫째, 대부분의 연구자는 그들이 일반화하기 원하는 모집단을 염두에 두고 표집하기는 하나 모집단으로부터 순수한 무선표집은 거의 없다. 무선표집에서 가장 문제가 되는 것은 지역이다. 연구자들은 그들이 사는 곳이나 연구하는 곳에서 표집하는 경향이 있는데, 지역적 한계를 가진 표본은 모집단을 대표할 수 없다.

둘째, 연구자가 연구대상에게 접근하는 방법, 즉 모집방법, 동의비율, 탈락비율에 따라 모집단의 성격을 어느 만큼 대표할 수 있는지가 결정된다. 제일 먼저 영아를 어린이집에서 구했는지 또는 소아과 의사로부터 모집하였는가에 따라 모집단은 당연히 차이가 있을 것이다.

마지막으로 연구대상의 연구 중간 탈락도 대표성에 문제를 야기할 수 있다. 탈락은 대개 선택적 탈락이 되기 쉽기 때문이다.

표집과 관련된 대표성의 문제가 모든 연구에서 심각하게 여겨지는 것은 아니다. 일반화는 연구주제에 따라 다르기 때문이다. 예를 들어서 반복되는 자극에 대한 영아의 심장박동률의 변화가 연구의 초점이라면, 건강하고 정상적으로 자란 아동에서 얻은 결과는 다른 건강한 아동에게도 일반화될 수 있다. 그러나 남아존중 가치관에 관한 연구를 한 사람의 제한된 표본으로 한다면 일반화에 문제가 있을 것이다. 이처럼 결과의 일반적 가능성은 연구하는 주제에 달려 있으며, 표본의 대표성이 일반화 가능성을 담보하는 것은 아니다.

1) 조작 가능 변수와 조작 불가능 변수

가장 과학적 접근이라 볼 수 있는 실험법에서 연구자가 독립변수를 제외한 모든 다른 변수들을 일정하게 유지하면서 그 독립변수들을 체계적으로 조작하고, 무선화나 또는 제한을 갖는 무선화를 통해 연구대상을 처치 집단에 배정하는 등의 통제는 바람직할 뿐 아니라 실제로도 가능하다. 그러나 연구자가 관심을 갖는 변수들 중 일부는 대체로 조작이 가능하지 않기 때문에 복잡해진다. 생물학적 연령이나 성이 바로 그 예이다. 연령이란 연구자가 연구대상에게 무선적으로 배정할 수 있는 것이 아니라 실험 상황 이전에 정해지기 때문이다. 연령은 대상변수subject variable 혹은 분류변수classification variable이다. 즉, 이 변수는 실험적으로는 조작될 수 없고 있는 자체를 받아들여야 하는 개인의 본질적인 특성이다. 이러한 특성이 독립변수가 되는 연구에서는 조작적인 통제가 가능하지 않고 이미 그러한 특성을 가진 대상을 선택하는 것이 연구대상의 선정에서 고려할 점이다.

인간을 대상으로 하는 실험에서는 여러 가지 관심변수들이 실제적으로는 통제될 수 없는 경우가 있다. 예를 들어 이론적인 측면에서 모 부재 영아와 엄마가 있는 영아는 여러 측면에서 차이가 있다고 밝히고 있으나 이것을 위한 조작적인 실험연구는 없다. 그러나 모성실조와 그 영향에 대한 연구는 긴 역사를 지니고 있는데, 이는 모성실조된 영아보육원 아동를 찾아 이들이 어떻게 자라는가를 연구하는 방식의 자연적 실험을 수행한 것이다. 즉, 아동기 모성실조에 관한 연구는 독립변수의 조작이 아닌 자연발생적 사건을 경험한 피험자 선택을 통해서 가능했다.

조작 불가능한 변수를 포함하는 연구의 제한점들은 크게 두 분류로 나눌 수 있다. 첫째는 각 집단에 피험자를 무선적으로 배정하는 것이 불가능하다는 것이다. 무선 배정이 불가능하기 때문에 관심 있는 변수를 제외한 다른 요인에 연구대상 집단이 서로 동질하다는 보장을 할 수 없고, 따라서 집단 간의 차이가 그 변수에 의해 일어난다고 확신할 수 없다. 즉, 고아원에서 자란 영아집단과 일반집단 간에 차이가 있다하더라도 이것이 모성실조 및 고아원 양육에 기인한다고 확신할 수는 없다는 것이다. 이런 점 때문에 초기의 모성실조에 대한 연구가 비판받았다. 둘째 문제는 연구대상자 변수의 광범위하고 지속적인 본질에 관한 것이다. 고아원 양육, 아버지 부재, 사회적 고립, 성별 등은 개인의 발달에 영향을 미치는 요인이다. 그러므로 특정 연구대상자 변수와 관련된 효과를 발견할지라도 구체적인 효과 유발 요인이 무엇인지 여전히 알 수 없다. 따라서 모성실조 연구에서 모성 자체가 중요하다는 결론을 내릴 수 있을지라도 어머니와 아동 관계의 구체적인 어떤 것이 그 결과에 결정적인지는 알지 못한다는 것이다.

2) 연구대상과 관련된 문제

타당한 연구결과를 도출하기 위해 고려해야 할 사항 중 연구대상과 관련된 문제들은 다음과 같다.

(1) 표준화

모든 연구의 과정이 모든 연구대상에게 동일하게 유지되는 표준화는 연구에서 매우 중요하다. 독립변수의 정확한 형태, 종속변수를 측정하는 방법, 다른 여러 상황 등이 표준화되어야 한다. 그러나 이는 모든 연구대상에게 완전 똑같은 과정을 수행하는 것을 의미하지는 않는다. 왜냐하면 한 날 한 시에 모든 연구대상을 동일한 상황에서 조사할 수 없기 때문이다. 여기에서 중요한 것은 비교하는 집단에 잠정적인 오류 요인을 동일하게 해야 한다는 것이다.

엄격하게 말하면 연령에 따라 절차가 차이가 없어야 표준화이지만 한 연구 내에서 서로 다른 연령집단에 동일한 절차를 적용하는 표준화는 어렵다. 연구에서 동일한 절차는 문자 그대로의 동질성이라기보다는 기능적인 동질성을 말한다. 예를 들어, 초등학생은 교실에서, 대학생은 도서관에서 조사가 이루어진다고 할 때, 두 장소는 명백히 다르지만 각 연구대상에게는 친근한 곳이라는 동질성을 가진다. 이 경우 동일한 것은 방 자체가 아니라 검사환경의 친근성이다.

(2) 도구

도구instrumentation는 연구과정에서 사용되는 물리적인 측정도구뿐 아니라 조사자나 관찰자 등의 사람까지 포함한다. 연구에서 조사자나 관찰자의 변화를 흔히 볼 수 있다. 조사자는 연구를 진행하면서 자신감을 가지거나 반대로 지루해서 점점 형식적인 방법으로 연구를 수행할 수도 있다. 이런 경우 나중 검사와 처음 검사와의 결과가 다를 것이다.

연령이 독립변수일 때 도구와 연령이 혼합confounding되면 문제가 발생한다. 5세 아동과 초등학교 2학년 아동을 비교하는 연구에서 여러 가지 이유로 5세 아동을 먼저 조사할 수 있으나 시간의 경과에 따라 조사자의 연구 진행에 변화가 있을 수 있다. 이 경우, 연구의 결과로 나타나는 5세 아동과 2학년 아동 간의 차이가 종속변수 차이인지 조사자의 변화에 따른 차이인지 명백하지 않을 수 있다는 것이다.

도구나 조사자가 일정하게 유지된다 하더라도 잠정적인 요인이 연구가 진행되는 과정에서 변화할 수 있다. 휴일 전날이나 금요일 오후의 조사는 보통 때와 다르므로 연구하고자 하는 것과 조사시기가 혼합되지 않도록 노력해야 한다. 연구 밖의 사건이 연구결과에 영향을 미친 경우를 역사history라고 한다. 명절이나 어린이집과 유치원의 행사, 초등학교에서 소풍 전후에 연구를 진행하게 되면 연구결과에 영향을 미칠 것이다.

(3) 반응성

반응성reactivity이란 연구대상의 행동이 실험으로 인해 비의도적인 효과를 갖는 것을 말한다. 연구에 참여한다는 자각으로 인해 평소와는 다르게 행동하는 반응성이 일어난다. 평가 인식의 반응성은 자기보고식 질문지법에서 가장 크다. 자신의 성격, 과거 경험 등에 관한 질문지에서는 실제보다 더 좋게 응답한다. 예를 들어 아동양육 연구에서 엄마는 실제로 아동을 때리지만 때리지 않는다고 보고할 수 있다. 특히 한국인의 체벌에 대한 기억과 태도는 매우 크게 차이가 나는 것을 볼 때(그림 5-7) 우리나라 부모 대상의 양육연구에서 반응성은 문제가 되리라 본다.

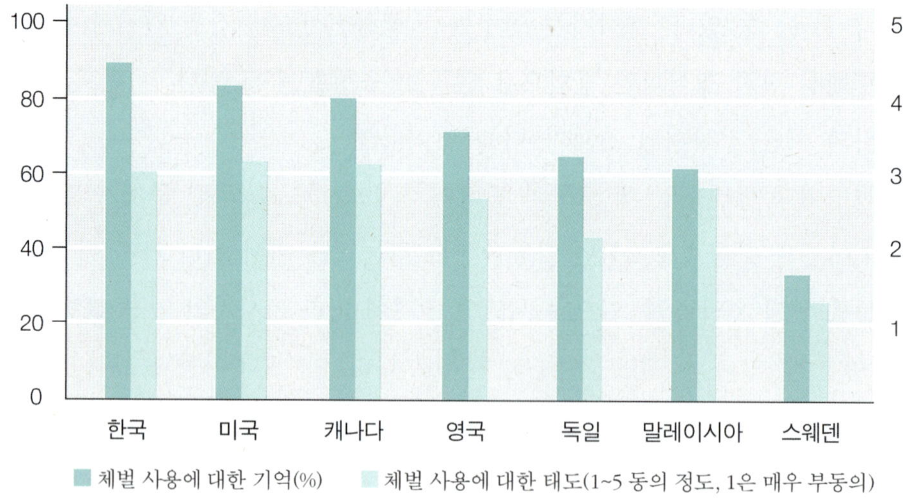

그림 5-7
각국의 체벌 사용
출처: 조복희·이윤형(2020).

어린 아동을 연구대상으로 한다면 성인에서와 같은 반응성을 걱정할 필요는 없다. 오히려 유아를 연구하는 사람은 그들이 연구자의 목적을 너무 몰라 힘들어 한다. 연구대상의 협조적 태도는 위험하긴 하지만 연구과정에서 환영받는 부분이기도 하다. 그러나 아주 어린 아동을 대상으로 하는 연구라도 실험 상황의 낯설음과 인위성으로 반응성을 가져올 수 있다. 영아는 친밀한 가정환경에서보다 실험실에서 연구될 때 더 많은 불안과 혼란을 일으킨다. 그리고 학령전 아동은 낯선 성인이 질문하면 일반적으로 위축되거나 조용해지거나, 또는 그 반대로 그들에게 말을 거는 성인에 대한 관심으로 인해 연구자가 바라는 것을 하지 않고 다른 행동만을 하기도 한다. 초등학교 아동은 반응성을 보이기 시작하는데, 이들은 연구자가 기대하는 것을 찾으려고 연구자의 얼굴을 계속해서 보기도 하며 자신이 맞았는가를 묻고 성인을 기쁘게 하는 데 관심을 갖는다. 반응성을 최소화하는 방법은 연구라는 사실을 속이는 것이다. 어린 아동에게는 연구라기보다는 놀이라고 소개하는 것이 불안을 덜 일으킬 것이다. 학령전 아동을 대상으로 하는 연구에서는 상호신뢰rapport 형성을 위해 연구 전에 시간을 할애하는 것이 좋다.

반응성은 자연 상황과 유사한 환경에서 가장 적게 나타난다. 인형에 대한 유아의 선호도를 연구하는 방법은 다양하다. 먼저 연구자가 아동을 각각 실험실로 데리고 와서 질문지나 검사를 시행할 수 있다. 이러한 경우 측정은 즉각적이고 효과적이나 반응성질문받는다는 불안, 성인이 원하는 것을 대답해야 한다는 불안은 최대화된다. 두 번째는 실험실 방에 인형을 늘어놓고 아동이 선택하는 장난감을 관찰하는 방법이 있다. 특히 자연스러운 방법내가 이 종이를 가지고 일하는 동안 이 인형과 같이 놀 수 있다 등의 지시으로 놀게 해 준다면 반응성 효과는 거의 나타나지 않을 것이다. 세 번째로 어린이집이나 유치원에서 자연관찰하는 방법이 있다. 장난감을 가지고 노는 것을 일방경one-way mirror을 사용하여 몰래 관찰할 수 있다면 반응성은 전혀 문제가 되지 않는다. 끝으로 관찰없이 물리적인 변화를 통해 연구할 수 있다. 예를 들어, 하루 동안에 만지지 않고 선반에 있는 장난감과 방에 널려 있는 장난감을 조사함으로써 연구할 수 있다. 또는 오랜 시간에 걸쳐 그대로인 장난감은 무엇이고, 긁히고 부러진 것은 무엇인지 조사하는 것이다. 여기서는 명백히 반응성의 가능성이 없다.

(4) 연구자 오류

연구자 오류의 원천에는 준 언어적 실마리목소리 음색, 동작 실마리태도나 얼굴 표정 변화, 언어적 강화 등의 연구자 기대효과researcher expectancy effect가 있을 수 있으며 대상 행동의 오판과 오기 등으로 오류가 야기될 수도 있다.

연구자 오류를 최소화하는 몇 가지 방법이 있다. 만약 비숙련 조사자를 쓴다면 자료수집 전에 훈련하여 표준화를 강조하도록 한다. 가능하다면 간헐적으로 감시하여 표준화가 검사 내내 잘 유지되도록 해야 한다. 또한 오류효과가 기대에 의해 생기므로 결과에 대한 기대를 못하도록 연구의 가설을 알려 주지 않는다. 의도적으로 정보를 감추는 것을 조사자 '은폐blinding'라고 한다. 은폐에는 단수은폐single blinding와 복수은폐double-blinding가 있다. 실험연구에서 조사자 또는 관찰자와 연구대상자 중 한 명만이 연구의 목적 또는 처치 등을 모를 경우가 단수은폐이며, 둘 다 모르는 경우는 복수은폐이다. 그러나 조사자나 관찰자를 속이는 것은 어렵다. 연구를 고안한 사람이 조사자가 되는 것이 허다하며, 연구자가 연구의 목적이나 결과를 생각하여 가설을 세우지 않는다는 것은 비현실적이기 때문이다. 연구대상의 인구학적 변수연령, 성별 등가 선입관이 되어 오류를 가져오기도 한다. 그러므로 연구자는 오류의 가능성을 최소화하는 방법으로 연구를 설계하고 시행하고 보고하는 것이 목표가 되어야 한다.

(5) 연구대상자의 누락

연구도중에 연구대상의 탈락이 생길 수 있다. 어린 아기는 연구 중에 통제 불가능할 정도로 울기 시작하거나 잠이 들 수 있으며, 유아는 실험의 결정적 순간에 화장실에 갈 수도 있다. 종단적 연구에서 연구가 완료되기 전에 연구대상이 이사를 가거나 죽을 수도 있다.

연구대상의 탈락은 여러 문제를 일으키므로 최소화해야 한다. 연구자나 대상자의 시간을 낭비할 뿐 아니라 연구대상의 탈락이 심하면 결론을 내기에는 표본이 너무 작아질 수도 있다. 가장 치명적인 것은 연구대상이 선택적으로 탈락되어 연구의 타당성이 위협을 받는 것이다. 탈락된 사람은 남은 사람보다 능력이 부족하거나, 동기가 부족하고, 연구에 반응을 덜 보이는 특성을 갖기 때문에 선택적일 수 있다. 이러한 탈락은 결과의 일반화와 외적타당도에 영향을 미친다.

탈락 대상의 수를 줄이는 데에는 두 가지 유의점이 있다. 먼저 가능한 한 객관적으로 연구대상을 제외시킬 기준을 결정하는 것이다. 처음부터 불필요한 자료를 제공하는 연구대상을 파악하여 이들을 제외시킬 수 있다. 예를 들어 통제 불가능하게 심하게 우는 유아, 연구의 의도를 인식하는 아동 등이 해당될 수 있다. 그러나 연구대상에 대해 모든 자료들을 수집하고 난 후에 그 대상을 연구대상에 포함할까를 결정하는 것은 위험하다. 왜냐하면 연구자는 기대에 맞는 것은 선택하고 그렇지 않은 것은 버리려고 하기 때문이다. 두 번째로는 연구대상을 제외하는 기준과 제외된 대상의 수를 명백히 보고하는 것이다. 탈락은 횡단연구보다 종단연구에서 더 많으며, 나이든 사람보다 유아연구에서 더 많다.

가능한 한 연구대상이 끝까지 연구에 참여하도록 하는 것이 바람직하나 강요할 수는 없다. 왜냐하면 첫째, 연구참여에 대한 연구대상자의 자발적 동의는 기본적인 연구윤리이며, 둘째 강요로 참여한 대상으로부터 수집한 자료는 신뢰성이 떨어지기 때문이다.

(6) 표본의 크기

연구자는 연구의 모집단 크기에 대해서는 언급하지 않으나, 표본의 크기는 반드시 기술해야 한다. 그렇다면 표본의 크기는 어느 정도 되어야 하는가의 의문이 제기될 수 있다.

표 5-2와 같이 표본의 크기는 모집단의 통계적 오류와 밀접한 관계가 있다. 즉, 표본의 크기가 작을수록 모수검증에 대한 오류는 커진다. 상식적으로도 초등학교 1학년 학생의 키를 조사한다고 할 때, 10명을 무작위로 표집하여 낸

표 5-2 표본크기와 모집단(95% 신뢰구간)

모집단의 수	정확도		
	±3%	±5%	±10%
2,000	696	322	92
5,000	879	357	94
10,000	964	370	95
50,000	1,045	381	96
100,000	1,056	383	96
100,000 이상	1,067	384	96

출처: Cozby & Bates(2019).

평균보다 100명을 대상으로 하여 평균을 냈을 때 모집단의 평균에 가까울 것이다.

타당한 표본의 크기는 모집단의 성격과 연구의 목적에 따라 달라진다. 일반적으로 모집단이 이질적일수록 표본도 커야 하며, 집단 간의 차이가 적을수록 큰 표본이 필요하다. 이질적인 집단 간에 차이를 밝히고자 하는 경우 작은 표본을 선택하면 모집단을 대표할 수 없는 표집이 될 수도 있기 때문이다. 또한 집단 간에 차이가 적을 경우, 많은 표집을 대상으로 해야 차이가 있다는 것을 규명할 수 있다. 예를 들어 초등학교 1학년과 6학년의 키를 비교한다면 몇 명만 선정하여도 6학년 아동의 키가 크다는 것을 밝히지만, 1학년과 2학년을 비교할 때 소수만 대상으로 키의 평균을 보면 차이가 없을 수도 있을 것이다. 또한 조사의 시간, 비용 그리고 실제 표집 가능성도 표본의 크기 선정 시 고려되어야 한다.

통계적 자료분석에서는 표본의 크기가 최소 30이면 가능하지만 실제 연구에서는 100을 최소 크기로 잡는다. 왜냐하면, 연구는 보통 여러 개의 변수들을 포함하고 있어 여러 개의 하위집단으로 나누어야 되기 때문이다. 이때 표본수가 적으면 각 집단에 해당되는 연구대상 수가 너무 적어져 분석이 불가능해진다. 또한 실험도중에서의 탈락이나 질문지법에 응답자가 빠뜨린 문항 등을 제거하면 실제 분석자료로 사용되는 표본수는 응답자수보다 줄어들게 되기 때문이다. 통계학에서는 표본의 크기가 30보다 적을 때는 비모수통계를 사용하도록 권장하고 있다.

모집단을 대표하기 위해서 필요로 하는 최소한의 표본의 크기의 결정은 모집단의 크기와 신뢰구간 범위를 근간으로 수학적 공식을 통해 산출된다(표 5-2). 표는 신뢰구간 95% 내에서 3%, 5%, 10% 정확도로서 표본 크기를 보여준다. 10,000명의 모집단인 경우 5% 정확도를 위해서는 370명의 표본이 필요하나 3% 정확도를 위해서는 964명을 조사해야 하므로, 정확도를 늘리려면 많은 수의 표본수가 필요하다는 것을 알 수 있다. 또한 표에서 모집단의 수가 많아질수록 표본수가 똑같은 비율로 증가하지 않는다는 것도 볼 수 있다. 모집단의 수가 50,000명이나 100만 명이나 똑같이 표본수는 약 1,000명으로 연구가 가능하다. 다만 모집단을 대표할 수 있는 표집방법이 중요한 것이다.

6장

측정과 척도

1. 측정

측정이란 추상적 개념에 수치를 매겨 실증자료화하는 것으로, 분석을 위하여 특정 사물의 속성 가치나 수준을 결정하는 일이다. 변수 또는 사물의 특정 속성에 숫자를 부여하면 객관적인 설명이 가능할 뿐만 아니라, 그들의 규칙성 발견을 통해 법칙이나 이론을 도출하기가 쉽다.

사물의 특정 속성을 측정하기 전에 그 속성의 개념적 정의conceptual definition를 내려야 한다. 자연과학 영역에서 변수의 개념적 정의는 비교적 명확하나 사회과학 분야의 개념적 정의는 쉽지 않다. 예를 들어, 지능에 대한 개념은 학자마다 다를 수 있다.

이론적 개념들은 조작적 정의를 통해 수량화가 가능해진다. 조작적 정의operational definition의 개념은 물리학에서 도입된 것으로, 변수를 구체적이고 측정가능한 형태로 변형시키는 것을 의미한다.

사회과학에서의 변수는 여러 가지로 조작적으로 정의될 수 있고, 특정 연구에서는 이들 중에서 단지 하나의 정의를 사용한다. 따라서 한 연구에서 사용된 특정 조작적 정의는 다른 연구들에서의 정의와는 동일하지 않을 수 있다. 그러므로 독자는 연구논문을 읽을 때 기존의 개념들이 아닌, 그 연구에서 실제로 사용된 것에 초점을 맞추어야 한다. 그리고 각 연구의 조직적 정의에 맞게 측정이 이루어졌는가를 살펴볼 필요가 있다.

측정은 실체reality와 실증적으로 일치되어야 한다. 이성적으로 관찰가능한 개념, 예를 들어 무게, 연령 등은 이해가 쉽고 측정의 수량화가 쉬우나, 추상적 개념인 권위주의, 소외감 등의 태도는 직접 관찰할 수 없고 다차원일 수 있으므로 실질적인 측정의 문제를 야기한다.

측정은 질적qualitative 속성과 양적quantitative 속성으로 분류될 수 있다. 질적 속성에서는 변수에 이름이나 라벨을 붙일 수 있고, 양적 속성은 수로써 측정된다. 때로는 질적 측정도 수치로 나타낼 수 있으나, 이 경우 수치는 분류의 기능만 할 뿐 가감승제의 숫자체계를 지니지 않는다.

측정은 또한 비연속적 변수 또는 분리변수discrete variable와 연속변수continuous variable로 나누기도 한다. 연속변수는 측정간의 단절이 없어 수치로 계산이 가능하다. 아동의 키는 1m 1cm, 1m 2cm, 1m 5cm 등으로 이어지므로 연속변수이고, 비연속변수는 남·녀 등 범주로 나누어진다. 연속변수는 양적 자료이며 비연속변수는 질적 자료가 된다.

1) 측정수준

스티븐Steven, 1951은 명명, 서열, 등간, 비율의 네 가지 방법으로 측정수준을 분류하였다. 이 측정수준은 분석 방법을 결정하는 등 자료분석에 영향을 준다.

(1) 명명척도

명명척도nominal scale는 본질적으로 분류classification 체계의 성격을 가지고 있으며, 모든 질적인 변수는 명명척도로 분류된다. 명명척도는 최소한 2개의 특성을 갖는다. 어떤 변수도 두 범주에 중복되어서는 안된다는 상호배타성과 측정하는 각각의 사례는 제시된 범주에 다 포함되어야 한다는 포괄성이 그것이다. 성性은 남성과 여성의 2개 범주를 가지며 상호배타성과 포괄성의 조건을 충족시킨다.

표 6-1 명명척도

변수	분류
놀이	비놀이, 단독놀이, 연합놀이, 평행놀이, 협동놀이
유아교육기관	유치원, 어린이집
결혼형태	미혼, 기혼, 이혼, 사별

(2) 서열척도

서열척도ordinal scale는 사물들을 서로 비교하기 위하여 그 사물들의 어떤 속성이 많고 적음 또는 대소의 순위에 따라 수치를 부여하는 것이다. 순위에 따라 1, 2, 3, 4, …를 매기므로 $5 > 4$의 관계는 성립되지만, $5 - 4 = 2 - 1$의 관계는 반드시 성립된다고 할 수 없다. 명명척도는 질적 측정이지만, 서열척도는 양적 측정이다.

표 6-2 등간척도를 서열화한 경우

대상	점수	서열
A	18	2
B	25	6
C	20	3.5
D	17	1
E	20	3.5
F	22	5

(3) 등간척도

각 사물들의 서열뿐만 아니라 수치들 사이의 간격이 동등한 척도를 등간척도interval scale라 한다. 관측값의 +, − 계산이 가능하나 절대영점이 존재하지 않으므로 배수곱셈 등의 수학적 계산에는 제한을 받는다. 섭씨, 화씨의 온도나 지능지수가 여기에 속한다.

(4) 비율척도

비율척도ratio scale는 가장 높은 수준의 척도로서 명명, 서열, 등간척도의 세 가지 속성을 다 만족시킨다. 절대영점을 갖고 있어 수치 '0'은 그 대상이 측정 속성을 지니고 있지 않다는 것을 의미한다. 비율척도에서 수치는 실제 수량과 같기 때문에 사칙연산의 모든 수학적 계산이 가능하다. 무게, 연령, 취업률이

척 도	분류가능	순위매김	차이결정	비율계산	예
비 율	×	×	×	×	연령, 키, 몸무게 
등 간	×	×	×		지능, 섭씨 · 화씨, 온도 
서 열	×	×			서열이 가능한 것 
명 명	×				성별, 학년별 

그림 6-1
척도수준

여기에 속한다.

지금까지 살펴본 네 종류의 척도의 성질을 표로 나타내면 그림 6-1과 같다. 대개의 연구자는 높은 측정수준을 얻고자 한다. 왜냐하면 측정수준이 높으면 얻는 정보가 많기 때문이다. 표 6-3은 측정수준에 따른 정보의 상실을 보여준다.

표 6-3 키를 여러 척도화시킨 경우

	비율척도	등간척도	서열척도	명명척도
가	150cm	20	4	1
나	155cm	25	5	2
다	145cm	15	3	1
라	140cm	10	2	1
마	170cm	40	8	2
바	165cm	35	7	2
사	160cm	30	6	2
아	175cm	45	9	2
자	130cm	0	1	1
차	185cm	55	10	2

2) 신뢰도

사회과학에서는 측정하고자 하는 속성을 정확히 재는 측정도구를 사용하는 것이 쉽지 않다. 측정도구뿐만 아니라 측정대상자의 상태에 따라서도 측정의 결과가 달라질 수 있기 때문이다. 즉, 측정상의 오차가 있다. 신뢰도reliability란 측정도구에서의 측정오차가 얼마나 되는가를 뜻한다. 반복하여 하나의 측정을 적용시킬 때 동일하거나 또는 유사한 가치를 내느냐를 수치로 계산하여 신뢰도를 얻는다. 따라서 독립적으로 얻어진 결과에 일치도가 높을수록 신뢰도는 크다. 좋은 측정의 목표는 신뢰도를 극대화하는 것이다.

신뢰도는 독립적으로 얻어진 측정의 일치성consistency을 의미하지만, 이는 측정결과의 일반화 가능성 개념과는 구별되어야 한다. 일반화는 다른 상황에 대해서도 나타나는 행동 및 현상의 일관성이다. 예를 들어 어린이집이나 유치원에서 아동의 공격적 행동을 기록하여 아동의 공격성 수준을 측정한 뒤 아동의 집에서의 공격성을 비교하는 연구를 할 수 있다. 어린이집이나 유치원에서의 공격성과 가정에서의 공격성 측정 간에 관련이 거의 없고 상당한 불일치가 있었다면 두 측정이 신뢰성이 없다고 결론을 내리는 우를 범할 수 있다. 그러나 이 결론보다는 공격적 행동이 환경적 상황에 따라 일관적이지 않다고 결론을 내리는 것이 더 합리적일 수 있다. 즉, 이러한 불일치는 행동의 일반화와 관련된 것이지 측정도구의 신뢰도와 관련된 것이 아니다.

컬린저Kerlinger & Lee, 1999는 신뢰도의 정의를 세 가지로 보았다. 첫째, 같은 척도 혹은 비슷한 척도를 사용하여 재검사한 경우 그 결과가 일관성 있게 나오는가 하는 안정성stability으로 보는 경우이다. 신뢰도에서 가장 일반적으로 정의되는 것이 안정성이다. 둘째, 측정한 수치가 측정하려는 속성의 참된 수치true value인가 하는 정확성accuracy으로 보기도 하는데, 이것은 타당도의 개념과 유사하다. 관찰수치 X = 참된 수치T, true + 오차E, error로 되어 있다. 설카인드Salkind는 오차의 근원을 측정오차와 특성오차trait error의 두 가지로 보았다. 셋째, 측정상의 오차error of measurement가 존재하는가를 말한다. 신뢰도는 보통 상관계수로 계산되며, 신뢰도 계수는 0과 1 사이값을 가진다. 신뢰도 계수는 문항의 동질성이나 문항수에 따라 달라진다. 동질성이 높고 문항수가 많으면 높은 신뢰도 계수가 산출된다. 뿐만 아니라 검사의 난이도에 따라서도 영향을 받는다. 너무 쉽거나ceiling effect 너무 어려우면floor effect 신뢰도 계수는 높으나 바람직하지 못하다.

신뢰도의 측정방법에는 반분검사법, 검사-재검사법, 내적일관성법 등이 있다.

(1) 반분검사법

반분검사법split-half method은 한 개념 측정을 위해 연구자가 필요로 하는 문항 수의 2배 분량을 만든 후 이를 둘로 나누어 두 부분의 일관성으로 신뢰도를 측정하는 방법이다. 그러나 실제로 반분된 문항들을 완전히 똑같은 내용으로 만드는 것은 매우 어렵다는 문제점이 있다. 이는 신뢰도 검사라고 보기보다는 기준타당도를 측정하는 셈이 된다는 주장도 있다.

(2) 검사–재검사법

검사-재검사법test-retest method은 같은 척도를 2주 내지 4주 정도의 기간을 두고 반복실시하여 대상자의 점수가 일관성이 있는가를 밝히는 방법이다. 그러나 동일 측정에 대한 응답자의 반복효과가 있을 수 있고, 시간의 경과로 인하여 변화된 값을 측정할 수도 있다. 이런 경우 검사-재검사의 반복효과를 없애기 위한 대안형alternative form을 사용할 수 있다. 시간 간격을 둔 두 번의 검사에 똑같은 척도를 사용하는 것이 검사-재검사 방법이라면, 대안형은 첫 번째 검사 때는 전체 척도의 반만 사용하고 두 번째 검사 때 나머지 반을 사용하여 측정하는 방법이다. 예를 들어 전체 문항이 50개인 측정도구가 있다면 1~25번 문항과 26~50번 문항으로 나누거나, 또는 홀수 문항과 짝수 문항으로 나눌 수 있다.

보편적으로 재검사는 첫 검사 후 6개월을 넘지 않아야 한다. 왜냐하면 6개월이 지나면 측정하고자 하는 내용이 달라질 수 있기 때문이다. 검사-재검사법은 통계적으로 회귀오류를 가져올 수도 있다. 즉, 첫 번째 검사에서 낮은 점수를 받은 연구대상은 재검사에서 높은 점수를 받는 경향이 있으나, 반대로 첫 번째 검사에서 높은 점수를 받은 연구대상은 재검사에서 낮은 점수를 받은 경향이 많다. 이처럼 처음의 극단점수가 재검사 시에는 평균 쪽으로 움직이는 경향을 평균으로의 회귀라 한다. 그림 6-2에서 양극단의 응답자가 그림 6-3에서 평균으로 올라가거나 내려간 것을 볼 수 있다. 지능검사는 비교적 안정적인

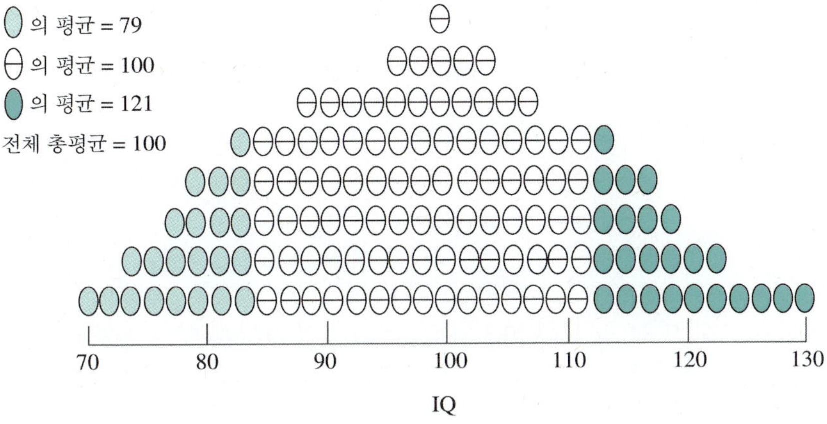

그림 6-2
가상적 IQ 검사의 첫 번째 점수분포

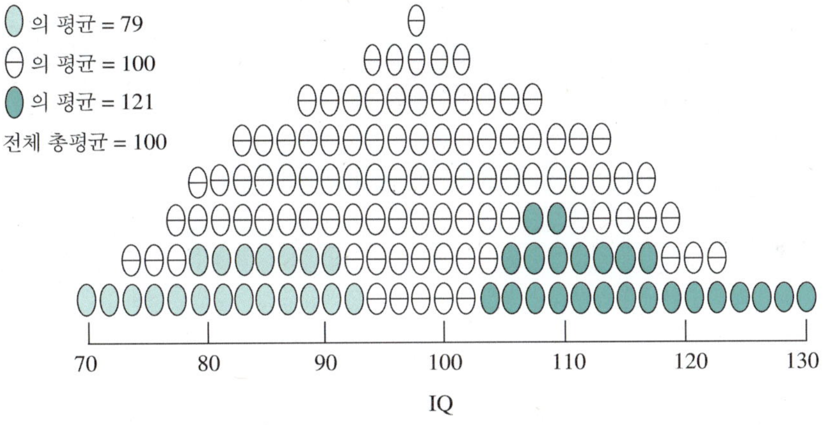

그림 6-3
가상적 IQ 검사의 두 번째 점수분포

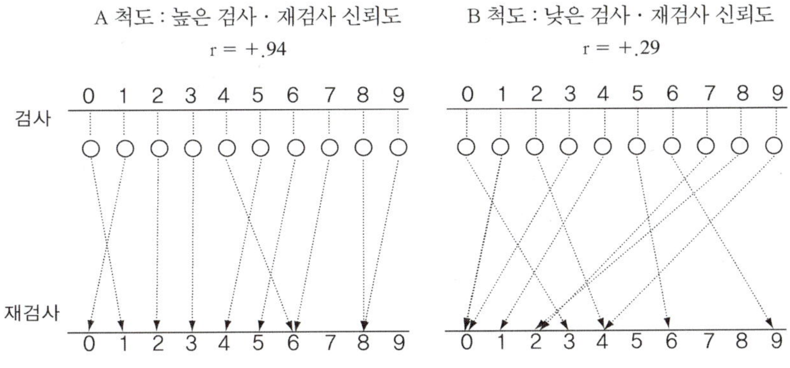

두 척도(A, B)를 각각 10명에게 검사하여 0~9점수 분포를 보였다. 한 달 뒤 다시 검사 후 각자가 얻은 점수변화를 추적하였다. 두 점수 간의 피어슨 적률상관계수는 .94와 .29였다.

그림 6-4
검사–재검사의 신뢰도 비교

변수임에도 검사-재검사에서 이와 같이 통제적 회귀 등이 나타날 수 있다. 따라서 정서적 척도와 같이 시간에 따라 쉽게 변할 수 있는 변수는 검사-재검사법을 통한 신뢰도 측정에 적합하지 않다.

검사-재검사 신뢰도

검사-재검사 신뢰도를 확인하기 위해 연구 1에 참여한 252명 중 30명에게 3주 후 동일한 척도로 재검사를 실시하여 두 측정결과 간의 상관계수를 산출하였다. 그 결과, 전체 문항의 검사-재검사 신뢰도는 .74로 나타나, Tahiroglu 등(2014)이 척도 개발 시 밝힌 검사-재검사 신뢰도인 .88보다 다소 낮게 나타났다. 하지만 구인타당도 조사의 초기 단계에서 .70 정도의 신뢰도를 가진 도구를 사용하는 것이 효율적일 수 있으므로(Nunnally & Bernstein, 1994) 이는 양호한 수준이라 할 수 있다.

출처: 윤선영 · 신나나(2020). 한국 유아의 마음이론 측정을 위한 사회적 이해 척도의 타당화 연구. 아동학회지, 41(2), 131-145.

(3) 내적일관성법

각 문항들의 일관성 정도를 기준으로 신뢰도를 산출하는 방법이 내적일관성법internal-consistency이다. 통계적 방법을 통해 신뢰도를 떨어뜨리는 항목을 쉽게 판별할 수 있으므로 신뢰도를 높이기 위해서 이 내적일관성법을 이용한다. 사전조사에서 신뢰도가 낮은 문항을 찾아 본조사 시에는 그것들을 제외한 뒤 측정하는 방법이 흔히 이용된다.

가장 널리 쓰이는 신뢰도 산출방법이 쿠더-리처드슨Kuder-Richardson 공식과 크론바흐Cronbach의 알파(α)계수이다. 대개 알파계수가 .6 이상이 된다면 신뢰도가 높은 척도라 본다. 그러나 하위척도가 포함되어 있거나 각 문항의 난이도가 서로 많이 다를 때에는 내적일관성이 낮게 나온다.

내적일관성법

신뢰도 검증을 위한 첫 번째 방법으로 내적합치도인 Cronbach's α를 영역별로 산출하였다. 그 결과 집단생활 적응은 .87, 부정적 행동 영역은 .88, 긍정적 정서 영역은 .82, 규칙적 기본생활 영역은 .73, 활동성/흥미 영역은 .84, 또래상호작용 영역은 .81로 나타나, 본 척도의 하위차원이 대체로 동질적인 문항으로 구성되어 있음이 검증되었다.

Table 7

Dimensions	Cronbach's α	Inter-rater correlation
Group life adjustment	.87	.65***
Negative behaviors	.88	.66***
Positive affect	.82	.62***
Regular routines	.73	.59***
Activity / Interest	.84	.61***
Peer interaction	.81	.63***

Note. $N = 326$.
$^{***}p < .001$.

출처: 신나리·윤현정(2016). 교사용 영아 어린이집 적응 척도 개발. 아동학회지, 37(6), 35-56.

(4) 검사자 신뢰도

반분검사법, 검사-재검사법, 내적일관성법은 측정도구에 대한 신뢰도를 산출하는 방법이다. 이외에도 관찰연구에서 검사자 신뢰도interrater reliability를 구하고자 할 때도 있다. 만약 놀이터에서 유아의 공격적 행동을 관찰한다고 할 때 한 사람의 관찰자로서는 주관이 많이 개입될 수 있으므로 같은 행동을 두 사람이 관찰하여 동의정도를 볼 수 있다. 이것이 검사자 신뢰도이며 코헨Cohen의 카파(κ)로 표시된다. 표 6-4는 신뢰도를 측정하는 여러 과정을 보여 준다Dane, 2018.

신뢰도는 개인차의 변량을 극대화하고 오차변량을 극소화하여 개선시킬 수 있다. 먼저 측정도구의 문항을 모호하지 않게 만들고, 둘째, 문항을 많이 만들

표 6-4 유형별 신뢰도의 특성

종류	과정	산출
검사자 신뢰도	다수의 검사자	검사자 간의 상관관계
검사-재검사법	첫 번째 검사로부터 영향을 받지 않아야 함	두 검사 간의 상관관계
두 유형, 한 집단	두 유형은 같은 내용을 측정	두 유형의 측정 간의 상관관계
한 유형, 두 집단	두 집단은 무선배분	집단 간 차이로 측정
반분검사법	같은 내용의 문항을 둘로 나누어 측정	룰로우의 반분
문항-전체 점수	각 문항과 전체 점수와의 관계	쿠더-리처드슨 20, α

어 오차를 줄이며, 셋째, 명확하고 표준화된 지시로 측정오차를 줄일 수 있다. 신뢰도는 연구의 가장 중요한 요인은 아니지만, 신뢰도가 낮은 척도로써 과학적 결과를 기대할 수 없다. 뿐만 아니라 신뢰도가 높다고 해서 타당도가 높은 것은 아니므로, 신뢰도는 좋은 척도의 필요조건이지 충분조건은 아니다. 표준화검사는 신뢰도와 타당도 두 규준을 모두 만족해야 한다.

3) 타당도

타당도validity란 측정하려는 속성을 실제로 얼마나 정확히 측정하느냐를 말한다. 자연과학에서는 타당성의 문제가 별로 없다. 예를 들어, 연구자가 비타민 A를 측정한다면 실제로 비타민 A가 측정되기 때문이다. 그러나 사회과학에서는 연구자가 측정하고자 하는 것이 조작적 정의에 따라 달라지므로 타당성에 확신이 없을 수 있다. 기존의 지능검사가 개인의 지적 능력을 쟀는지, 또는 기억력에 초점을 두었는지에 서로 이견이 있다면 이것은 타당도의 문제가 된다.

그림 6-5는 신뢰도와 타당도 간의 관계를 보여 준다. 왼쪽 그림은 총이 과녁을 빗나가 일관성 있게 다른 곳을 맞추고 있다. 이는 신뢰도는 높으나 타당도는 낮은 것인데, 측정도구가 타당하지 않으면 신뢰도는 의미가 없어진다.

타당도는 보통 내용타당도, 기준타당도, 구성타당도의 세 가지로 분류된다.

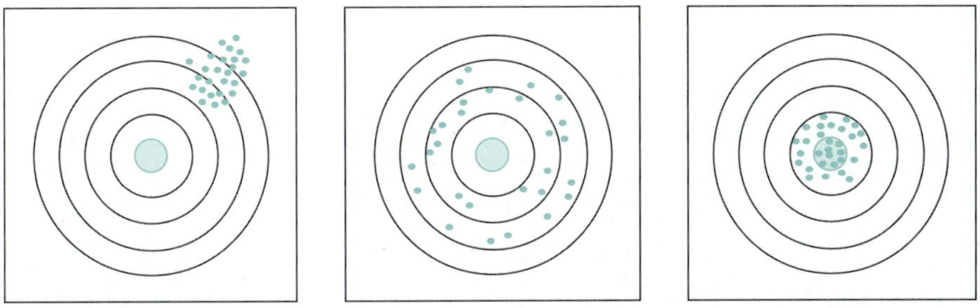

높은 신뢰도와 낮은 타당도 / 높은 타당도와 낮은 신뢰도 / 높은 타당도와 높은 신뢰도

그림 6-5
신뢰도와 타당도 간의 관계

(1) 내용타당도

내용타당도content validity는 안면타당도face validity라고도 하는데, 이것은 측정도구가 대표성이 있는 내용을 표집했는가를 의미한다. 즉, 척도가 측정하고자 하는 속성의 포괄적인 내용을 얼마나 잘 대표하고 있느냐에 초점을 둔다. 예를 들어, 초등학교 4학년의 수학능력을 측정하는 도구에 덧셈, 뺄셈, 곱셈, 나눗셈이 다 포함된다면 덧셈만이 있는 도구보다 내용타당도가 높다고 하겠다.

대부분 측정하려는 속성을 다 파악하는 것은 매우 어려운 일이다. 특히 측정되는 개념에 대한 정의가 명확하지 않거나 개념이 다차원적multidimensional일 때, 척도가 길고 복잡할 때 내용타당도에 대한 문제가 발생할 가능성이 크다.

내용타당도는 주관적 판단에 의존하므로 이 방법만으로 타당도를 검증하는 것은 불충분하나 통계절차를 거치지 않고 사용할 수 있다는 장점이 있다.

(2) 기준타당도

측정하려는 속성이 그 속성의 기준이 되는 것과 얼마나 상관관계가 있느냐를 기준타당도criterion-related validity라 한다. 이것은 공인타당도concurrent validity와 예측타당도predictive validity로 구분된다. 공인타당도는 현재의 특정 현상을 측정하는데 타당한가를, 예측타당도는 미래의 사건을 예측할 수 있는가를 보여 준다. 예를 들어, 수학능력의 측정검사와 학교 수학성적과의 상관관계가 높

내용타당도

개발된 '척도 1차안'의 내용 타당도를 확인하기 위하여 발달장애 아동·청소년의 삶에 핵심관련인이라 할 수 있는 부모, 특수교사, 의사와 함께 예비문항을 공유하며 문항 내용 및 척도 실시에 대한 의견을 수렴하였다. 협의회는 총 5회에 걸쳐 이루어졌으며, 학부모 2인, 특수교사 6인, 정신건강 전문가 5인(의사 4인, 임상심리학자 1인) 총 13명이 참여하였다. 협의회에서 논의된 내용 타당도 관련 사항 및 척도 실시에 대한 제언은 다음과 같다.

핵심관련인 협의회 결과 요약

문항 내용 관련 제언	척도 실시 관련 제언
• 관찰을 통해 판단할 수 있도록 행동특성 중심으로 문항 서술하기(예: '느낀다'라는 서술어 지양) • 학생의 의사소통 수준(특히 구어 표현이 가능한지의 여부)에 따라 문항 내용 서술이 달라질 수 있음을 고려 • 다양한 장애 정도(경도/중도)를 가진 발달장애 학생을 아우를 수 있도록 문항 서술 방식 개선 • 문항이 시작되기 전 안내문에 시간 틀을 제시할 필요가 있음(예: 지난 한 달간)	• 평정척도 문항 외에 개방형 질문을 추가하여 보충 자료로 활용 • 본 척도는 평정 형식으로 개발하더라도 추후 '직접관찰'을 통한 선별진단 도구를 개발하여 두 가지 이상의 방법을 함께 사용하는 것이 선별진단의 정확성을 높일 수 있음 • 본 척도를 타당화한 후에는 교사 혼자 평정점수를 판단하기보다 '팀 접근'을 통해 판단할 수 있는 방식이 개발되기를 희망함

출처: 박승희·박지연·황정하(2020). 한국 발달장애 아동청소년 정신건강요구 선별척도(KMS-CDD) 개발 및 타당화. 특수교육학연구, 55(3), 33-62.

으면 공인타당도가 높다고 할 것이며, IQ 테스트가 학교 성적을 예측할 수 있는 기준이 된다면 예측타당도가 높다고 할 것이다.

기준타당도는 측정하고자 하는 속성을 반영한다고 판단되는 객관적인 기준을 무엇으로 잡느냐에 따라 달라진다. 기준을 세우는 것 자체가 때로는 모호해서 좋은 기준을 세우는 것은 매우 어렵다. 새로운 도구를 개발하여 기준타당도를 얻고자 한다면, 먼저 기존 도구의 내용타당도가 높고 그것의 타당도가 먼저 입증되어야 한다. 기존의 척도가 타당하면 왜 새로운 척도가 필요한가 하는 의문이 생길 수 있다. 그러나 기존의 척도가 타당하다 하더라도 비경제적이거나 구식이 되었을 때 새로운 척도를 개발할 필요가 있으며 이때 기준타당도가 적용된다.

공인타당도

제작된 척도와 신뢰도 및 타당도가 검증된 척도와의 상관을 검토함으로써 제작된 척도의 타당도를 검증해보는 공인타당도를 실시하였다. 밑에 제시된 바와 같이 제작된 척도의 하위요인은 공인타당도 검증을 위한 척도인 PSD와 높은 상관을 나타내었다. 합리적 반응형과 논리적 설명은 $r = .72$ ($p < .001$)로 나타났고 감정적 반응형과 강압은 $r = .70$ ($p < .001$)의 상관을 보였다. 과대허용적 반응형과 방임 역시 $r = .71$ ($p < .001$)의 높은 상관이 나타났다. 이러한 결과는 기존 훈육 연구에서 타당도가 검증된 PSD와 제작된 훈육유형 척도가 유사한 응답 구조를 나타낸다는 점에서 제작된 척도의 타당성이 인정된다고 할 수 있다.

공인타당도 검증 결과 ($N = 712$)

		1	2	3	4	5	6	*M*	*SD*
부모훈육 유형척도	1. 합리적 반응형	1						3.23	.36
	2. 감정적 반응형	$-.23^{***}$	1					2.04	.44
	3. 과대허용적 반응형	$-.44^{***}$	$.27^{***}$	1				1.55	.39
PSD	4. 논리적 설명	$.72^{***}$	$-.24^{***}$	$-.35^{***}$	1			3.35	.39
	5. 강압	$-.23^{***}$	$.70^{***}$	$.17^{***}$	$-.26^{***}$	1		1.94	.44
	6. 방임	$-.44^{***}$	$.36^{***}$	$.71^{***}$	$-.40^{***}$	$.36^{***}$	1	1.51	.40

$^{***}p < .001$.

출처: 최윤희 · 문혁준(2020). 유아기 자녀를 둔 부모의 훈육유형 척도개발 및 타당화. 육아정책연구, 14(2), 29–53.

(3) 구성타당도

구성타당도construct validity는 측정문항들이 측정하고자 하는 개념의 이론적 구조를 정확히 포함하고 있는가를 의미한다. 예를 들어, 지능검사가 언어능력, 추상적 사고능력, 적응력으로 구성되어 있다면, 이 세 요인이 지능이라는 개념의 이론적 속성을 정확히 포괄하는가로 측정한다. 이처럼 구성타당도는 이론적 개념 간의 관계를 보여 주어야 한다.

기준타당도와 구성타당도는 측정 간의 상관으로 계산될 수 있다. 그러나 이

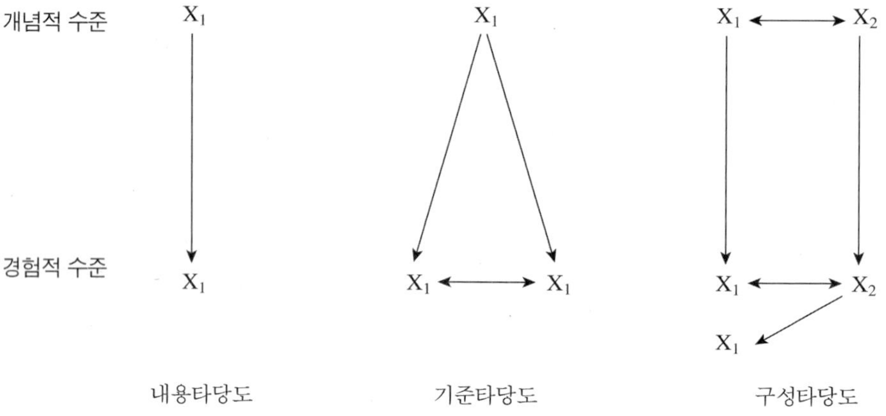

그림 6-6
세 종류의 타당화 과정

두 타당도 사이에는 중요한 차이가 있다. 기준타당도는 예견하고자 하는 하나의 외적 목표가 있는 반면, 구성타당도는 관계가 있으리라 가정된 것들이 전체적으로 연결되어 있다는 것을 보여 주어야 하는 이론에 대한 타당화이다.

구성타당도는 수렴convergence과 변별discriminality의 개념을 이용하여 개발된다. 서로 다른 방식으로 얻어지는 하나의 개념에 대한 측정결과가 유사하다는 것을 입증하는 것이 수렴적 방법이며, 한 구인이 다른 구인과 상관이 없다는 변별력으로 변별타당도를 얻는다. 캠벨Campbell과 피스케Fiske의 다속성측정방법multitrait multimethod matrix method이 가장 많이 이용되는 구성타당도의 평가방법이다.

요인분석은 구성타당도를 검사하는 유용한 방법으로 널리 쓰이고 있다. 많은 항목을 통계적 방법을 통해 몇 개의 요인으로 분류하여 단일한 또는 여러 개의 하위 차원을 추출해 내는 것이 요인분석이다. 같은 요인 내에 묶인 문항들은 동일한 개념을 측정하는 것으로 간주하고, 다른 요인의 문항은 다른 개념을 측정한다고 본다. 전자의 경우 수렴타당도가 되고, 후자는 변별타당도가 적용되는 것이다.

수렴타당도

아동용 기본심리욕구 척도의 타당성을 입증하기 위해 삶의 만족, 학교적응, 공격성, 우울과 아동용 기본심리욕구 척도와의 상관관계를 분석하여 수렴타당도를 살펴보았으며 그 결과는 아래 표에 제시되어 있다.

	Basic psychological needs satisfaction		
	Autonomy need satisfaction	Competence need satisfaction	Relationship need satisfaction
Life satisfaction	$.43^{***}$	$.52^{***}$	$.48^{***}$
School adjustment	$.29^{***}$	$.36^{***}$	$.40^{***}$
Aggression	$-.17^{***}$	$-.28^{***}$	$.27^{***}$
Depression	$-.28^{***}$	$-.43^{***}$	$.41^{***}$

Note. N = 455.
$^{***}p < .001$.

	Basic psychological needs frustration		
	Autonomy need frustration	Competence need frustration	Relationship need frustration
Life satisfaction	$-.35^{***}$	$-.40^{***}$	$-.41^{***}$
School adjustment	$-.29^{***}$	$-.40^{***}$	$-.32^{***}$
Aggression	$.41^{***}$	$.50^{***}$	$.50^{***}$
Depression	$.40^{***}$	$.59^{***}$	$.56^{***}$

Note. N = 455.
$^{***}p < .001$

출처: 권미나·이진숙(2019). 아동용 기본심리욕구 척도개발 및 타당화. 아동학회지, 40(2), 143-159.

(4) 내적 타당도와 외적 타당도

연구의 설계에 대한 타당도는 내적 타당도internal validity와 외적 타당도external validity로 설명한다. 내적 타당도는 연구가 밝히고자 하는 것이 정확하게 검증되었는가를 말하는 것으로, 연구자가 선정하는 독립변수와 종속변수의 관계가 잘 밝혀졌느냐를 보여 준다. 즉, 수집된 자료가 실제로 밝히려고 했던 것을 명확히 제시하고 연구의 결론이 정확하게 기술하고 있는지를 내적 타당도로 언급한다.

외적 타당도는 연구에서 얻어진 결과가 연구대상자의 집단 외에 다른 집단이나 모집단에 일반화가 이루어질 때의 타당도를 지칭한다. 연구를 통해 얻은 결과가 특정표본, 특정상황, 특정행동뿐 아니라 동일 모집단 내의 다른 표본, 다른 상황, 다른 행동에도 적용되는 일반화가 가능해야 한다. 많은 연구에서 연구대상자를 손쉽게 구할 수 있는 편의표집을 하고 있다. 이런 경우 연구결과를 일반화하는 데 연구의 한계를 보여 준다. 연구설계와 과정이 잘 되어 내적 타당도가 높다 하더라도 모집단에 일반화시킬 수 없다면 외적 타당도는 낮을 것이다.

내적 타당도가 없는, 즉 타당한 결과가 없는 연구는 논리적으로 일반화될 수 없으므로 연구의 의미가 없다. 그러므로 연구는 내적 타당도가 있어야 하고, 이를 기본 하한선이라 하였다Campbell & Stenley, 1966.

연구에서 내적 타당도와 외적 타당도가 모두 높아야 좋은 연구라 하겠으나 이 두 타당성의 관계는 그 목표가 상치되기 때문에 높은 내적 타당도와 높은 외적 타당도를 동시에 얻기는 매우 어렵다. 예를 들어, 실험실의 연구에서 모든 변수를 통제할 수 있다면 내적 타당도는 높일 수 있지만, 그 인위성으로 인해 일반화하는 데는 문제가 제기되므로 외적 타당도가 낮아진다. 따라서 대개 실험실연구는 내적 타당도에 초점을 두고, 실제 현상에 관심을 두는 대단위 설문조사 연구는 외적 타당도에 관심을 두는 것이 일반적이다.

2. 척도

체중을 재기 위하여 저울이 있듯이 인간의 태도나 속성, 감정을 측정하고자 할 때 척도가 사용된다. 측정하려는 개념에 숫자 또는 상징을 부여하는 것이 척도화이다.

1) 리커트 척도

아동학 연구에서 가장 널리 사용되고 있는 리커트Likert 척도는 여러 문항에 대한 응답자의 답을 합산하여 척도값을 내는 총화평점법summated rating이다. 이때 각 문항은 동일한 개념을 측정한다는 전제하에 합산된다. 만약 서로 다른 개념을 측정하여 합산한다면 동일한 총점의 응답자 간에 서로 다른 태도를 지닐 가능성이 높다. 리커트 척도는 응답범주간에는 등간이라는 것이 확인되지 않으므로 엄격한 의미에서는 서열척도지만 통계분석을 할 때 등간척도처럼 사용되고 있다.

리커트 척도를 만드는 기본 과정은 다음과 같다.

① 측정하고자 하는 개념에 대해 긍정하는 문항과 부정하는 문항, 또는 동의하는 문항과 동의하지 않는 문항들을 작성한다. 이때의 문항 수는 기대하는 최종 측정도구 문항 수의 두 배는 되어야 한다.
② 소수를 대상으로 하는 파일럿(pilot) 연구를 수행하여 애매모호한 문항, 이해가 어려운 문항을 수정한다.
③ 응답자의 반응성을 보이지 않을 문항순서를 정한다. 즉, 긍정적인 문항과 부정적인 문항을 섞어서 배열한다.
④ 모집단의 대표성을 갖는 대상을 표집하여 응답케 한다.
⑤ 모든 문항의 점수의 합을 계산한다. 이때 문항의 성격에 따라 재코딩해야 한다.
⑥ 응답을 분석하여 가장 잘 분별하는 문항을 선택한다. 문항을 선택하는 방법 중 하나는 전체 응답자를 4등분한 후 25% 상위집단과 25% 하위집단이 받은 각 항목의 점수를 산출하여 이 차이를 판별검증한 후 판별력이 적은 항목은 삭제시키는 방법이 있다. 이때 각 항목을 전체 점수와 상관시켜 상관의 정도가 낮은 항목을 삭제한다.
⑦ 신뢰도를 산출한다. 신뢰도 계수는 0.75 이상을 바람직하게 보고 있다.
⑧ 마지막으로 타당도를 검증한다. 그러나 이 과정은 쉽지 않아 많은 연구에서 보고되지 않고 있다.

리커트 응답은 연속적이면서 응답점수의 차이는 동일한 것으로 가정되어 있다. 즉 '매우 그렇다'와 '그렇다'의 응답 차이는 '전혀 그렇지 않다'와 '그렇지 않다'의 응답차이와 동일한 것으로 보고 있다.

리커트 척도에는 5점 척도, 7점 척도가 자주 쓰이고 있으며, 중립적인 입장을 취하지 않는 4점, 6점 척도도 있다. 4점 척도 이하인 경우는 응답자의 수준을 정확히 분류할 수 없고, 7점 척도 이상이 되면 수준의 분류는 정확하나 응답을 위해 생각할 시간이 많이 필요하다. 중립점을 두면 깊은 생각없이 중립점에 응답하는 경향이 있고, 중립점을 두지 않으면 중립점의 태도를 지닌 응답자가 어려움을 갖는다.

2) 거트만 척도

거트만Guttman 척도는 태도를 측정하는 서열척도의 일종으로, 태도의 강도에 대한 연속적 증가유형을 측정하도록 구성되어 있다. 이 방법은 응답의 조합이 하나밖에 없는 것으로 고안되어 단일 차원으로 구성된다. 그러므로 누적의 순서로 응답하여야 하며, 만약 단일 차원이 아니면 누적 순서에 혼란이 온다.

① 거트만 척도는 단일 차원인 항목들을 선택한다.
② 이 항목들은 우선 내용타당도를 가져야 한다. 그러기 위해서는 이론이나 실증적 연구로부터 상관이 높은 내용들을 추출한다.
③ 가장 간단한 형태의 스캘로그램 분석에는 단지 두 개의 응답에 의한 것이다(예를 들면, 1 또는 0, + 또는 −, a 또는 b).
④ 응답자가 적으면 우연에 의해 오차가 없는 척도를 만들 가능성이 많으므로 응답자가 많은 것이 좋다.

다음은 6문항을 가지고 10명의 응답자에게 질문한 예이다정창수·문용갑, 1990. 먼저 응답에서 긍정적으로 대답한 것을 표시한다(표 6-5). 다음에 그 문항을 응답이 많은 순서대로 나열한다. 예를 들어, 문항 4, 5, 6, 2, 1, 3 순서가 된다.

그러면 표 6-6과 같이 스캘로그램scalogram이 만들어진다.

① 걱정거리가 생겼을 때 상의를 해오거나 조언을 구하는 이웃이 있다.
② 돌, 생일, 백일 같은 기회에 초대하거나 초대받아서 같이 즐기는 이웃이 있다.
③ 급히 돈이 필요한 경우에 돈을 빌려 쓸 수 있는 이웃이 있다.
④ 길거리, 시장, 수퍼마켓 등에서 만났을 경우 가벼운 인사를 주고받을 수 있는 이웃이 있다.
⑤ 적어도 '누구네 집'이라고 이름을 댈 수 있는 이웃이 있다.
⑥ 평상시 거리낌없이 방문할 수 있는 이웃이 있다.

표 6-5 거트만 스캘로그램

대상	문항						응답자가 동의한 전체문항수
	1	2	3	4	5	6	
01		×		×	×	×	4
02				×			1
03				×	×		2
04				×	×		2
05	×	×		×	×	×	5
06				×	×	×	3
07							0
08	×	×	×	×	×	×	6
09		×		×	×	×	4
10	×	×		×	×	×	5
문항에 동의한 응답자의 수	3	5	1	9	8	6	

×는 응답자가 동의한 문항.

표 6-6 표 6-5를 재구성한 거트만 스캘로그램

대상	문항						응답자가 동의한 전체문항수
	4	5	6	2	1	3	
07							0
02	×						1
03	×	×					2
04	×	×					2
06	×	×	×				3
01	×	×	×	×			4
09	×	×	×	×			4
05	×	×	×	×	×		5
10	×	×	×	×	×		5
08	×	×	×	×	×	×	6
문항에 동의한 응답자의 수	9	8	6	5	3	1	

×는 응답자가 동의한 문항.

거트만 척도는 문항의 내용에 따라 서열을 일관성있게 이루고 있다. 따라서 강한 긍정의 문항에 동의하는 응답자는 약한 긍정의 문항에 당연히 동의하는 것으로 이해된다.

3) 서스톤 척도

자연과학의 영역에서 사용되는 척도와 달리 사회과학 연구에서 사용되는 척도는 엄격한 의미에서 등간척도가 없다고 볼 수 있다. 그러나 많은 통계처리가 등간적인 자료를 요구하고 있어 등간척도를 만들려는 노력을 하고 있다. 서스톤Thurstone의 척도가 그 예이다. 서스톤 척도의 등간화 방법은 다음과 같다.

① 측정하는 개념의 항목들을 선택한다.
② 여러 판단자들이 각 항목을 11점 척도에 따라 서열화한다.
③ 판단자들이 서열화에서 일치를 보지 못한 것과 범주에 너무 많은 응답을 한 문항을 제외한다.
④ 각 문항의 중앙값을 척도치로 정한다.
⑤ 최종항목으로 구성된 척도를 잘 언어화하여 무작위로 배열한다. 응답자의 점수는 동의하는 항목들의 척도점수의 평균 또는 중앙치로 계산한다.

서스톤 척도

다음은 교회에 대한 인식을 측정하기 위해 서스톤 척도로 문항을 구성한 예이다. 교회의 기능과 역할에 대한 문항들을 11점 척도에 따라 서열화한 후 각 문항의 중앙값을 척도값으로 정하여 9개 문항으로 척도를 완성한 결과이다. 해당 척도를 실제 연구에서 사용할 때에는 문항 순서를 무작위로 배치하며, 척도값은 제시하지 않고 각 문항에 대해 동의하는지 여부로만 묻는다.

척도구성문항	척도값
1. 교회는 개인과 사회의 정의를 동시에 고취시키는 강력한 기관이다.	1.2
2. 교회는 가치있는 생각을 하게 하고 올바른 생각으로 마음을 채워주기 때문에 나는 교회에 가는 것을 좋아한다.	2.2
3. 교회는 친근한 마음을 주기 때문에 나는 교회를 좋아한다.	3.3
4. 의구심이 들기는 하지만 나는 교회에서 가르치는 것을 믿는다.	4.5
5. 나는 예배와 관계없이 교회의 진실과 선함을 믿는다.	6.7
6. 나는 교회에서 얻는 유익을 위해 너무 많은 돈을 쓰고 있다고 생각한다.	7.5
7. 나는 교회가 많은 낡은 교리와 중세 미신을 강요하려 한다고 생각한다.	9.2
8. 교회는 천박함, 위선, 편견을 상징한다.	10.4
9. 나는 교회가 사회의 기생충이라고 생각한다.	11.0

출처: Whitley & Kite(2018). Principles of Research in Behavioral Science. NY:McGraw-Hill.

서스톤 척도를 사용하여 측정할 때는 문항들 간의 등간화를 위해 계산된 척도값을 활용하여 점수를 산출하게 된다. 예를 들어 위틀리와 카이트Whitley & Kite, 2018의 9문항으로 교회에 대한 인식을 측정할 경우, A 응답자는 3번, 5번,

6번 문항에 대해 '그렇다'고 응답하고 나머지 문항에는 '아니다'고 응답할 수 있다. 반면, B 응답자는 4번, 6번, 7번 문항에만 '그렇다'고 응답할 수 있다. 이 경우 A 응답자의 교회인식 점수는 3, 5, 6번 문항의 척도값을 합산(3.3 + 6,7 + 7.5)하여 응답 문항수(3)로 나눈 값인 5.83점이 되고, B 응답자의 점수는 4, 6, 7번 문항의 척도값을 합산(4.5 + 7.5 + 9.2)한 후 응답 문항수(3)로 나눈 값인 7.07점이 된다. 따라서 비록 A 응답자와 B 응답자가 총 9문항 중 '그렇다'고 응답한 문항의 수는 각각 3개 문항으로 동일하지만 어떤 문항에 동의하였나에 따라 최종 교회인식 점수는 달라짐을 알 수 있다.

4) 의미분별 척도

오스굿, 수키, 탄넨범Osgood, Suci & Tannenbaum, 1957에 의해 개발된 의미분별 척도semantic differential scaling는 양극단에 반대되는 형용사를 두고 리커트 척도처럼 응답하게 한다. 이것은 지적 수준이 높고 언어가 풍부한 대상자에게는 적합하나 그렇지 못한 대상자에게는 난해한 것으로 여겨진다. 의미분별 척도에서는 반드시 중간의 범주를 주어 중립을 나타낼 수 있어야 한다.

의미분별 척도는 주로 3개의 차원으로 구분된다. 첫째 차원은, 평가로 좋은/나쁜, 달콤한/쓴 등이 있고, 둘째, 능력은 강한/약한, 힘 센/힘 없음 등을 예로 들 수 있다. 셋째, 활동에는 빠른/느린, 시끄러운/조용한 등이 여기에 속한다.

의미분별 척도를 시행할 때는 대상자들에게 옳은 답이 없다는 것을 인식시킨 후 첫 느낌에 응답하도록 해야 하며, 모호하지 않고 쉽게 답할 수 있는 것을 포함시켜야 한다. 질문의 수는 교육 정도에 따라 달라지나 대개 50~400개 정도가 적합하다.

의미분별 척도

노인에 대한 의미 분별 문항								
	1	2	3	4	5	6	7	
현명한	–	–	–	–	–	–	–	어리석은
친절한	–	–	–	–	–	–	–	불친절한
박식한	–	–	–	–	–	–	–	무식한
행복한	–	–	–	–	–	–	–	슬픈
신뢰로운	–	–	–	–	–	–	–	신뢰롭지 못한
관대한	–	–	–	–	–	–	–	이기적인
활동적인	–	–	–	–	–	–	–	비활동적인
깔끔한	–	–	–	–	–	–	–	단정치 못한
우호적인	–	–	–	–	–	–	–	적대적인
흥미있는	–	–	–	–	–	–	–	지루한
생산적인	–	–	–	–	–	–	–	비생산적인
건강한	–	–	–	–	–	–	–	아픈

출처: 박혜욱(2007). 노인의료복지시설 간호사의 노인에 대한 지식 및 태도 조사. 전남대학교 대학원 석사학위논문.

3. 검사 및 측정도구

측정도구는 아동의 발달을 평가하는 데 매우 유용하다. 왜냐하면 측정도구는 변수에 대한 수행정도를 수치로 산출해 주기 때문이다. 측정도구의 사용을 통해 개인의 발달에 대한 강점과 취약점, 수행정도 등을 파악할 수 있고, 이를 바탕으로 같은 연령대 아동과의 비교가 가능하다. 또한 측정도구는 새로운 도구나 프로그램의 효과를 검증하기 위해 사용되기도 한다Salkind, 2019.

표 6-7 신생아 및 영유아 검사

검사종류		연령	내용
선별 검사	Apgar Scale	신생아	신생아의 건강상태 평가
	Ages and Stages Questionnaire	4~60개월	인지, 언어, 동작, 사회발달
	AGS Early Screening Profiles	2~6세	인지, 언어, 동작, 자조, 사회문화접변, 건강발달
	Early Screening Inventory-Revised(ESI-R)	3~6세	발달영역별 하한점 파악
사회 정서 선별	Devereux Early Childhood Assessment (DECA)	2~5세	긍정적, 부정적, 사회-정서 행동 선별
	Early Screening Project(ESP)	3~6세	사회적 상호작용, 적응 행동, 비적응 행동, 공격적 행동
	Preschool and Kindergarten Behavior Scales(PKBS-2)	2~6세	부모를 통한 긍정 행동과 문제 행동
진단 척도	Brazelton Neonatal Behavioral Assessment Scale	신생아	신경학적 이상과 기질 진단
	Bayley Scales of Infant Development II (BSID-II)	영아	발달지체 진단
	Denver II	1개월~6세	발달지체 진단
	Mullen Scales of Early Learning	출생 후 68개월	인지기능 측정
	Stanford-Binet Intelligence Scale	2세~성인	지적지체 진단
	Wechsler Preschool and Primary Scale of Intelligence	4~6세	전반적인 발달지체 진단
	Kaufman Assessment Battery for Children(K-ABC)	2세 6개월~ 12세 6개월	발달지체 진단, 교수계획
	Battelle Developmental Inventory	출생~6세 11개월	아동의 강점과 약점 파악
언어 검사	Preschool Language Scale(PLS-4)	출생~6세 11개월	수용언어, 표현언어 측정
	Peabody Picture Vocabulary Test	2세 5개월~ 18개월	수용언어 측정

출처: Wortham & Hardin(2011).

1) 측정도구의 분류

아동을 측정하기 위해서는 표준화된 측정도구와 관찰, 포토폴리오, 인터넷을 통한 방법EML, Electronic Management of Learning 등 다양한 방법이 활용된다. 그 중 표준화된 측정도구는 크게 성취검사, 태도검사, 인성검사로 나눌 수 있다.

(1) 성취검사

성취검사achievement test는 특정영역의 지식이나 능력을 측정하는 검사이다. 학교라는 교육제도에서는 학생들을 평가하는 데 대부분 성취검사를 사용하고 있다. 중간고사나 기말고사 등은 그 교과목에 대한 이해정도를 평가하는 일종의 성취검사이다. 또한 사법고시, 의사고시, 유치원 임용고시, 행정고시 등 자격을 획득하기 위한 최소한의 능력을 보여 주는 검사도 일종의 성취검사이다.

성취검사는 표준화된 검사standardized test와 표준화하지 않은 검사로 나누어진다. 표준화된 검사는 규준norm을 제시하면서 같은 연령의 아동의 발달과 비교할 수 있게 되어 있다. 반면에 표준화하지 않은 검사는 대개 연구자가 특수목적으로 만들어 사용한다Salkind, 2019.

(2) 태도검사

태도검사attitude test는 사건, 사물, 또는 사람에 대한 개인의 감정이나 생각 등을 측정하는 검사이다. 어린이집이나 유치원에 대한 선호도, 유아의 영어교육에 대한 태도 등을 질문할 수 있다. 앞에서 살펴보았던 리커트 척도와 커트만 척도, 서스톤 척도 등은 태도를 특정하는 데 많이 사용된다.

많은 연구에서 지식knowledge, 태도attitude, 실제practice 사이에는 차이가 있는 것으로 밝혀졌다. 예를 들어, 자녀를 체벌하는 것은 나쁘다고 알고 있어서(지식), 체벌을 하지 않을 것이라고 여기나(태도), 실제 많은 부모들이 체벌을 하는 것을 보고된다. 이 차이를 밝히는 KAP 연구들도 활발히 진행될 수 있다.

(3) 인성검사

인성검사personality test는 개인의 행동 패턴을 측정하는 검사이다. 인성검사에는 크게 구조적 검사structured test와 투사검사projective test가 있다. 구조적 검사는 그렇다/안그렇다, 사실/거짓, 또는 다지선다의 형태로 문항을 이루고 있으며, MMPIMinnesota Multiphased Personality Inventory가 흔히 쓰인다. 투사검사로는 주제통각검사Thematic Apperception Test와 로샤검사Rorschach Test가 알려져 있다. 인성검사는 해석하는 데에 많은 훈련이 필요하여 임상심리학자에게만 쓰도록 명시한 검사들이 있다.

7장

자료수집분석 및 결과보고

연구주제에 대해 설정한 연구문제나 연구목적이 명확해지고 연구설계를 한 후 측정도구와 연구대상이 결정되면 다음 단계는 자료를 수집하는 것이다.

1. 자료수집

자료를 수집하는 방법은 다양하다. 아동을 대상으로 하는 연구에서 많이 사용되는 대표적인 자료수집법으로 질문지법, 면접법, 실험법, 관찰법 등을 들 수 있다. 이들 자료수집 방법에 대해서는 3부 '자료의 수집'에서 상세히 언급하고 있으며, 여기에서는 자료수집의 기본 과정에 대해 살펴보고자 한다.

자료를 수집할 때에는 연구자의 조사능력이 중요하다. 면접법이든 실험법이든 간에 연구계획을 실제 상황에서 적절히 수행할 수 있는 능력이 필요한 것이다. 만약 성공적으로 조사되지 않는다면 이전의 단계가 무의미해질 수 있다.

유용한 자료를 가능한 체계적으로 쉽게 얻으려면 자료수집 시 준비가 있어야 한다. 연구대상에 접근하여 협조와 동의를 얻고, 도구를 사전검사하여 적합성 여부를 확인하는 것이 좋은 자료를 얻기 위한 준비작업에 포함된다.

1) 협조 요청

인간을 대상으로 하는 연구에서는 개인이나 단체, 소속기관의 협조를 얻어야 한다. 협조를 구하는 것이 어려운 것은 민감한 연구주제, 시간의 제약, 사생활의 노출 등 여러 가지 이유로 대상자가 꺼리기 때문이다. 다음 표 7-1은 이 어려움을 어느 정도 극복하는 방법이다.

표 7-1 자료수집 시의 장애 극복 방법

협조요청의 장애	극복 방법
시간을 뺏긴다.	정보, 금전, 물건, 서비스 등과 같은 유인물을 제공한다.
흥미가 없다.	이타주의에 호소한다. 유인물을 제공한다.
돈이 소모된다.	미리 모든 경비를 제공한다.
일상생활에 방해된다.	방해를 최소화한다.
너무 사적이라 침해가 된다.	비밀이나 익명을 보장한다.
위험을 느낀다.	비밀이나 익명을 보장한다. 이익을 보여준다.

2) 연구대상의 보호

연구의 대상이 인간이라면 협조를 얻기 전에 연구대상자의 기본적인 윤리문제2장 참조가 있다. 그러므로 그들에게 연구에 대한 충분한 정보를 주어 참여할 것인지, 안할 것인지를 스스로 결정하도록 해야 한다.

동의서를 받는 것은 인간의 권리를 보호하기 위해 필요하다고 여기면서도 실제로 적용할 때에는 많은 문제가 야기된다. 왜냐하면 연구목적과 연구기대를 대상자에게 말하는 것은 그들의 반응을 왜곡되게 하여 연구를 가치 없게 만들 수도 있을 뿐만 아니라, 연구자 자신도 자료수집과정에 일어나는 모든 것을 완전히 알지는 못하므로 설명할 수도 없는 연구가 허다하기 때문이다.

아동의 경우 연구의 참여여부를 판단하지 못하기 때문에 보호자의 연구참여 동의 하에 연구가 이루어진다. 이는 엄격히 말하면 아동의 의사가 아닐 수 있기 때문에 또 다른 문제가 야기될 수도 있다. 따라서 아동의 나이와 이해 정도에 맞게 아동에게 알릴 수 있는 것은 알려야 하고 동의를 요청하는 것이 그들의 권리를 존중하는 것이다.

협조요청을 위한 서문

어머님, 안녕하세요?
저는 이화여자대학교 대학원에서 아동학 박사학위논문을 준비하고 있습니다. 본 질문지는 어머니와 자녀 간의 약속경험과 평소 자녀의 행동에 대해 알아보고자 합니다. 각 문항들에는 정답이 없으며, 평소 여러분의 생각을 있는 그대로 응답해주시면 됩니다.
어머니께서 응답하신 내용은 본 연구 이외의 다른 목적으로 사용되지 않을 것임을 약속드립니다. 한 문항도 빠짐없이 성의껏 솔직하게 답해 주시기를 부탁드립니다.
소중한 시간을 내주셔서 진심으로 감사드립니다.

이화여자대학교 대학원 아동학 전공

출처: 한아름(2020). 어머니와의 조건약속에 대한 아동의 이해와 경험: 어머니에 대한 신뢰감 및 자기조절능력과의 관계를 중심으로. 이화여자대학교 대학원 박사학위논문.

3) 예비연구와 사전검사

자료는 가능한 한 체계적으로 수집해야 하지만 실제로는 대부분 그렇지 못하여 아무 문제없이 수집되는 경우는 거의 드물다. 잘못된 자료수집은 틀린 결론으로 이끄는 원인이 되며 많은 자료를 쓸모없게 한다. 자료수집의 많은 어려움을 피하거나 줄이기 위한 방법으로 예비연구pilot study나 사전검사pretest를 한다. 예비연구는 방대하고 복잡하고 경비가 많이 드는 대규모 연구를 하기 전에 행하는 소규모의 연구이다. 그러므로 예비연구에서는 연구의 모든 절차, 도구, 분석 등을 대규모 연구와 똑같이 행해야 한다. 예비연구를 통해 후속되는 대규모 연구의 시간, 에너지, 돈을 낭비하지 않도록 가능한 문제를 찾아낼 수 있어야 한다.

사전검사는 엄격히 두 가지 의미를 가지는데, 첫째는 실험 또는 준실험연구에서 처치 전에 행해지는 말 그대로 사전에 행하는 검사이고, 둘째는 자료수집 전에 측정도구를 수정하고 정교화시킬 목적으로 실시해 보는 것이 있다. 사전검사를 통해 측정도구의 애매한 점, 누락된 것 등의 문제점을 찾아내어 수정하면 본조사에서 오류를 최대로 줄일 수 있다.

사전검사

프로그램의 적절성 및 소요시간, 검사의 적절성을 알아보기 위하여 예비연구를 실시하였다. D유치원에서 연구에 참여하지 않은 만 5세 1개 반 유아 15명을 대상으로 검사에 대한 예비연구는 2019년 5월 23일에, 프로그램 적용에 대한 예비연구는 5월 24일과 5월 28일, 5월 31일에 실시하였다. 실시결과, 검사 실시에는 무리가 없는 것으로 나타났으며, 프로그램 실시에는 1차 예비연구 결과, 아이디어 탐색하기와 정교화하기 과정이 유아에게 익숙하지 않아 60분 이상 소요되는 것으로 나타났다. 교사가 의욕적으로 프로그램을 적용하지만 활동 과정을 지루해하는 유아도 있었기 때문에 유아교육전문가 2인, 현장교사 2인과의 협의를 통해 압축적으로 시간 배분이 이루어지도록 고려하며 예비연구를 2회 추가 실시하였다. 교사의 발문 수준을 함께 고려한 결과, 45분에서 50분 정도의 시간이 소요되었으며, 유아들이 활동에 즐겁게 참여하는 모습을 보임으로써 교사와 최종 검토 후 실험처치에 반영하였다.

출처: 김보배 · 최미숙(2020). 창의성 증진 전략에 기초한 유아 미술교육 프로그램 개발 및 효과. 유아교육연구, 40(4), 87–108.

2. 자료분석

연구의 목적에 맞는 대상을 선정하여 측정도구를 가지고 자료를 수집한 뒤에는 연구결과가 해석되도록 자료를 조직하고 배열하는 자료분석 절차를 수행한다. 즉, 수집된 많은 정보를 축소시켜 연구의 문제나 가설에 답할 수 있는 적합한 형태로 정리해야 한다. 보편적으로 자료를 분석하기 전에 연구문제에 적합한 분석계획을 구체화시킨다. 앞의 과정과 마찬가지로 자료분석도 계획에 따라 수행될 때 가장 효율적이다.

과학적인 연구에서는 많은 경우 통계를 이용하여 자료를 분석한다. 자료분석의 단계는 자료의 종류나 연구문제 유형에 따라 통계적 처리방법이 다르다. 이것은 이 책의 4부 '자료의 분석'에서 자세히 설명하고 있다.

최근에는 컴퓨터의 발달로 방대한 자료를 쉽게 분석하고 있다. 컴퓨터 자료분석의 공통적인 단계는 부호화, 입력 그리고 통계분석을 포함한다.

1) 부호화

수집된 자료는 응답을 일정한 기준에 의해 분류한 후 컴퓨터에 입력하기 전 자료를 컴퓨터가 읽을 수 있도록 전환시켜야 한다. 즉 수집된 정보를 일정한 체계에 따라 숫자를 부여하는 부호화coding 과정을 따른다. 어떤 연구자는 연구의 시작에서부터 적절히 분류하여 부여된 숫자를 바로 부호화하게 계획하기도 하나, 어떤 연구자는 사전에 수집될 자료의 명확한 분류를 모를 수도 있다. 이는 자유응답형 또는 개방형 문항에서 나타난다. 개방형 질문의 경우 응답범위를 사전에 정확히 예상할 수 없기 때문에 부호화 역시 미리 계획하기 어렵다.

보통 양적인 자료를 부호화할 필요는 없다. 예를 들어, 몸무게, 연령 등은 숫자로 되어 있으므로 그대로 컴퓨터에 입력할 수 있다. 그러나 범주화하지 않은 질적인 자료는 반드시 부호화한다. 응답자가 자신의 직업을 썼다면 그 응답은 대개 다음과 같은 직위변수로 부호화할 것이다. ① 전문직의사, 변호사 등, ② 경영자, ③ 기술자 등이다. 마찬가지로 결혼상태를 미혼, 기혼, 이혼, 사별 등으로 구분하여 ①, ②, ③, ④ 등의 숫자로 부호화할 수 있다.

어떤 연구는 원점수를 부호화하는 데 많은 시간이 소요된다. 이 작업은 시간의 소모가 크고 비용이 많이 들며, 자료상의 오류 발생여지가 있기 때문에 자료입력의 준비를 최소화하기 위해 여러 가지 기술들이 개발되어 왔다. 최근 연구의 응답들은 대개 '미리 부호화' 되어 있어, '학력은 어느 정도입니까?'라고 묻는 대신 다음과 같이 물을 수 있다.

학력은 다음에서 어디에 해당합니까?
① 초등졸 ② 중졸 ③ 고졸 ④ 대졸 ⑤ 대학원졸

2) 자료의 조직과 입력

원자료를 검토하여 분석할 때 시간과 노력의 낭비를 최소화하기 위해 자료를 재구성하여 변형시킬 수 있다.

(1) 불충분한 자료

대부분의 연구에서 불충분한 자료missing data가 있기 마련이다. 응답자나 면접자가 못 보고 응답을 빠뜨릴 수 있고 어떤 관찰자료는 유실될 수도 있다.

만일 특정 문항에 대해 많은 응답자가 불충분한 자료를 제공했다면 그 문항은 모든 분석에서 제외시켜야 할 것이다. 그러나 해당 문항에 대해 몇몇 응답자만이 불충분한 자료를 제공했다면 그 문항을 전적으로 배제시키는 것은 낭비이므로 연구자는 '불충분한 자료'임을 밝히고 타당한 자료 사례만을 계산할 수 있다.

비슷하게, 특정 응답자가 전반적으로 불충분하거나 불성실하게 응답하는 경우도 발견할 수 있다. 질문지를 이용한 자기보고식 응답의 경우, 어떤 응답자는 특정 개념에 대한 질문을 통째로 응답하지 않거나 모든 문항에 같은 점수를 부여하기도 한다. 전자의 경우라면 불충분한 자료에 대해 컴퓨터는 분석 시 이를 잠정적으로 제외하므로 결과를 왜곡시키지 않는다. 이 절차는 사례를 유실하지 않고 연구하고자 하는 변수의 자료만을 분석할 수 있는 방법이다. 그러나 후자의 경우에는 부여된 점수를 그대로 부호화하여 입력할 경우 결과를 왜곡시킬 수 있기 때문에 처음부터 해당 대상을 대상자에서 제외시키는 것이 바람직하다. 물론 대상자의 선택적 탈락 결정은 외적타당도의 문제와 연결된다는 점에서 충분한 고려가 필요하다.

(2) 재구성

어떤 분석에서는 연구자가 변수를 약간 다른 방식으로 보고자 할 수도 있다. 보통 '자녀수'는 0에서부터 3, 4, 5 등의 정수로 입력한다. 그러나 출산율이 높은 집단의 연구에서는 두 자리의 실제값, 즉 10 또는 그 이상으로 부호화될 수도 있다. 또한 만일 연구자의 관심이 실제 자녀수가 아니라 외동 자녀와 다자녀의 양육 등에 관심이 있다면 이를 재구성하여 다음과 같은 몇 가지 범주로 나누는 것이 가능하다. ① 무자녀, ② 1명, ③ 2명 이상으로 부호화할 수 있다.

3. 결과해석

조사를 다했다 하더라도 연구가 끝난 것은 아니다. 양적연구의 경우 자료수집의 다음 단계는 자료를 통계분석statistical analysis하여 연구문제들이 일관적이고 의미 있는 결론을 보이는지 알아보아야 한다. 정확한 통계분석 절차를 통해 얻어진 결과는 이론적으로나 실제적으로 의미 있는 해석이 필요하다.

통계가 연구의 끝부분에 논의된다는 것이 모든 자료가 수집될 때까지 통계를 무시해도 무방하다는 것을 의미하지는 않는다. 조사를 마치고 나서 그 자료에 적당한 통계 절차를 생각한다는 것은 상당히 위험하다. 그렇다고 연구자가 미리 모든 통계절차를 결정해야만 한다거나 연구하고자 하는 모든 주제에 대해 비교를 예견해야 하는 것은 아니다. 그러나 연구조사를 시작하기 전에 통계에 관하여 가능한 명확히 하는 것이 가장 좋다. 왜냐하면 자료의 형태에 따라 활용될 수 있는 통계기법에 차이가 있기 때문에 연구자가 밝히고자 하는 연구목적을 가장 정확히 분석해낼 수 있는 통계기법을 사용하기 위해서는 자료의 형태를 미리 정해야 할 필요가 있다. 자료뿐 아니라 연구대상의 선정과 표집 방법도 통계분석의 기법과 연결된다는 점에서 연구의 설계과정에서부터 분석 방법에 대해 대략적인 고려가 함께 이루어져야 할 것이다.

4. 연구의 보고

연구보고서는 말 그대로 완성된 연구를 보고하는 문서이다. 연구자는 연구 문제를 선정하고 그 문제를 조사하기 위하여 자료를 수집하고 수집된 자료를 분석하고 해석하는 과정을 보고한다. 연구의 결과로 밝혀진 지식이나 정보는 연구보고서를 통해 발표를 해야 이용된다. 연구보고의 목적은 정보의 전달이므로 작문의 질이 중요하다는 점을 염두해 두어야 한다.

일반적으로 논문을 잘 쓰기 위해 몇 가지 제안을 할 수 있다Miller, 2017. 첫째, 논문을 쓰기 전에 전공 영역의 논문을 많이 읽는 것이 좋다. 연구논문에 무엇이 포함되고 제시되고 어떻게 표현하는가는 실제의 연구논문을 읽어야 알 수 있다. 둘째, 작문은 평이해야 한다. 논문은 전문용어로 기술되는 경우가 허다하므로 난해한 것으로 보일 수 있으나, 복잡한 문장이나 우회적이어서는 안된다. 셋째, 문장에 다양성이 있어야 한다. 획일적인 어휘나 문장은 독자의 흥미를 잃게 한다. 넷째, 작문에서의 경제성이다. 학술지는 가능한 공간의 한계가 있으므로 정보전달을 효율적으로 할 수 있어야 한다. 마지막으로 작문에 오자, 인쇄의 잘못 등이 없도록 주의를 기울여야 한다.

1) 보고서의 독자

문서나 글을 쓴다는 것은 늘 추후 읽을 독자를 고려해야 한다. 연구보고서도 마찬가지로, 연구논문을 읽을 독자를 고려하여 쓴다. 독자의 유형은 다양하겠으나, 대표적인 독자로는 다른 연구자를 들 수 있다. 이 밖에도 정책 책임자, 현장 전문가, 학위논문 및 학회지 심사위원, 학회지 편집위원 등이 있다.

2) 보고서의 종류

연구보고서의 종류를 다음 네 가지로 소개하고자 한다Creswell & Guetterman, 2018.

(1) 학위논문

학위논문에는 석사와 박사학위 논문이 있다. 논문의 규정은 학교, 전공, 심사위원마다 다르게 정해져 있다. 분량으로 따지자면 박사학위논문은 적게 100쪽에서 길게는 400쪽까지 이를 수 있다. 반면, 석사학위논문은 박사논문보다 간결한 규정을 명시한다.

보편적으로 질적연구논문이 양적연구논문보다 그 분량이 많다Creswell & Guetterman, 2018. 질적연구는 상이한 여러 가치와 세계관을 언어로 상세히 기술하면서 그 결론을 도출하기 위해 보고서 전반에 직접 혹은 간접적으로 인용문을 사용하는 경우가 많기 때문이다.

(2) 학술지논문

학술지논문은 학위논문보다 간결한 형태의 논문보고서이다. 학술지논문이 편찬되는 일반적인 과정을 살펴보면, 먼저 연구자는 본인의 연구 보고서를 학회에 투고함으로써 학술지 편집위원에게 보낸다. 보고서를 받아본 편집위원 및 심사위원 2~3명이 연구자의 연구논문을 심사 후 그 결과를 알려 준다. 이때 편집위원은 통과, 개정 그리고 탈락의 심사결과를 내린다.

학술지논문의 편찬 양식이나 분량 제한은 학술지마다 다르게 책정되어 있다. 이때에도 질적연구논문의 분량이 양적연구논문의 것보다 길 수밖에 없는 데, 역시 직·간접적인 인용문의 사용과 상세한 논의 설명 그리고 범주category와 주제theme를 세세하게 기술하기 때문이다.

(3) 학술대회 발표 논문

연구자는 학술대회를 통해 본인의 연구논문을 대중에게 공개하기도 한다. 학술대회에서 연구논문을 발표함으로써 연구자는 본인의 연구를 대중과 공유하고, 다른 연구자 및 연구기관에 종사하는 전문가들과 생각을 나누며, 나아가 본인 연구의 질을 향상하는 디딤돌을 마련할 수 있다. 학술대회에 참가하는 이들에는 연구자, 현장 종사자, 정책 책임자 등이 있다. 따라서 논문 작성 시 연구자는 학술대회를 주관하는 심사위원의 성향을 고려하는 동시에 이들 참가자들의 성격도 참작해야 한다.

학술지에 투고, 게재하는 논문은 도표, 그림, 부록 등을 포함하여 25쪽 정도로 어림잡는다. 반면, 학술대회에서 발표하기 위해 제출하는 연구계획안은 3쪽 정도로 간단하게 작성한다Creswell & Guetterman, 2018. 연구자는 연구 중 혹은 마무리 단계에서 본인의 연구계획안을 학회에 제출한다. 대개 학회는 해당 학술대회 개최시기보다 몇 달 앞서 연구계획안을 모집하는데, 이로서 연구자의 연구가 그 특정 학회에서 발표가능한 것인지 심사위원단이 평가한다. 계획안이 수락되었을 경우, 연구자는 완성된 연구논문을 학술대회에서 발표하게 된다.

학술대회에서의 논문 발표는 비슷한 주제끼리 묶어 논문당 15분 가량의 구두 발표oral presentation 형태로 이루어지기도 하고, 연구내용에 대해 간략히 포스터를 작성하여 개시한 후 질문을 받는 포스터 발표poster presentation, 혹은 비슷한 주제로 다양한 연구자의 의견을 조명해 보는 토론회symposium 등 다양한 형태로 이루어진다.

(4) 정책 혹은 현장 보고서

연구자는 때에 따라 시·도의 정책 책임자 혹은 현장에서 종사하는 현장 전문가 등에게 본인의 연구를 알리는 보고서를 작성할 수 있다. 이때 유념해야 할 점은 첫째, 연구자는 시기를 잘 정해서 정책이나 현장에 도움이 될 만한 보고서를 작성한다. 둘째, 연구자는 본인 연구 중에서 정책이나 현장에서 불필요한 정보는 거른 후 주요한 결과만 요약하여 발표한다. 이때 연구결과를 지나치게 통계학적으로, 혹은 전문지식에 바탕해서 설명하는 것을 지양한다. 셋째, 연구자는 결론 및 시사점을 간단하고 명료하게 제시한다. 보고서의 시각화를 위해 도표나 그래프를 첨부하는 것도 고려한다. 넷째, 연구자는 보고서의 초반부에 연구초록을 첨부한다. 이 초록은 주요 연구결과, 결론 및 현장 적용에 대한 의의를 반드시 언급한다.

3) 보고서의 구성

각기 다른 학술논문지는 비록 체재나 사용하는 문체가 다를 수 있지만, 출판에는 기본 형식이 있다. 연구자들이 자신들의 논문을 쓸 때 하나의 지침으로서 참고할 수 있도록 가장 자주 사용하는 기본 형식에 대해 살펴보자. 그림 7-1은 모래시계 모양으로 연구보고를 하고 있다Dane, 2018.

연구논문의 물리적인 구성을 알아보면, 먼저 양적 연구법을 이용한 학위논문이나 학술지논문은 일반적으로 크게 다섯 부문으로 나뉜다(표 7-2). 서론, 이론적 배경, 연구방법, 연구결과 그리고 논의가 그것이다. 연구마다 약간씩 다른 구성을 보일 수 있는데, 특히 연구방법은 연구자마다 매우 다른 보고서 형식을 따를 수 있다. 표 7-2는 가장 보편적인 양적연구논문의 구성이다Creswell & Guetterman, 2018.

반면 질적연구논문의 구성은 연구자의 의도와 연구방향에 따라 상이하다. 질적연구논문 구성에는 여러 유형이 있겠지만, 여기서는 가장 보편적으로 사

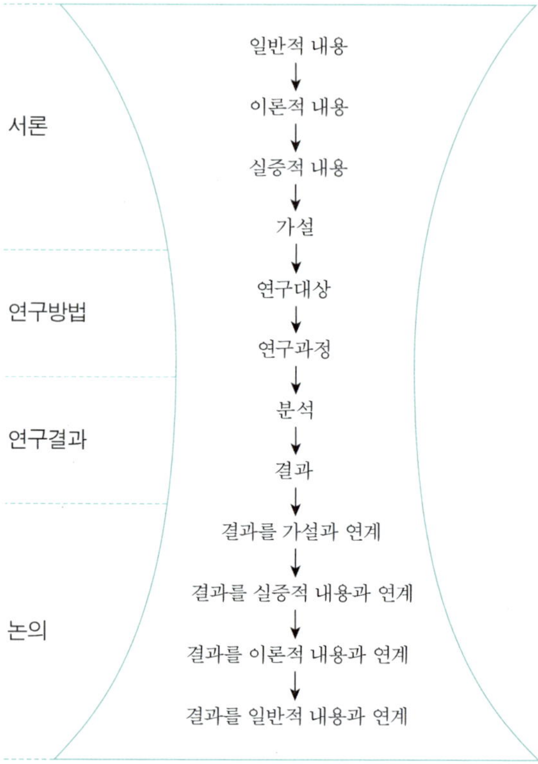

그림 7-1
연구보고서의 구성
출처: Dane(2018).

표 7-2 양적연구논문의 구성

서론	• 연구문제 제기 • 연구가설 설정	• 연구목적 • 이론적 혹은 개념적 설명
이론적 배경	• 선행연구 고찰 • 본연구의 의의	• 주요이론 요약
연구방법	• 연구대상과 연구장소 • 연구도구 및 타당도와 신뢰도 • 자료수집과정	• 연구허가 및 승인 • 실험 및 검사과정 • 자료분석
연구결과	• 자료설명 • 자료 도표 및 그림	• 가설설명을 위한 추론분석
논의	• 주요 연구결과 요약 • 연구의 한계점 • 연구의 의의 및 중요성	• 선행연구와 연구결과 비교 • 후속연구를 위한 시사점

표 7-3 조직적인 질적연구논문의 구성

서론	• 연구문제 제기 • 연구문제	• 연구목적
연구과정	• 이론적 근거 및 해석(rationale) • 연구허가 및 승인 • 자료분석법	• 표본 및 연구장소 • 자료수집 및 접근법
연구결론	• 연구장소와 참여자 설명	• 범위(category)나 주제(theme) 분석
논의	• 주요 연구결론 • 연구의 한계점 • 연구의 의의 및 중요성	• 선행연구와 연구결론 비교 • 후속 연구를 위한 시사점

용되는 조직적인scientific 형태의 질적논문보고서와 서술적인storytelling 형태의 질적논문보고서에 대해 알아보겠다. 먼저 조직적인 형태를 차용하는 질적연구논문의 구성은 상세한 연구과정을 조명하여 설명한다(표 7-3). 이때 논문은 기본적으로 서론, 연구과정, 연구결론 그리고 논의 네 부문으로 구성한다. 양적연구논문과는 달리 질적연구논문에서는 연구방법이라기보다 연구과정, 연구결과라기보다는 연구결론이라고 표제를 정한다. 또한 질적연구논문에서는 이론적인 해석 및 근거rationale와 범주category나 주제theme에 대한 분석 설명을 간과하지 않는다. 이러한 조직적인 구성의 질적연구논문은 흔히 사례연구나 근거이론연구에서 사용된다.

서술적인 형태의 질적 논문보고서는 앞서 언급한 조직적인 형태의 보고서 구성보다는 다소 유연한 형태를 취한다(표 7-4). 이를테면, 초반에는 본 연구와 관련하여 연구자 개인적인 관심사 및 이야기vignette를 짤막하게 소개하고, 중반에는 연구과정을 집중적으로 설명한 뒤, 후반부에서 현상에 대한 함축성meaning을 전개하는 동시에, 독자의 이해를 위해 그 함축성의 전반적인 의미를 해석한다. 이때 선행연구와 그 결론 및 함축성을 비교한 뒤 연구자의 태도 및 개인적인 경험을 조명하여 연구해석의 끝을 맺는다. 이러한 서술적인 형태의 질적연구논문은 주로 문화기술지나 내러티브 연구에서 이용된다.

표 7-4 서술적인 질적연구논문의 구성

서론	• 연구에 대한 관심 및 이야기(vignette) 소개
연구과정	• 연구자와 연구참여자와의 관계 조명 • 수집된 자료 기술 • (개인의 전기(傳記)를 이해하기 위한) 구체적인 사변 및 현상 기술 • 사변 및 현상의 함축성(meaning) 기술
결론	• 현상에 대한 함축성(meaning) 및 함축성의 전반적인 의미 전개 • 선행연구와 본연구의 함축성 비교 • (연구참여자와 현상에 대한) 연구자 개인의 함축성 해석

4) 연구보고서의 내용

(1) 서두 부분

논문제목은 주제를 명료하게 나타낼 수 있어야 하며, 변수들과의 관계를 보여 주는 정보여야 한다. 연구의 핵심을 명확하게 전달하기 위해 때로는 부제목을 붙이기도 한다. 연구자의 성명과 소속학교나 기관을 명시하며, 공동연구인 경우에는 여러 명을 쓸 수 있다.

학위논문의 서두 부분은 학술논문과 다를 뿐만 아니라 학교마다 조금씩 다르다. 그러나 대체적으로 표지에 논문제목, 연구자 성명, 청구학위 종류 등이 기술되고, 다음으로 인사말, 내용목차, 그림목차, 표목차가 각각 다른 페이지로 이어진다. 학위논문의 경우 초록은 학술논문을 전체적으로 요약해 놓은 것이다. 보통 초록은 학위논문의 경우 5~6문장을 넘지 않으며 학술논문은 250자 정도로 구성하는데, 공통적으로 다음과 같은 정보를 포함한다.

- 연구목적 혹은 연구의의의 진술
- 연구대상자들에 대한 일반적 특성
- 연구대상자들이 무엇을 했는지에 대한 간략한 설명
- 중요한 연구결과의 요약

초록의 중요한 목적은 독자들에게 연구의 개관을 설명해 주는 데 있다. 독자들은 매우 짧은 시간 동안 초록을 읽고 전체 학술논문을 계속해서 봐야 할 것인지의 여부를 결정할 수 있다. 뿐만 아니라 학술논문이 독자가 찾고자 한 논문인지 아닌지를 알 수 있게 한다.

(2) 서론

서론에서는 그 연구의 방향을 제시하면서 연구자가 연구를 왜 해야 하는지의 필요성과 문제제기, 이론적 근거와 정당성을 서술한다. 그러므로 연구의 목적과 연구문제, 가설설정도 이 부분에서 기술될 수 있다. 때로는 연구의 핵심이 되는 변수에 관한 개념적 정의나 조작적 정의도 여기에서 내리고 있다. 이 부분은 연구에서 매우 중요하며, 명확하지 않으면 독자가 연구의 결과나 결론을 이해하지 못한다.

(3) 문헌고찰

대부분의 연구자들은 선행연구를 논의함으로써 자신들의 현 연구가 이미 행해진 연구와 얼마나 '관련성'이 있는가를 나타내려고 한다. 물론 어떤 연구자들은 지금까지 행해 온 선행연구들과는 전혀 관련이 없는 새로운 연구주제로 연구를 할 수도 있다. 그러나 대부분의 논문은 선행연구의 연장으로 연구를 한다. 선행연구가 밝힌 것을 분명히 하고, 선행연구의 한계제시를 통해 왜 새로운 연구를 필요로 하는가를 기술한다. 즉, 자신의 연구의 필요성을 문헌의 고찰로서 뒷받침해야 한다.

관련된 모든 문헌을 고찰할 필요는 없다. 문헌고찰은 한두 문장으로 끝날 수도 있고 혹은 여러 페이지에 걸쳐 전개될 수도 있다. 전문적 독자는 연구의 일반적 배경에는 익숙해 있으므로 새로운 연구와 직접적인 관계가 있는 논문 몇 개만 논의해도 무방하다. 이때 1차 자료primary source를 이용하는 것이 바람직하다. 1차 자료란 연구자가 발표한 연구논문 등으로부터 직접 인용하는 것이다. 반면, 2차 자료secondary source는 다른 사람들이 인용한 것으로, 예를 들면 교과서에서 언급한 것이 된다. 이때 최근의 자료는 반드시 포함되어야 한다. 독자들은 문헌고찰을 통해 연구의 기본적인 틀이나 연구내용의 배경을 알게 된다.

몇몇 학술지에서 연구목적의 기술은 연구의 문헌고찰 끝 부분에서 볼 수 있다. 어떤 논문에서는 별개의 구문으로 목적 설정에 대한 진술을 하기도 한다. 그러나 대부분의 논문에서는 연구목적의 진술은 서두 부분에 포함된다.

(4) 연구방법

연구방법 부분에서는 연구를 어떻게 행했는지를 자세히 설명해야 한다. 이 설명은 독자들이 그 연구를 똑같이 반복할 수 있을 정도로 상세해야 한다. 그러기 위해서 연구자들은 다음과 같은 4가지 질문을 한다.

① 연구설계는 어떻게 이루어졌는가?
② 연구대상은 누구인가?
③ 측정도구는 무엇이었는가?
④ 연구대상자들에게 어떤 것이 행해졌는가?

① 연구설계

연구설계는 전체 연구의 목적에 맞게 설계되어야 한다. 연구논문을 완전하게 이해하려면 연구자가 사용한 연구설계의 모형을 이해할 수 있는 능력이 있어야 한다. 연구설계와 통계분석은 매우 밀접한 관계가 있기 때문에 연구설계를 보면 그 연구결과를 기대하게 된다.

② 연구대상

연구대상 부분에서는 연구대상의 수, 표집방법, 연구대상의 특성을 기술해 주어야 한다. 연구의 결과가 연구대상자의 특성에 따라 달라지기 때문에 연구대상의 충분한 설명이 필요하다. 연구대상을 어떻게 선정하는지에 대해 언급해 준다는 것은 매우 중요한 일이다. 모집단으로부터 무작위로 추출했는지, 지원자로부터 구성했는지, 특별한 기준에 의해 했는지 등을 기술해 주어야 한다. 그래야만 결과를 일반화할 수 있는지를 알 수 있다.

③ 측정도구

연구대상으로부터 자료를 모으기 위해 사용되는 것이 측정도구이다. 연구자료는 측정방안이 이 연구를 위해 특별히 고안된 새로운 도구인지, 아니면 그 밖의 여러 사람들에 의해 개발된 기존의 도구인지를 언급해 주어야 한다. 새로운 도구가 사용되었다면, 연구자는 그 도구의 신뢰도와 타당도를 언급해야 하는 반면, 기존의 표준화된 측정도구를 사용했다면 이에 대해 구체적으로 논의할 필요는 없다. 때때로 측정도구를 부록으로 붙일 수 있다.

④ 연구절차

연구가 어떻게 행해지는가, 연구조사 기간 동안 연구자는 연구대상자에게 무엇을 했는지를 설명해야 한다. 즉, 다른 연구자가 연구를 되풀이할 수 있도록 상세히 기술해야 한다. 그러기 위해서는 다음과 같은 질문에 답을 제공해 주어야 한다.

- 연구가 어디서 행해졌는가?
- 누가 연구를 했는가?
- 연구기간이 얼마 동안이었는가?
- 연구가 완성되기 전에 도중 탈락한 표본이 있었는가?

(5) 연구결과

연구에 대한 가장 결정적인 정보를 제공해 주는 연구결과 부분은 보통 논문에서 가장 어려운 부분이다. 연구자는 수집된 자료의 결과를 논리적 순서에 따라 서술하거나 표나 그림으로 요약하여 제시한다. 먼저 자료분석 과정에서 컴퓨터를 이용하였다면 사용한 프로그램을 밝히고, 누락자료에 대한 처리방법도 언급되어야 한다.

결과 부분에서 가장 중요한 내용으로, 연구의 문제나 가설에 대한 답이 제시되어야 한다. 경우에 따라 유의한 결과가 나오지 않더라도 연구문제나 가설에 답을 해야 한다. 뿐만 아니라 기대하지 않았던 흥미 있는 결과도 포함할 수 있다.

(6) 논의

위에 제시한 연구결과 부분과는 달리, 논의 부분에서는 통계적 기술이 아닌 비기술적인 면을 포함한다. 통계적인 결과의 보고로는 독자가 연구의 의미를 알 수 없으므로 통계적인 결과를 실질적 의미로 바꾸어야 한다. 즉, 논문의 서두 부분에서 제시한 연구문제에 대한 분석결과의 의미를 해석하는 것이다.

이러한 결과 설명과 해석의 과정에서 연구자의 지식이 필요하다. 집단 간에 차이가 없거나, 독립변수와 종속변수 간의 관계가 없다고 하는 영가설을 기각할 것인지 아닌지는 수행된 통계분석으로부터 명확하게 얻을 수 있다.

가설검증의 연구에서 연구가설이 지지되었을 때는 결과의 해석이 비교적 쉽다. 물론 기존의 연구나 이론적 근거에서 연구가설이 설정되었기 때문에 기대되었던 경우가 대부분이지만, 해석에는 신중을 기해야 한다. 왜냐하면 통계상의 유의도는 확률적으로 우연에 의한 것일 가능성도 있기 때문이다. 영가설이 부정되지 않았다면 다음과 같은 여러 이유에서 비롯된다.

통계적으로 유의하지 않은 결과도출의 이유

- 연구대상자의 수가 적었다.
- 연구대상자가 너무 이질적이었다.
- 집단간 연구설계보다는 집단 내 연구설계를 해야 했다.
- 측정도구가 천정효과(ceiling effect)나 마루효과(floor effect) 등으로 변별력이 없었다.
- 연구의 조사 환경이 통제되지 못하였거나, 표준화가 덜 되어 오차가 많이 발생하였다.

영가설이 옳을 수도 있고, 또는 제2오류일 수도 있다. 그뿐만 아니라 내적 타당도가 없다거나 표집상의 문제에 기인하여 영가설이 부정될 수도 있다. 이때 대개 독자들은 가설설정의 논리적 근거나 이론보다는 연구진행의 방법을 일차적인 원인으로 보고 비판하는 경우가 많다. 그럼에도 불구하고 이론적 추론이 잘못된 경우도 있으므로 다른 연구와 비교를 통해 가설과 반대된 결과가 나온 이유를 설명해야 한다. 물론 방법상의 문제도 언급되어야 한다.

결과가 의미하는 것이 무엇인지를 설명해 주는 것 외에도 그러한 결과가 왜 그렇게 나왔는지에 대한 설명을 해 준다. 이것은 연구자의 예상기대를 지지해 줄 수 있는 문헌고찰에서 언급된 논문으로 확인시킬 수 있다. 연구결과가 연구자가 기대했던 것과 일치하지 않다면 거기에 대한 합당한 이유를 설명해 주어야 한다.

때때로 연구자는 앞으로의 연구에 대한 착상을 논의 부분에서 제시하기도 한다. 비록 결과가 연구자의 기대와 일치하지 않았다 할지라도 그 결과는 새로운 관점의 연구에 대한 자극제로서의 상당한 가치를 가질 수 있다.

자료가 해석되고 결론이 유도된 뒤에 보편적으로 연구의 한계, 결과의 일반화, 연구의 의의를 기술한다. 이상적인 연구는 수행되기 어렵고 대부분의 연구에서는 실수가 따르므로 연구를 제한하는 예기치 못한 문제들은 연구과정의 어떤 단계에서도 직면할 수 있다. 표집상의 문제, 측정도구의 약점, 연구설계상의 문제 등이 연구의 한계점이 될 수 있다. 그러므로 대부분의 연구는 이러한 제한점을 기술한다. 연구자가 연구의 제한을 알고 있다면 이 제한점이 연구를 해석하는 데 고려되었다는 것을 독자들은 알게 된다. 제한점은 정직하게 서술해야 하지만 너무 강조하게 되면 독자들은 이 연구의 의미나 가치에 대해 의문을 가질 수 있다.

연구의 의의는 이론적으로 또는 장래의 연구를 위한 것으로 볼 수 있다. 연구자가 실증적 연구 배후의 이론적 개념을 주의깊게 판명하고 결과에 대한 이론적 의의를 발견하게 될 때 훌륭한 연구가 된다.

어떤 연구자는 이 부분을 '논의'란 용어보다 '결론'이란 용어를 사용하는데, 이 두 용어는 서로 상호교환이 가능하며 보통 결론과 논의 양쪽을 포함하는 학술논문도 많다.

(7) 참고문헌

독자가 연구에 대해 좀 더 자세히 알기를 원한다면 참고문헌을 통해 알 수 있어야 한다. 참고문헌에 있는 학술논문과 책은 논문에서 상세히 밝히지 않지만 연구자가 행한 연구방법과 이유를 명확하게 이해할 수 있으며 이것에 대한 구체적인 추가정보를 제공한다. 어떤 특정 참고문헌을 읽기 전에 인용문이 있는 구문이나 문장들을 논문을 통해 재고찰해 볼 수가 있다. 인용된 참고문헌의 목록은 완전해야 될 뿐 아니라, 각 학회지 또는 논문제출기관의 기준에 맞게 작성되어야 한다.

(8) 부록

부록은 학술논문에서는 흔히 생략되나, 학위논문에서는 연구방법에 언급된 것 외에 사용된 질문지나 제시된 측정도구, 결과 부분에서 제외된 통계자료나 컴퓨터의 계산 결과 등이 포함된다. 지금까지 서술된 것을 요약하면 표 7-5와 같다.

표 7-5 연구보고서의 구성

부분	기술
제목	간결하며, 명료하고, 유용한 정보를 담고 있어야 한다.
초록	연구를 5~6문장으로 요약한다(학술지에 따라 다름). 연구주제, 연구방법, 주요결과, 주요결론에 대한 정보를 포함한다.
서론	연구되고 있는 문제, 이 문제의 중요성, 관련된 과거 연구의 고찰에 기초한 현재 지식의 수준을 알린다. 목표와 특정 가설을 포함해서 본 연구를 개관함으로써 끝을 맺어야 한다.
연구방법	연구대상 집단과 설계 또는 자료, 실험적 절차를 포함해서 어떻게 연구가 수행되었는지를 요약한다. 연구를 평가할 수 있을 만큼 충분히 상세해야 한다.
연구결과	자료의 통계적 분석뿐 아니라 연구에서 얻어진 주요 자료를 제시한다.
논의	연구결과를 해석한다. 서론에서 제기된 이론적 맥락 내에서 자료를 해석하여 서론에서 제시된 가설들을 평가하거나, 특정문제에 대답해야 한다.
참고문헌	본문에 인용된 모든 참고문헌의 출처를 제시한다. 참고문헌을 가나다 순서와 알파벳 순서로 열거해야 한다.
부록	본문 안에 싣기가 어렵거나 부적절한 비교적 긴 자료(예를 들면, 수학적 증명, 자극으로 사용된 자료의 목록)를 제시한다. 가능한 적게 사용하도록 한다.
주석	본문에 싣기가 부적절하거나 어려운, 비교적 간략한 자료를 제시한다. 주석은 최소로 줄인다.
표	본문보다 표에 더 효율적으로 실을 수 있는 자료를 요약한다.
그림설명문	논문에 포함된 각 그림의 내용을 기술한다.
그림	그림으로 제시하는 것이 더 효율적이고 유용한 자료를 요약한다.

5) 보고서 집필 시 유의점

연구보고서 집필 시 다음을 유의한다Creswell & Guetterman, 2018.

첫째, 연구 참여자 혹은 대상자에 대한 설명에 신중해야 한다. 또한 용어를 정확히 사용한다. 앞서 언급했듯이, 양적연구에 접근하는 연구의 진행 및 절차를 '연구방법'이라고 한다면, 질적연구에서는 이를 '연구과정'이라고 한다. 이처럼, 연구의 성질에 따라 사용하는 용어가 다를 수 밖에 없다.

둘째, 연구자는 본인과 보고서 간의 일정한 거리를 유지하기 위해 과거형으로 기술한다. 그러나 자료표, 그림를 제시할 때는 "표 5-1에 나타나듯이…"와 같이 현재형을 사용한다. 또한 본질적으로 특정 시간에 한정되지 않은 사항을 진술할 때는 "…이론에 의하면 …이다." 또는 "어린 아동은 종종 충동적이다." 에서와 같이 현재형을 쓴다.

셋째, 연구자는 보고서의 성격에 따라 연구자로서의 입장을 적절히 취한다. 이를 테면, 양적연구에서의 연구자는 제3자의 입장에서 연구를 설명하고 보고한다. 그러므로 양적 논문에서는 일인칭 대명사(나)를 피하는 것이 좋다. 간혹 나이가 많은 연구자나 이론적인 논문에서는 일인칭 대명사를 사용하기는 하나 대부분의 논문에서는 '필자' 또는 '본 연구자' 등의 3인칭을 사용하는 것이 바람직하다. 또한 논문에서는 일상적인 존칭은 생략한다.

한편, 질적연구에서의 연구자는 연구 내면에 늘 내재한다. 따라서 보고서 작성 시 연구자 본인을 일인칭 대명사로 지칭하기도 하고, 연구자의 개인적인 경험을 연구보고서 내에 포함하기도 한다. 질적연구를 설명하면서 은유, 비유, 추론, 모순, 반어법 등을 사용하기도 한다.

마지막으로, 연구보고서 내의 각 장章이 일관성 있게 상호 연결되어야 한다. 예를 들면, 양적연구에서는 연구변인의 명칭, 연구주제 및 가설을 같은 단어와 문장으로 표현해야 한다. 또한 질적연구에서는 연구현상이나 사건 등을 동일한 용어로 기술하도록 한다. 이외에 양적과 질적연구보고서 전반에 연구문제를 계속적으로 언급함으로써 논문 내에서의 상호연결성을 두각시킨다.

3부

자료의 수집

8장

질문지법과 면접법

조사연구survey는 모집단의 대표적 표본을 추출하여 사실fact, 견해opinion, 행동behavior에 대한 정보를 얻는 방법이다. 전통적인 조사연구의 방법으로 질문지법questionnaire과 면접법interview이 있다.

1. 질문지법

질문지법은 응답자가 고정된 질문지에 자신이 직접 기재하기도 하고, 면접원에 의한 간접 기입도 가능하다. 전체 모집단을 조사하면 센서스census라고 한다. 패널panel연구도 조사연구에 속하는데, 이것은 연구대상자로 선정된 집단에게 반복적으로 조사를 하는 형식으로, 대개 연구기관이나 정부기관에서 연구를 할 때 전문가집단이나 특정대상을 선정하여 많이 사용한다. 반면 발달연구에서 일반 연구자를 대상으로 반복적으로 조사하면 종단연구라는 용어를 선호한다.

1) 질문지법의 실행

질문지법은 질문지를 응답자에게 배부하여 실시하는 가장 흔한 방법이다.

예를 들어, 유치원, 어린이집, 초등학교, 대학교, 기업체, 기타 여러 사회조직체의 구성원을 집단으로 조사할 수 있다. 이처럼 기존의 집단을 이용하면 효율적이지만 집단의 호의적 혹은 적대적 분위기에 따라 오차가 생긴다. 기존 집단 외에 조사를 위해 응답자를 모이게 한 후 질문지를 배부하여 조사하거나 혹은 주변의 개인들에게 질문지를 돌려 수거하기도 한다. 최근에는 인터넷을 이용하여 연구를 실시하기도 한다. 이 방법은 짧은 기간에 많은 자료를 수집할 수 있다는 장점이 있지만 인터넷을 할 수 있는 계층만의 특성이 존재할 수 있다는 점을 염두해 두어야 할 것이다.

기존 집단을 이용하거나 연구를 위해 모이게 하여 질문지를 응답하게 하든지 간에 자기기입식 질문지법은 응답자의 동일성을 확보할 수 있다는 커다란 이점이 있는 반면, 집단 상황의 분위기로 인해 솔직한 답을 얻기 힘들기도 하며 응답자들이 의사를 교환하여 자료를 왜곡시킬 수도 있다.

2) 질문의 유형

질문지법에 사용되는 질문의 종류는 구조화 정도에 따라 개방형 질문과 폐쇄형 질문으로 나눌 수 있다.

(1) 개방형 질문

이 질문은 응답자가 자유롭게 자신의 의견을 표현하도록 개방된 것이다. 개방형 질문은 응답자들의 가능한 의견을 파악할 수가 있어 탐색연구에 유용하여 본조사 전에 연구주제에 관련되는 모든 특성을 자세히 알아보는 데 적합하다. 개방형 질문을 통해 연구자가 기대하지 않았던 정보뿐만 아니라 예기치 않았던 문제점도 알 수 있다. 그러므로 정확성과 포괄성이 중요할 때 선호된다.

개방적 질문의 장점은 첫째, 모든 범주가 알려지지 않을 때 사용될 수 있으며, 둘째, 응답자가 마음대로 자세하게 분명하게 적절하게 답할 수 있다. 셋째,

몇 개의 적은 범주로 응축될 수 없는 복잡한 문제에 더욱 좋다. 넷째, 응답자의 창의성, 자기표현의 기회를 더욱 허용한다.

반면에 단점으로는 가치 없고 부적절한 정보의 집합이 될 수 있고, 둘째, 자료가 표준화되지 못하여 분석을 어렵게 한다. 마지막으로, 부호화가 매우 어렵고 주관적이어서 평정자간의 신뢰도가 낮다.

개방형 질문

개방형 질문을 통해 초기적응에 대한 교사들의 반응을 수집하고 이를 범주화하여 영아의 어린이집 초기적응의 구성요인과 문항 개발을 위한 기초를 마련하였다. 영아반 교사 60명을 대상으로 "어린이집 초기적응이 이루어진 영아의 행동은 무엇이라고 생각하십니까?", "어린이집 초기적응이 이루어지지 않은 영아의 행동은 무엇이라고 생각하십니까?" 등의 개방형 질문을 하여 교사가 인식하는 영아의 초기적응을 확인하는 행동과 부적응을 확인하는 행동에 대해 자유롭게 서술하도록 하였다.

출처: 박성진 · 이경옥(2019). 영아의 어린이집 초기적응 척도개발 및 타당화. 열린유아교육연구, 24(6), 101-126.

(2) 폐쇄형 질문

폐쇄형 질문은 응답범주가 분명하고 비교적 응답범주 수가 적을 때 사용된다. 명목변수처럼 범주가 서로 배타적이고 포괄적일 때 폐쇄형 질문이 알맞다. 이 유형은 답을 쉽게 할 수 있어 교육수준이 낮은 대상들에게 사용될 수 있다. 자기보고식 질문처럼 혼자서 응답해야 할 질문지법에 더욱 적절하다. 폐쇄형 질문에는 이분문항, 선다형질문, 순위질문 등이 있다.

폐쇄형 질문의 장점으로는 첫째, 응답이 표준화되어 분석하기가 쉽고, 질문지로부터 직접 부호화할 수 있어 시간과 경비를 줄일 수 있다. 둘째, 소득, 교육연수, 연령과 같은 예민한 문제들은 응답자가 정확한 답을 원치않을 수 있으므로 폐쇄적 질문이 바람직하다.

단점으로는 첫째, 답을 모르거나 의견이 없는 응답자도 답을 추측하여 응답할 수가 있으며, 둘째, 질문을 잘못 해석하여 답을 할 수 있다는 것이다.

3) 질문지 작성

질문지를 작성할 때 질문내용은 이론적 개념을 적절하게 측정할 수 있는 조작적 정의에 따라야 한다. 뿐만 아니라 질문은 가설의 검증을 할 수 있는 문항으로 구성된 타당도와 신뢰도가 높은 척도여야 한다. 동시에 측정방법과 분석방법까지 고려하여 질문지를 작성해야만 연구의 목적에 맞는 자료를 얻을 수 있다.

질문지가 연구목적에 적절한 질문으로 구성되어 있는가도 중요하지만, 아울러 응답자가 질문에 적합하게 응답할 수 있는가도 고려되어야 한다. 또한 연구목적에 적절하여 응답자가 가치있다고 느끼는가도 고려해야 하고, 응답자에 대한 질문이 적절하여 응답자에게 해당하지 않은 질문은 없는가도 살펴보아야 한다. 여기서는 척도 자체에 대한 것보다는 세부적인 질문지의 구성에 대해 살펴보고자 한다.

(1) 서문

서문은 질문지 구성 중 구체적인 질문내용 전에 제시하는 것으로, 연구의 목적을 밝히는 부분과 응답에 대한 지시 부분으로 나뉜다. 연구의 목적을 밝히는 데는 ① 연구의 주제 및 목적 그리고 중요성을 강조하고, ② 연구를 수행하는 개인이나 단체를 밝히고, ③ 응답자는 다른 사람으로 대치할 수 없는 표집과정에서의 과학적 선택임을 강조하고, ④ 조사의 기밀성이 보장되고, ⑤ 옳고 그른 답이 없고 신뢰성 있는 응답을 기대한다고 언급하는 것이 일반적이다.

응답에 대한 지시 부분에서는 무엇을 묻는 질문인지 그 주제를 소개하고 응답방식을 구체적으로 안내해주는 것이 좋다.

(2) 언어

애매모호한 질문이나 이중복합 질문은 피하며, 가능한 짧고 명확한 문장이어야 한다. "당신의 자녀는 TV 시청이나 컴퓨터 게임을 합니까?"라는 질문은 두 가지를 한꺼번에 묻고 있어 답하기에 혼란을 가져올 수 있다. 따라서 "당신 자녀는 TV 시청을 즐겨합니까?", "당신 자녀는 컴퓨터 게임을 즐겨합니까?"의 두 문항으로 나누는 것이 바람직하다.

언어의 수준도 응답자의 수준에 맞추어, 추상적 질문은 피하고 구체적으로 묻는다. 민감한 주제나 위협적인 주제를 연구하고자 할 때는 그 행동이 널리 퍼져 있는 것처럼 가장하거나, 권위자나 규범에 일치를 보이지 않는 것처럼 서술하여 응답자의 진실된 대답을 얻을 수도 있다. 예를 들어, "어떤 부모들은 자녀에게 애정을 쉽게 표현하는 반면, 어떤 부모들은 애정표현에 신중하다. 당신은 어떠하십니까?"와 같은 질문이 이에 해당된다.

언어의 이해가 어려운 유아에게는 그림을 통해 자신이 느끼는 바를 응답하도록 할 수 있다.

그림 8-1
장난감을 보고 느끼는 표정

(3) 응답범주 형식

변수의 유형이 명목, 서열, 등간인지에 따라 질문의 형식도 다르고 반응범주의 나열도 다르나, 일반적으로 세로로 배열하는 것이 범주에 혼돈을 덜 일으킬 수 있다.

당신의 결혼 상태는 어떠합니까?

- 미혼 ______
- 유배우자 ______
- 사별 ______
- 이혼 ______

(4) 응답의 범주

응답의 범주는 상호배타적이어서 한 응답자가 한 범주만 선택하도록 해야 한다. 2, 3, 5, 7개의 범주가 자주 쓰이나, 리커트 척도의 범주는 보통 5개 정도이다. 3, 5, 7개의 범주에는 절대적인 중립의 의견과 의견이 없는 경우도 표시할 수 있는 장점이 있다. 중립의 의견을 표시하도록 하면 중립에 응답하는 비율이 매우 높을 경우 4, 6개의 범주로 질문할 수 있다. -매우 동의, -동의, -모르겠다, -부동의, -매우 부동의는 5개의 범주이고, -매우동의, -동의, -부동의, -매우 부동의는 4개의 범주이다.

많은 연구에서 빈도를 묻는 문항이 있다. 예를 들어 "당신의 자녀는 친구들을 집으로 데리고 옵니까?"라는 질문을 하고, 응답범주를 ① 전혀, ② 가끔, ③ 때때로, ④ 자주 등으로 제시하는 것을 볼 수 있다. 그런데 이러한 응답범주는 그 결과를 해석하는 것이 불분명하다. 응답자마다 '자주' 라는 의미를 달리 부여할 수 있기 때문에 다음과 같은 범주가 더 바람직하다.

- 매일 ______
- 일주일에 5~6번 ______
- 일주일에 3~4번 ______
- 일주일에 1~2번 ______
- 데려오지 않음 ______

만약 흔히 일어나지 않은 행동을 물을 때는 범주를 더 크게 잡는다.

- 일주일에 한 번 정도 ______
- 2주일에 한 번 정도 ______
- 한 달에 한 번 정도 ______
- 3~4개월에 한 번 정도 ______
- 6개월에 한 번 정도 ______

표 8-1 응답자의 오류

종류	경우
중앙응답	응답자는 척도의 중앙에 답하는 경우
후광효과	응답하고자 하는 문항이 이미 응답했던 다른 문항으로부터 영향을 받을 경우
순서문제	질문의 순서에 따라 응답이 다른 경우
논리적 오류	문항끼리 논리적으로 조합하에 응답하는 경우
시간적 오류	시간이 없어 서둘러 응답하는 경우

출처: Elmes, Kantowitz, & Roediger III(2011).

범주의 수가 너무 적으면 상이한 태도나 의견의 사람들이 동일한 범주에 응답하게 되고, 범주수가 너무 많으면 근접한 범주 간에 구분할 수 없어 응답을 거부할 수도 있다.

(5) 질문의 순서

질문지를 만든 후에는 문항의 순서를 정해야 한다. 같은 문항의 질문이라도 그 순서에 따라 응답이 달라져 응답률도 차이가 날 수 있다. 연구의 성격과 대상자에 따라 문항배열이 달라지겠지만 대체로 다음과 같은 유의점을 염두에 두면 도움이 된다.

① 예민한 질문과 개방형 질문은 나중에 넣는다. 개인의 사생활이나 대답을 꺼리는 질문을 먼저 하게 되면 경계심을 갖게 되기 때문이다. 시작하는 질문은 흥미를 유발할 수 있어야 한다. 인구학적 변인과 같은 형식적인 질문은 끝까지 질문지를 완수하도록 동기화시키지 못하므로 뒤에 오도록 한다. 그러나 면접법에서는 응답자에게 신뢰감을 주기 위해 인구학적 변인을 먼저 물을 수도 있다.
② 질문은 논리적 순서에 따라 작성하고, 질문의 질이나 유형을 다양화시키면 흥미를 유발시켜 끝까지 응답하게 한다. 쉬운 질문은 먼저 오게 하는 것이 좋다.
③ 반응유형(response set)을 만들지 않도록 질문 문항을 작성하고, 긍정적으로 서술된 질문과 부정적으로 묻는 질문의 쌍은 무선으로 배분한다.

(6) 유관질문

질문이 모든 응답자와 관련이 있다고 확신하기 어려울 때와 응답자 표본의 개인적 특성이나 태도, 성향 등이 이질적일 때 유관질문contingency question을 한다.

1) 자연유산 경험이 있습니까?

① 있다 → 있다면 첫 번째 자연유산 경험은 몇 살 때였습니까? ______살

② 없다

2) 가족계획을 하고 계십니까?

(7) 질문의 수정

연구에 있어 특히 초심자인 경우 사전조사를 하여 질문지를 수정하고 개정하는 과정이 요구된다. 사전조사는 본조사에 비해 소규모로 실시하나, 응답자가 느낀 바를 쓰게 하여 수정 시 참고하도록 한다. 따라서 사전조사도 본조사와 마찬가지로 질문과 관련된 대상자에게 실시해야 하며, 완전한 질문지의 상태여야 한다.

질문의 언어와 순서, 꺼리는 질문과 빠진 질문, 부적절하거나 혼동을 주는 응답과 범주, 척도문항의 미비, 개방형 질문에 대한 불충분한 대답, 그 밖의 부적당한 질문에 대해 비판적 분석을 사전조사에서 발견하도록 해야 한다.

응답자의 분석과 의견을 모두 받아들일 필요는 없으나, 여러 사람이 같은 생각을 표명한 질문은 수정되는 것이 바람직하다. 특히, '무반응', '대답할 수 없음', '모르겠다'로 응답한 비율이 높은 질문에 대해서는 수정이 필요하다. 질문지 작성에서 유의점은 그림 8-2와 같다.

- 질문지는 짧게
- 연구자가 원하는 정보 파악
- 연구목적에 맞는 문항만
- 사회인구학적 정보 포함
- 단일주제에 대한 문항 선정
- 모호한 용어는 자세하게 기술
- 질문은 분명하게
- 질문을 오도하는 문항 배제
- 상반된 문항 배제
- 일반적 문항에서 구체적 문항순서로 배치
- 문항의 이해가 어려우면 예를 제시
- 개방문항에는 응답을 쓸 수 있는 충분한 지면 제공
- 관련문항은 한꺼번에 제시
- 주관문항은 사전조사로 검증

그림 8-2
질문지 작성에서의 유의점
출처: Mills & Gay(2018).

4) 질문지법의 장점과 단점

질문지법은 연구의 주제에 맞는 질문에 대해 연구대상자로 하여금 응답하게 하는 방법이다. 이때 질문은 혼란을 피하기 위하여 가능한 단순하고 직설적이어야 한다.

질문지법에는 다음과 같은 몇 가지의 장점이 있다. 첫째, 간단하고 빨라서 시간과 경비가 절약된다. 둘째, 질문지는 응답자를 익명으로 할 수 있다. 특히 사회적으로 바람직하지 못하거나 민감한 조사에서 익명으로 대답하게 하면 솔직한 답을 제공할 여지가 더 크다. 셋째, 각 응답이 같은 용어, 즉 표준화된 용어를 사용하므로 응답결과의 비교가 쉽다. 그러나 응답자가 교육수준에 따라 질문을 다르게 이해함으로써 이 장점이 감소될 수도 있다.

질문지법의 단점으로는 첫째, 응답자가 질문내용을 잘 이해하지 못하는 경우 명백하게 이해시킬 수 없고, 응답이 불완전하거나 부적당할 경우 적합한 응답을 다시 조사할 수 없다는 점이다. 둘째, 질문지는 글을 아는 응답자에게만 가능하여 교육수준이 높은 사람에게만 유용하다. 셋째, 응답자를 통제할 수가 없다. 거짓으로 응답하여도 알 수가 없고, 사회적으로 바람직하다고 여기는 방향으로 응답할 수도 있다. 그리고 응답하는 문항을 빠뜨리거나 또는 중립적 답, 즉 '잘 모르겠다', '보통이다'에 응답할 수 있다. 넷째, 응답자가 답하기 전에 자신의 기록을 생각해 보고 주변 사람들과 의논할 수 있고 이에 응답한 내용을 수정할 가능성도 있다.

2. 면접법

면접법은 훈련된 면접자가 연구대상과 직접적인 대화를 통해 정보를 수집하는 방법이다. 면접 시 자료수집은 기록, 녹음, 비디오촬영 등으로 할 수 있다. 면접은 면접자와 응답자와의 상호작용이므로 신뢰감rapport 형성이 매우 중요하다. 면접을 이어갈 수 있도록 호응, 표정 등을 통한 비언어적 지지가 신뢰감 형성에 요구된다. 질문의 순서는 일반적인 것에서 특정적인 것funnel sequence으로 할 수도 있고, 반대로 진행할 수도 있다. 질문지법에서처럼 질문지 도구나 표집에서 오는 오류 이외에도 면접자의 외모나 태도 등 면접상황에 의해서도 쉽게 영향을 받는다는 점도 유의해야 한다. 면접자는 질문이나 답을 반복하거나 중립적 질문을 통해 정확한 정보를 얻어내는 것도 좋다.

면접조사

피험자를 모집하기 위해 연구자가 각 지역의 교육기관에 직접 방문하거나 기관장의 참여협조를 통해 기관의 재원 중인 유아의 학부모와 교사에게 연구 참여 동의서를 배부하였다. 부모님이 연구 참여에 동의한 유아 총 94명을 대상으로 일대일 면접을 통해 실행기능 과제 실험이 수행되었다.

출처: 조다연 · 성지현(2020). 유아의 실행기능이 또래유능성에 미치는 영향: 유아 놀이성의 매개효과. 아동학회지, 41(4), 61-73.

1) 면접의 유형

면접의 유형은 다양하여 매우 구조화되어 있을 수도 있고 그렇지 않을 수도 있다. 뿐만 아니라 질문내용이 광범위할 수도 있고 반대로 매우 깊이 있는 주제일 수도 있다. 면접법에는 크게 2가지 유형이 있는데, 하나는 질문이 표준화되어 있어 응답이 쉽게 부호화되어 자료의 타당성이 높은 구조화된 면접structured interview이다. 또 다른 하나는 질문 내용은 정해져 있으나 언어는 고정되어 있지 않은 반구조화 면접semi-structured interview이다. 완전 구조화된 면접질문은 전화면접이나 아동을 대상으로 면접할 때 유용한 반면, 연구 내용의 확장 면에서는 어려움이 있다. 반면, 반구조화 면접에서는 개방형의 질문이 포함되고 있어 예기치 않은 응답이 나오기도 한다.

비구조화된 면접unstructured interview은 연구대상자의 무의식적이고 주관적인 감정까지도 알아낼 수 있는 방법으로 정신치료요법에 흔히 사용된다. 프로이트Freud는 비지시적이면서 비구조화된 면접법을 사용했다. 숙련된 면접자는 비구조화된 면접을 통해 완전하고 정확한 자료를 얻어 타당한 결과를 도출하는 것이 가능하나 면접에 경험이 적거나 없는 면접자의 경우는 비구조화된 면접을 진행하는 일이 결코 쉽지 않다. 비구조화된 면접의 한 형태로 투사법project method이 있다. 투사법이란 간접적인 자료의 수집으로 관심주제에 대한 직접적인 질문은 피해야 한다. 투사법에는 다른 사람의 동기나 감정태도를 서술해보게 하든가, 그림을 보여 준 뒤 해석하게 하는 방법이 있다. 후자의 예로 로샤검사Rorschach test와 주제통각검사TAT, Thematic Apperception Test가 임상연구에서 널리 쓰이고 있다.

아동을 면접할 때는 기본적으로 세 가지 유념할 점이 있다. 첫째, 아동은 어휘력과 추상적 개념에 대한 이해가 제한되어 있다는 점이다. 둘째, 아동과 성인의 역할관계를 이해해야 한다. 아동은 성인들이 자신보다 많이 알고 있다고 느끼기 때문에 정보를 얻기 위해 성인이 접근하는 것을 이상하게 느낀다. 셋째, 면접 상황을 이해하지 못할 수 있으며, 주의기간이 짧다. 이러한 점에서 아동면접은 인형놀이나 장난감 전화를 통해 진행될 수도 있다.

투사법을 사용한 면접법

#1.

죄책감을 측정하기 위해 가장 흔히 사용되는 방법은 주인공(보통, 연구대상자와 비슷함)이 잘못을 저지르는 이야기를 제시해 주는 것이다. 줄거리는 주인공이 나쁜 일을 저지를 때까지만 이야기해 준 다음, 피험자에게 끝맺도록 한다. 연구자에게 있어 관심이 되는 것은 죄책감 등 등장인물의 정서적 반응에 대한 이야기이다. 또한 등장인물의 후속 행동에도 관심이 있다. 예를 들면, 그가 도망가 숨느냐, 그의 잘못을 고백하느냐, 원상복구를 시도하느냐 등을 살펴본다. 이때 연구가정은 아동의 이야기는 이와 비슷한 상황에서 아동 자신이 어떻게 느끼고 행동할 것인지를 나타낸다는 것이다. 즉, 아동은 자기자신의 정서를 등장인물에 투사시킨다는 가정인데, 이런 종류의 측정을 투사법 검사라고 부른다. 죄책감을 평가하기 위해 사용되어 온 이야기의 두 가지 예를 제시하면 다음과 같다.

죄책감 측정에 이용된 투사적 이야기의 예

1. 이른 아침 Bob과 그의 친구는 올해의 가장 큰 농구 경기를 보러 서둘러 길을 가고 있었다. Bob은 어서 경기를 보고 싶어서 몸살이 날 지경이었다. 경기는 5분 후에 시작하며 두 사람은 경기를 조금도 빠뜨리지 않고 보길 원했다. 친구들도 모두 와 있을 것이다. 가는 도중, 그들은 길가를 서성이는 꼬마를 보았다. 그 꼬마는 어떤 사람의 이름을 부르는 것 같다. 살펴보니 주위에는 Bob과 그의 친구 외에는 아무도 없다. 그 꼬마는 처음 보는 아이였다. Bob이 친구를 보고 말했다. "저런! 저 꼬마가 길을 잃었나봐. 우리가 가서 도와 줘야 할 것 같아. 단 몇 분이면 될거야." 그러나 친구는 "그냥 가자. 남의 일에 신경 쓰지 말자. 경기를 조금이라도 놓칠 수 없잖아. 안 그래? 게다가 조금 있으면 저 애 부모가 올 거고, 그러면 다 잘 될텐데 뭐."라고 말했다. Bob은 마침내 "그래, 네가 옳은 것 같아. 그의 가족이 곧 그를 찾으러 오겠지."라고 대답했다. 그들은 시간에 맞춰 경기장에 도착했고 재미있게 경기를 구경했다. 다음 날 아침 Bob은 신문을 보다가 어제 본 그 꼬마의 사진을 발견했다. 신문에는 이웃집 부인이 잠깐 그 꼬마를 돌보고 있었다고 쓰여 있었다. 그녀는 머리를 손질하는 동안 네 살 된 그 꼬마에게 미장원 밖에서 놀면서 기다리라고 했다고 한다. 그러나 꼬마는 주변을 걸어 다니다가 길을 잃고 말았다. 그 여자가 꼬마를 발견하기 전에, 그 꼬마는 길을 건너다 차에 치였다. 신문에는 그 꼬마가 병원으로 가는 도중 죽었다고 쓰여 있었다.

2. Art와 그의 친구들은 학교에서 소풍을 갔다. 소풍에서는 여러 가지 시합이 있었다. 그는 시합에 참가하는 것을 좋아하며, 몹시 이기고 싶어 했다. 그의 친구들은 뛰어오르기 시합과 보물찾기, 달리기에서 일등을 했다. Art는 그 어느 것에서도 일등을 하지 못하는 아이들 중 하나였다. 몇몇 시합에서 그는 꼴찌를 하기까지 했다. 그는 혼자 생각했다. "아마 나는 수영에서 이길 수 있을거야. 가장 중요한 시합은 수영이 아니겠어!" 수영 경기가 시작되려고 할 때, Art는 이길 수 있는 방법을 알아냈다. 시합은 커다란 하얀 부표의 밑까지 물속으로 헤엄쳐 갔다가 되돌아오는 것이다. 거리는 25피트 정도였다. Art는 많은 사람들이 수영장에서 수영을 하고 있고 수영장의 물 때문에, 실제 부표가 있는 곳에 도달하기 이전에 그가 물속에서 방향을 바꾸더라도 아무도 그를 보지 못하리라는 것을 알았다. 그래서 그는 어느 정도 가다가 방향을 돌려서 일등으로 돌아왔다. 모든 사람들이 그의 승리에 박수를 쳤다. 다른 수영선수들도 돌아와서는 Art에게 아주 훌륭한 수영선수라고 칭찬했다. 아무도 그가 방향을 바꾸는 것을 보지 못했기 때문에 그는 상을 받았고, Art가 최고의 수영선수가 아니라는 사실을 아무도 깨닫지 못했다.

(계속)

#2.

이야기 완성법에는 몇 가지 장점이 있다. 실시와 채점이 비교적 쉽고, 다른 어떤 측정방법보다 훨씬 광범위한 반응을 얻어낼 수 있다. 이 방법에 대한 가장 기본적인 비판은 아동이 자신의 감정을 이야기 속의 중심인물에게로 투사함으로써 반응한다는 중심가정과 관계가 있다. 이 측정방법을 사용한 연구에서 볼 때 이 가정은 때로는 타당하지만 이 타당성이 얼마나 광범위하게 적용될 수 있는가에 대해서는 논란의 여지가 있기 때문이다. 예와 같은 이야기는 아동에게 만약 자신이 이야기의 주인공이라면 어떻게 생각하고 어떻게 느끼겠냐고 직접적으로 물어봄으로써 덜 투사적이고 보다 더 직접적인 방법으로 이용될 수도 있다. 그러나 여전히 이러한 측정은 감정에 대한 언어적 보고에 머물러 있으며 감정을 직접 잰 것은 아니다.
Kohlberg도 가상적인 도덕적 딜레마를 제시하고 아동 자신이 이야기의 주인공이라면 어떻게 할까를 보고 도덕적 추론에 대한 발달 단계를 제시하였다. Kohlberg의 딜레마는 모두 아홉 개다. 다음은 가장 잘 알려졌으며 또 가장 많이 인용되는 Heinz 이야기 딜레마이다.

Kohlberg의 도덕적 딜레마의 예

유럽에서 한 여자가 어떤 특이한 암으로 죽어가고 있었다. 의사는 그녀를 살릴 수 있는 약이 단 하나뿐이라고 했다. 그 약은 그 마을의 약제사가 최근에 발견한 라디움의 일종이었다. 그 약을 만드는 것도 비쌌지만 약제사는 약을 만드는데 드는 비용의 10배나 더 받으려고 했다. 그는 라디움 재료에 200달러를 썼는데 약 한 알에 2,000달러를 요구했다. 환자의 남편인 Heinz는 아는 사람을 모두 찾아가 돈을 빌렸으나 고작 약값의 절반인 1,000달러밖에 모으지 못했다. 그는 약제사에게 자기 부인이 죽어가고 있다고 말하고 약을 좀 싸게 팔거나 나중에 갚게 해달라고 부탁했다. 그러나 약제사는 "안돼요. 나는 이 약을 발명했고 이걸로 돈을 많이 벌려고 해요."라고 말했다. 그래서 Heinz는 절망에 빠졌고, 약방 문을 부수고 들어가 약을 훔치는 것을 생각해 보았다. Heinz가 약을 훔쳐야 하는가? 아닌가? 왜 그런가?

출처: 조복희 · 박혜원(1990). 발달심리의 연구법. 교육과학사.

2) 전화면접법

질이 높으나 경비가 비싼 직접 면접법과는 달리, 빠르고 저렴한 전화면접법은 피상적인 질문지법의 대안이다. 전화면접을 할 때는 10~15분 정도가 적당한 것으로 보고되고 있다.

전화면접은 빠르다는 장점이 있다. 따라서 최근의 사건에 대한 여론을 빨리 측정하고자 할 때 사용된다. 그리고 비용과 시간이 상대적으로 적게 든다. 또한, 개인면접에 비해 익명성이 보장되므로 응답자를 위협하지 않는다.

그렇지만 전화면접의 단점도 있다. 먼저 응답자가 덜 동기화된다. 면접을 유지시킬 힘이 면접자에게 없으며, 응답자가 마음대로 중단시킬 수 있다. 그리고 응답자를 볼 수 없으므로 비언어적 자료는 수집되지 못하고 개방형 질문에는 적합하지 못하며 전화시간에 한계가 있다는 것이 단점으로 지적된다.

최근 개발된 컴퓨터 전화면접CATI, Computer Assisted Telephone Interview 방법은 연구자가 컴퓨터 화면에 뜨는 질문을 하게 되고 그에 대한 응답은 즉각 분석을 위해 저장된다.

표 8-2는 우편과 이메일을 통한 질문지법과 전화와 대면 면접의 장·단점을 보여준다.

표 8-2 면접법과 다른 방법과의 비교

	장점	단점
우편	• 경제적 • 익명성 • 평이한 채점	• 낮은 응답률 • 어려운 질문에 대한 해석해 줄 기회가 없음 • 글을 모르는 응답자에게는 불가능
이메일	• 빠른 결과 • 응답자에게 쉽게 접근 • 우편법의 장점과 동일	• 이메일을 쓸 수 있는 응답자에게만 가능 • 개인이 여러 번 응답할 가능성 • 우편법의 단점과 동일
전화	• 빠른 반응 • 자료수집이 용이 • 다양한 지역과 다양한 응답자 가능	• 전화번호부 사용의 번거로움 • 심층자료는 불가능 • 연구보조원의 훈련 필요
대면 면접	• 문항 설명이 가능 • 높은 응답률 • 유연성 있는 질문 가능 • 녹음에 대해 전사가 가능	• 시간낭비 • 질문자의 편견 개입 • 비구조화된 문항에 대한 채점 어려움 • 면접자 훈련 필요 • 익명성의 비보장

출처: Mills & Gay(2018).

3) 초점 집단 면접법

초점 집단 면접법FGI, Focus Group Interview이란 6~10명 정도의 집단을 2~3시간 동안 심도 있게 면접하는 방법이다. 초점 집단 면접법에서는 정해진 주제에 대한 어느 정도의 지식이 있는 사람들을 모아 자유롭게 의견을 나누게 하여 자료를 수집한다. 이 방법의 가장 큰 장점은 서로 간의 상호작용을 할 수 있다는 것이다. 그러나 한두 시간만 이야기한다거나 서로 적대적 대화가 오갈 수 있으므로 면접자는 중재를 할 수 있는 능력이 있어야 한다.

초점 집단 면접에서는 양적인 자료를 많이 얻지는 못하지만 새로운 연구주제를 선정하고자 할 때 그 주제에 대한 통찰력을 얻을 수 있다. 최근 질적연구가 활발해지면서 초점 집단 연구도 증가하고 있다.

인터뷰할 때 주의점

인터뷰를 통한 연구에서 다음과 같은 주의점이 있다.

① 인터뷰 시작 시 가벼운 화제로 부드럽게 대화할 것. 예를 들어 날씨 또는 세간의 화제 등이 바람직하다.
② 정보를 얻기 위해 인터뷰한다는 것을 잊지 말 것. 그러나 질문은 시험이 아니라는 것을 인식하도록 할 것. 질문을 담은 인쇄물을 사용해도 좋다.
③ 질문에 대해 충분히 알고 있을 것
④ 적절한 복장을 입을 것
⑤ 인터뷰할 수 있는 조용한 곳을 선택하고 방문하기 전 반드시 확인할 것
⑥ 응답자가 질문의 핵심을 비껴가면 정중히 다시 물을 것
⑦ 가능하면 녹음기를 사용할 것. 이때 반드시 응답자의 동의를 얻어야 한다.
⑧ 인터뷰의 내용은 매우 중요하다는 것을 인식할 것. 그러므로 응답자의 참여에 고마워한다는 것을 표시할 것
⑨ 충분한 연습과 준비를 통해 좋은 인터뷰가 되게 할 것
⑩ 응답자에게 질문이 있다면 하도록 기회를 줄 것

출처: Salkind(2019).

4) 면접법의 장점과 단점

면접연구의 장점과 단점은 질문지법의 장단점과 상반되며 보충적이다. 즉, 질문지법의 장점이 면접법에서는 단점이 되며, 질문지법의 단점이 면접법에서는 장점이 되는 경우가 많다.

면접법의 장점은 다음과 같다. 첫째, 응답률이 매우 높으며 문항 전체에 응

답하는 게 일반적이다. 둘째, 비언어적 행동을 관찰할 수 있어 응답자의 응답에 대해 타당도 추정이 가능하다. 셋째, 복잡한 질문도 가능하며, 질문의 내용을 이해 못하거나 모호한 응답에는 추가질문probe을 통해 신뢰성 있는 응답을 얻어낼 수 있다. 넷째, 문자 해독력이 없는 대상에게도 가능하다. 마지막으로, 면접환경을 표준화할 수 있고 대리대답이 없으며, 다른 사람의 영향을 받지 않는다.

면접법의 단점에는 다음과 같은 몇 가지가 있다. 첫째, 초점 집단 면접을 제외한 다른 모든 면접의 경우 면접자는 응답자 한 명 한 명을 개별적으로 만나야 하므로 비용과 시간이 많이 든다. 둘째, 응답자는 면접자의 성, 사회적 계급, 나이, 옷차림, 외모 등에 영향을 받을 수 있다. 면접자가 남성이냐 여성이냐에 따라, 그리고 면접자의 연령에 따라 응답자의 반응이 다른 것으로 여러 연구에서 보고되고 있다. 특히 질문 내용이 성gender인지나 성sex에 관한 것이라면 더욱 응답의 차이를 나타낸다. 뿐만 아니라 면접자와 응답자 간의 사회적 신분에 차이를 느낀다면 편안한 분위기에서 면접이 이루어지지 않을 수 있다. 셋째, 질문지법에서와 마찬가지로 응답자는 사회적으로 바람직하다고 여기는 방향으로 대답할 가능성이 높다. 특히 면접법에서는 응답자의 신분이 노출되므로 더욱 그렇다. 넷째, 응답자의 신분이 노출되어 사적인 정보는 거부될 수 있다. 다섯째, 질문용어가 표준화되어 있지 못하므로 유동성이 있는 대신 응답자의 응답 비교가 어렵다. 마지막으로, 응답자에 대한 접근이 어렵다. 특히 응답자가 여러 지역에 넓게 분포된 경우에 면접자는 다양한 응답자를 포함시키는 데에 어려움을 경험한다.

9장

실험법

실험법experiment은 보편적으로 한 개 이상의 독립변수와 한 개 이상의 종속변수 간의 인과관계를 밝히는 고도의 연구방법이다. 즉, 독립변수를 조작하여 종속변수에 대한 그 조작의 효과를 관찰하고 측정하는 방법이다. 통제를 가하지 않고 변수 간의 관계를 규정하는 상관관계 연구는 변수 간의 인과성을 밝히지 못하므로 설명연구보다는 기술연구에 더 적합하다. 그러나 실험법으로 진행되는 연구는 현상의 원인과 결과와의 관계를 밝히므로 현상을 잘 설명할 뿐만 아니라 예측도 가능하다.

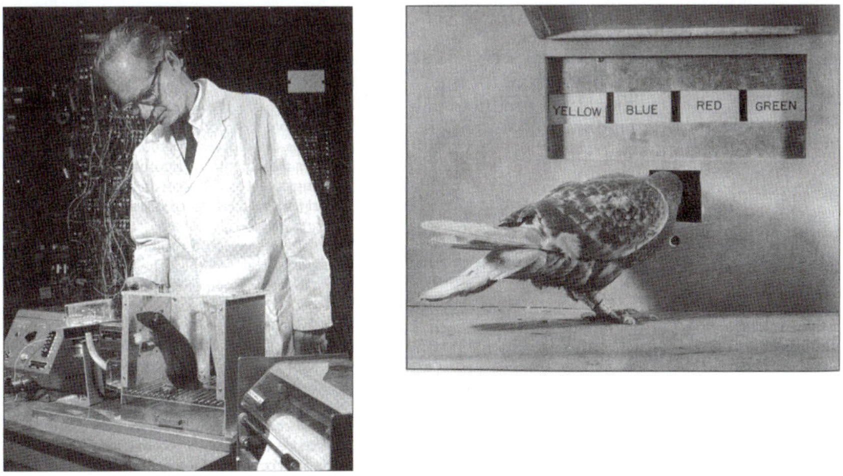

그림 9-1
스키너의 실험실

자연과학에서는 실험실에서 수행되는 연구만이 실험연구로 여기는 경향이 있으나, 사회과학에서는 자연상황에서 일어나는 여러 현상을 조작·통제한다면 실험연구로 본다. 또한 일상생활에서 연구될 수 없는 현상도 매우 정교한 설계로 실험실에서 진행되면 실험연구라 간주한다. 예를 들어, 아동연구에서 폭력적인 TV 프로그램을 두 집단에게 보여 준 뒤 두 집단에서 나타내는 공격성의 차이를 연구한다면 이것은 실험연구가 된다. 아동연구에서 유아의 기억력 측정, 선택주의 등 비교적 실험실연구가 활발한 영역도 있다. 그러나 사회과학에서는 측정의 어려움이나 적용상의 한계가 많아 실험연구의 비율은 상대적으로 낮다.

1. 실험설계

실험법은 다음과 같은 세 가지의 기본 논리를 바탕으로 설계된다. 첫째, 한 변인독립변수이 두 번째 변인결과 또는 종속변수에 변화를 일으킨다는 인과관계 가설로 시작한다. 둘째, 사전검사에서 종속변수를 측정하고, 독립변수를 도입시킨다. 셋째, 종속변수의 값에 변동이 있었는가를 재측정한다사후검사. 예를 들어, 체중을 줄이기 위한 식이요법 연구를 한다면 체중이라는 종속변수의 변화를 측정하는 것이다.

전형적 실험설계에는 실험집단experimental group과 통제집단control group이 있다. 실험집단에는 종속변수에 영향을 주리라고 여기는 처치를 하는 반면, 통제집단에는 처치를 하지 않는다.

1) 통제집단 사전-사후검사설계

통제집단 사전-사후검사설계는 하나의 통제집단과 하나의 실험집단이 있고, 이들 집단에 사전-사후검사를 하는 가장 대표적인 실험설계이다. 즉, 이 설계에서는 실험집단과 통제집단을 무선배정하고 각각 집단의 사전관찰을 한 뒤, 실험집단에게만 처치를 한다. 다음으로 두 집단에 사후검사를 실시한 후, 각 집단의 사전과 사후의 차이를 비교하는 것이다. 통제가 완전하다면 종속변수의 사전검사와 사후검사에서의 변동은 처치로 인한 영향이라 결론지을 수 있다. 그러나 실제상황에서는 완전한 통제가 불가능하다는 것을 염두에 두어야 한다.

통제집단 사전-사후검사설계

본 예비부모교육 프로그램의 효과 검증과 관련하여서는, 주 저자가 다음과 같이 사전조사, 예비부모교육 프로그램 실시 및 사후조사 등 세 가지 단계에 걸쳐 진행하였다.

1단계: 사전조사
사전조사는 예비부모교육 프로그램의 첫 회기 시작 이틀 전에 중재집단(18쌍)과 통제집단(26쌍)에 모바일을 이용하여 실시하였다. 통제집단의 경우, 사후조사에서의 탈락 가능성을 예상하여 중재집단에 비해 더 많은 자료를 수집하였다.

2단계: 예비부모교육 프로그램 실시
예비부모교육 프로그램은 중재집단을 거주 지역에 따라 세 집단으로 나누어 주 1회 2시간씩 6회기에 걸쳐 토요일 오전, 토요일 오후 혹은 일요일 오후에 진행되었다. 프로그램 진행 과정 중 두 쌍의 예비부모가 건강상의 이유로 탈락하였으며, 6회기 중 4회기 이상 참가한 인원은 총 32명(16쌍)이었다.

3단계: 사후조사
사후조사는 사전조사와 동일한 질문지를 사용하여, 중재집단은 예비부모교육 프로그램이 종료된 직후에, 통제집단은 사전조사 5주 후, 즉 프로그램 실시 기간 이후에 실시하였다.

출처: 김은혜·도현심(2019). 첫 자녀 출산 예정이 예비부모를 위한 부모존경-자녀존중 예비부모교육 프로그램의 개발 및 효과 검증. 아동학회지, 40(1), 51-68.

실험설계에서는 두 번의 측정기간 사이에 역사적 사건이 발생할 수 있고, 성숙과정예: 노쇠, 피로, 쇠약, 등의 영향이 생기는 단점 때문에 1~2시간 정도의 짧은 실험시간을 시도할 수 있다. 그러나 사전검사와 사후검사의 측정기간이 짧으면 응답자가 검사내용을 기억하게 되므로 검사 자체가 종속변수 값에 영향을 미치는 테스트 효과가 생긴다. 뿐만 아니라 연구목적을 밝히지 않는다 하여도 사전검사와 처치를 경험한 대상들은 자신들의 답을 의도적으로 왜곡시킬 수 있다. 사전검사와 처치자극으로의 효과 외에도 이 사전검사와 처치자극의 조합 때문에 생기는 상호작용효과도 있을 수 있다.

2) 통제집단 사후검사설계

통제집단 사후설계는 외적 요인 또는 통제되지 않는 요인의 영향력을 분리시키지 않고 사전검사를 실시하지도 않는다. 실험집단은 처치를 받으나 통제집단은 받지 않으며 사후검사만 시행한다. 두 집단의 특성이 동일하다고 여겨 사전검사 점수는 유사하리라고 가정한다. 따라서 실제로 두 집단의 사후검사 점수 간의 차이는 처치자극과 통제되지 않은 외적 변수의 영향력을 모두 나타낼 것이다.

3) 솔로몬 4집단설계

솔로몬Solomon 4집단설계는 두 실험집단과 두 통제집단이 있어 사전검사의 효과 및 사전검사와 처치자극의 조합으로 생기는 상호작용 효과를 측정하여 분리되도록 설계한 것이다.

표 9-1은 앞서 설명한 통제집단 사전-사후검사설계와 통제집단 사후검사설계 그리고 솔로몬 4집단설계를 도식으로 나타낸 것이다. 도식에서 보는 바와 같이 솔로몬 4집단설계 절차는 먼저 총 4개의 집단 중 2개 집단은 실험집단으로 2개 집단은 통제집단으로 정한다. 실험1집단과 통제1집단에 대해 사전검사(O_1)를 실시하고, 실험1집단과 실험2집단에 실험처치(X)를 한 후, 4개의 모든 집단에 대해 사후검사(O_2)를 실시한다. 그리고 집단 간 모든 조합의 사후

표 9-1 실험설계유형의 도식화

실험설계유형	도식
통제집단 사전-사후검사설계	실험 : R O_1 X O_2 통제 : R O_1 O_2
통제집단 사후검사설계	실험 : R X O_1 통제 : R O_1
솔로몬 4집단설계	실험1 : R O_1 X O_2 통제1 : R O_1 O_2 실험2 : R X O_2 통제2 : R O_2

R = 무선화, X = 처치, O = 검사(O_1 = 사전검사, O_2 = 사후검사)

검사 결과를 비교하는 것을 통해 실험집단의 결과가 실험처치의 영향인지, 성숙과정의 영향인지, 사전검사의 영향인지 등을 밝히게 된다.

이 검사는 처치를 하지 않은 집단과 사전검사를 하지 않은 집단이 포함되므로 모집단에 일반화할 수 있는 외적 타당도가 높은 연구설계이다. 그러나 4집단의 설계는 연구대상의 확보와 많은 검사기간, 실험상의 통제 등 여러 실질적인 문제가 따른다. 뿐만 아니라 여섯 번의 측정결과를 분석하는 통계적 방법이 없으므로 분석에 어려움이 따른다.

2. 연구대상의 선정

실험설계에서 연구대상을 적절하게 배치할 수 있다면 처치에 대한 인과적 영향력을 파악할 수 있다. 그러나 정확한 외생변수나 많은 요인을 전부 밝힐 수가 없기 때문에 모든 면에서 동일한 대상들로 집단을 구성하는 것이 가장 안전한 방법이다. 이 방법에는 무선화randomization와 대등화matching가 있다. 그

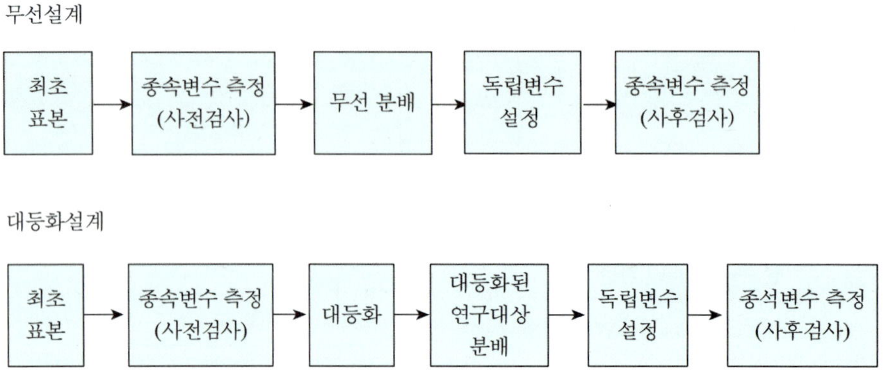

그림 9-2
두 종류의 통제집단 사전–사후검사설계
출처: Leary(2016).

림 9-2는 무선화와 대등화의 2가지 방법으로 사전-사후검사설계를 수행하는 과정을 나타낸 것이다.

1) 무선화

무선화는 연구대상이 모집단에서 무작위로 추출되어야 할 뿐만 아니라, 실험집단이나 통제집단에도 연구대상을 무선으로 배치시키는 방법이다. 이때 한 변수를 통제하는 것이 아니라 모든 변수를 동시에 통제할 수 있어야 한다. 무선화에서 실험자는 무작위로 추출된 표본의 리스트를 작성한 후 무작위로 대상을 선정한다. 따라서 만약 무작위로 배치된 집단들이 차이가 있다면, 이는 처치에 의한 것이 아닌 우연에 의한 것으로 간주한다.

무선화 설계

충남 지역에 소재한 H 대학교 남녀 대학생 200명(평균연령: 21세)을 각각 100명씩 실험집단과 통제집단으로 무선적으로 분류하였다.

출처: 성은현(2001). 심상적 사고를 통한 창의력 증진 프로그램 개발 및 효과 검증. 한국심리학회지: 발달, 14(1).

2) 대등화

대등화란 실험과 통제의 두 집단에 대해 비통제변수들을 동등화시키는 과정으로 할당표집과 비슷한 면이 있다. 대상의 '짝'을 찾아 하나는 실험집단에, 다른 하나는 통제집단에 배정시키는 것이다. 이때 두 대상을 한 특성에만 대등화시키는 것이 아니라 관련되는 모든 특성을 동시에 고려해야 한다. 모든 특성을 대등화시키지 않는다면 통제집단과 실험집단은 동일하지 않을 것이기 때문이다. 모든 특성에서 짝이 되는 상대를 쌍으로 골라야 하고, 결합짝이 없으면 실험에서 제외시켜야 하므로 대상가능자가 많아야 한다는 것이 큰 단점이다. 또한 대등화하는 과정에서 탈락된 대상에게 연구결과를 일반화시키는 것은 자연히 어려울 것이다Mitchell & Jolly, 2012.

연구에 관련 있는 특성과 연구집단의 수가 증가할수록 이 방법은 어렵다. 많은 변수를 짝지우는 것이 어려울 뿐만 아니라, 경우에 따라서 연구자 자신도 어느 변수가 관련되는지를 알지 못하는 경우가 많기 때문이다. 이때는 대등화에 무선화를 보충하는 방법을 쓸 수 있다. 먼저 대상의 짝을 만들고, 다음에 무선으로 집단에 배정시키는 것이다. 이런 방식으로 여러 비통제요인들을 서로 영향력이 상쇄하게 만든다.

연령이나 성별 같은 명백히 제한된 변수에 대해서 대등화하는 것은 용이하다. 그러나 명백한 변수 이외에 잠정적으로 중요한 모든 변수들을 대등하는 것은 어렵다. 그러므로 대등화는 필수적으로 부분대등화라 볼 수 있다. 부분대등화가 무대등화보다 훨씬 바람직하지만 부분대등화와 무대등화는 각각 장·단점을 갖고 있다. 아동연구에서 가장 자주 대등화되는 변인인 IQ를 예로 들어보자. 만약 IQ에 따라 아동을 대등화하려면 먼저 잠정적 대상에게 IQ검사를 실시하거나 또는 학교에서 이미 실시된 IQ점수를 이용하여 비슷한 IQ를 갖는 대상들로 집단을 구성한다.

이와 같은 대등화가 과연 가치 있는가라는 의문이 들 수도 있다. 기존 자료가 있지 않으면 모든 연구대상을 사전조사하여야 하므로 조사자의 측면에서 보면 많은 노력이 요구된다. 또한 대등화된 변수가 종속변수와 관련이 없다면 대등화는 무의미하다. 만약 표집이 충분히 크고 무선배정하였다면 그 집단들은 이미 동질적이어서 대등화는 큰 의미가 없어지기도 한다. 따라서 대등화를 위해 연구의 제한된 시간과 노력 중 일부를 투자한다는 것은 연구의 효율성을 떨어뜨린다는 점에서 대등화의 가치에 대해 생각해볼 필요가 있다는 것이다.

노력, 낭비 외에 경우에 따라서는 대등화를 위한 사전조사가 연구자가 관심을 둔 본 검사에 오류를 가져올 수도 있다. 예를 들어 아동을 교실 밖으로 데리고 나와서 IQ검사를 실시하는 것은 어떤 아동에게는 불안을 야기할 수도 있어 연구의 타당성에 영향을 줄 수 있다. 대등화는 또한 종종 대상의 누락을 가져온다. 대등화한다면 그 단위는 각 개인 아동이 아니라 대등화 집단이 된다. 예를 들어 3개 실험조건의 연구에서는 세 명의 아동이 한 조가 된다. 만약 세 명 중에 한 아동이 어떠한 이유로 인해서 연구에서 누락된다면 나머지 둘도 제외되어야 한다.

대등화는 매력적이지만 보통 실현 불가능한 상황도 있다. 즉, 연구자가 본질적으로 비동질적인 연구집단을 가지고 억지로 동질성을 찾는 경우이다. 예를 들어, 아동의 학습준비도를 향상시키기 위해 초기 중재 프로그램을 개발하여 이 프로그램이 중류층 아동과 하류층 아동에 있어 같은 효과가 있는지 알려고 한다고 가정하자. 이때 대체로 중류층 아동의 사전검사 점수가 하류층 아동보다 높을 수 있다. 이 초기 비동질성은 중재프로그램이 두 집단에 동일하게 영향을 주는지를 밝히는 것을 어렵게 한다. 만약 하류층 아동의 평균이 40에서 60으로 증가하고, 중류층 아동의 평균이 60에서 80으로 향상했다면 둘 다 20점씩 얻었기 때문에 이것은 동일한 획득인가? 또는 하류층 아동이 중류층 아동보다 더 많이 획득한 것인가?50% 향상 대 33% 향상 이 문제에 대한 해결방법은 처음에 동질적인 집단을 선택하여 둘 다 평균 50에서 시작하여 얻어진 점수 간에 직접 비교하는 것이다. 그러나 이때 발생하는 또 다른 문제는 통계적 회귀이다. 동질적 집단으로 시작한 위의 연구에서 두 집단은 모집단으로부터 양극 점수를 채택한 것이다. 즉 하류층은 높은 점수의 아동을, 중류층은 낮은 점수의 아동을 대상으로 연구가 진행된 것이다. 극단점수를 사용하면 회귀가 일어날 것은 확실하다. 결국 실험처치와는 관계없이 재검사 시 보통 하류층 아동은 본검사에서 수행이 감소하고 중류층 아동은 증가할 것이다. 이 회귀현상은 순수한 처치효과를 보여 주지 않을 뿐 아니라 중재프로그램이 하류층 아동보다 중류층 아동에게 더 효과적이라는 오류를 유도할 수도 있다.

3. 유사실험설계

통상적인 통제집단과 실험집단의 구분, 처치의 조작, 사전-사후검사를 갖춘 순수한 실험을 설계할 수 없을 때 이들 중 한 개 이상이 결여된 부분적 실험설계를 하게 되는데, 이를 '준실험' 또는 '유사실험quasi-experiment'이라 한다. 일부 학자들은 실험실에서 이루어지는 완전한 통제가 가능한 실험만을 실험연구로 보아 유사실험은 실험연구의 범주에 포함시키지 않기도 한다. 반면 연구설계에 따라 실험연구의 적법성을 두는 입장에서는 유사실험을 실험으로 간주하여 통제집단이 없거나 실험집단과 통제집단의 무선화가 어려운 현장연구도 실험으로 본다.

1) 단일집단 사후검사설계

단일집단 사후검사설계one-group posttest-only design는 가장 일반적인 유사실험설계로, 통제집단도 없고 실험집단의 사전검사도 없이 단지 처치와 사후검사만 있다. 처치를 받지 않은 상황에서도 결과가 어떤 것인지 안다고 생각될 때 이 설계법을 사용한다. 그러나 사전검사와 통제집단이 없고 종속변수에 영향을 미치는 기타변수를 통제하지 않았으므로 명확한 인과성을 밝히기는 어렵다.

2) 단일집단 사전-사후검사설계

단일집단 사전-사후검사설계one-group pretest-posttest design는 하나의 실험집단으로 사전검사, 처치, 사후검사는 있으나 통제집단이 없다. 이 역시 인과관계 규명에는 부적당하다. 단일집단 사전-사후검사설계를 비롯하여 단일집단 사후검사설계와 비동일집단 사후검사설계는 무선화와 통제집단 선정이 이루어지지 않고 독립변수의 조작에 의한 변화 관찰이 한두 번 정도로 제한된다는 점에서 원시실험설계로 분류된다.

3) 비동일집단 사후검사설계

비동일집단 사후검사설계posttest-only design with nonequivalent groups란 처치와 사후검사만 하는 실험집단과 사후검사만을 하는 동일하지 않은 통제집단으로 구성된 설계이다. 연구자가 실험집단에 처치를 하기도 하지만, 연구자의 통제 밖에 처치가 있는 경우도 많다. 그래서 이를 사후설계expost facto design라 한다. 예를 들어, 지진이 주민들의 심리적 영향에 미치는 바를 지진을 경험하지 않은 통제집단과 경험한 실험집단으로 연구한다. 이때 대상은 무선화되지 않았으므로 이 설계는 사전검사나 통제가 부족하여 명확한 인과관계를 밝히는 데는 적당하지 않다.

4) 비동일 통제집단설계

비동일 통제집단설계는 실험, 통제집단 모두에게 사전검사를 실시하고, 실험집단에 실험처치 후 다집단의 사후검사 결과를 비교하는 방법이다. 이 방법은 통제집단 사전-사후검사설계에서 무선화만 이루어지지 않은 형태로 이해될 수 있다. 따라서 실험집단과 통제집단이 동질적이지 않다는 단점을 가진다.

5) 시계열설계

시계열설계time-series design는 시간이 지남에 따른 처치의 효과를 측정하는 설계이다. 특정 처치(X)를 하기 전에 여러 번의 측정값을 조사하고 나서 처치 후 다시 시간의 흐름에 따라 여러 번의 측정값을 비교함으로써 처치 전후를 분석하는 것이다. 시계열설계는 실험처치에 대한 장기간 효과를 검증할 수 있다는 점에서 아동의 행동수정 연구에서 널리 사용되고 있다. 그러나 여러 번 검사를 하기 때문에 검사도구 사용에 따라 내적 타당도가 저해될 수 있으며 사건과 성숙이라는 외생변인을 통제하지 못한다는 단점이 있다.

단일집단이 아닌 실험집단과 통제집단에 대해 시계열설계를 수행하는 경우

표 9-2 유사실험설계 유형의 도식화

유사실험설계 유형	도식
단일집단 사후검사설계	X O
단일집단 사전-사후검사설계	O_1 X O_2
비동일집단 사후검사설계	X O O
비동일 통제집단설계	실험 : O_1 X O_2 통제 : O_1 O_2
시계열설계	* 단수시계열설계 O_1 O_2 O_3 X O_4 O_5 O_6 * 복수시계열설계 실험 : O_1 O_2 O_3 X O_4 O_5 O_6 통제 : O_1 O_2 O_3 O_4 O_5 O_6

R = 무선화, X = 처치, O = 검사

3부 자료의 수집

는 복수시계열설계라 한다.

4. 현장실험

실험설계는 실험실에서 이루어져야 하는 것이 타당하다. 아동학 연구에서 실험실이란 CCTV를 갖춘 아동상담실, 검사를 할 수 있는 심리검사 측정실, 일방경이 있는 어린이집과 유치원 등이 모두 실험실로 간주될 수 있다. 이들은 다음에서 언급되는 현장실험과는 다르다.

자연환경에서 연구가 진행되는 경우 연구자는 외생변수나 실험환경을 통제할 수는 없으나 환경의 일부 조작이 가능할 때 현장실험field experiment을 한다. 많은 사회과학실험들이 이 방법을 선택하고 있다.

현장실험의 장점은 다음과 같다. 먼저, 실험실 실험이 주로 이론 검증에만 적절한 반면, 현장실험은 이론검증과 실제적인 문제에 대한 답을 구하는 데도 적절하다는 점이다. 둘째, 연구상황이 일상생활의 현장이므로 현실적인 사회적·심리적 영향이나 변수 규명에 적당하다.

반면, 다음과 같은 단점도 있다. 첫째, 통제가 어렵기 때문에 정확성이 부족하며, 둘째, 연구대상을 무선화할 수는 있으나 쉽지는 않다. 셋째, 독립변수의 조작은 가능하나, 실제적인 면에서 제한을 받으며 독립변수가 다른 변수와 혼합될 가능성이 높다는 것이다.

프로그램 평가program evaluation연구는 일종의 현장실험이다. 프로그램 평가 연구에서 제일 먼저 필요한 요구진단needs assessment은 주제 대상이 되는 모집단이 어디에 와 있는가를 살펴보는 것이다. 조기영어교육에 문제점이 있는가, 아동학대의 원인이 가족과의 문제인가 등이 그 예가 될 수 있다. 요구진단에 대한 자료는 질문지법이나 면접법을 통한 연구에서 또는 여러 기관의 통계자료에서 얻어질 수 있다. 프로그램 평가 연구를 위한 과정은 그림 9-3과 같다.

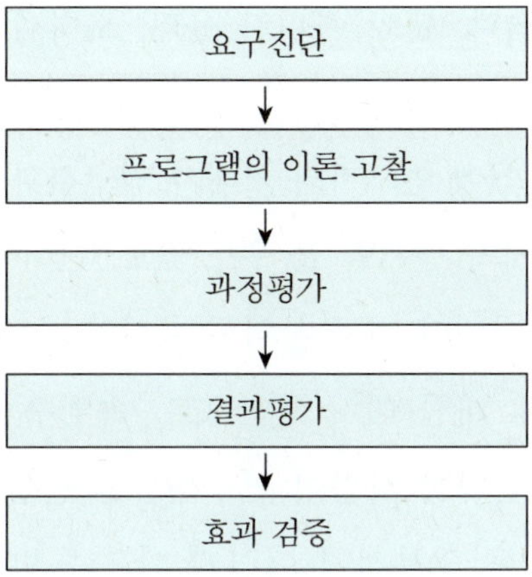

그림 9-3
프로그램 평가연구의 과정
출처: Cozby & Bates(2019).

5. 실험법의 장점과 단점

다음은 순수 실험법의 장점들이다. 첫째, 실험법에서는 원인과 결과 변수를 구분하여 연구설계를 하므로 인과관계를 설명할 수 있다. 반면 대부분의 조사연구는 환경을 통제하지 않기 때문에, 그리고 관찰법에서는 외생변수의 통제가 어려워 종속변수의 변화를 정확히 측정하지 못해 인과관계 규명이 어렵다. 둘째, 실험법에서는 통제가 가능하며 원인변수의 결과에 영향을 미칠 수 있는 가외변수의 통제로 오차를 줄일 수 있다. 동물을 대상으로 실험하게 되면 엄격한 통제가 가능하므로 연구결과에 대해 더 확신을 가질 수 있다. 셋째, 실험법에서는 주요변수를 분류해낼 수 있다. 자연상태에서 분리할 수 없는 변수를 실험실에서는 분리가 가능하며 종속변수에 가장 영향력 있는 변수를 밝힐 수 있다.

그러나 실험법의 단점은 먼저, 인위적인 연구로 일반화의 문제가 있다. 왜냐하면 통제가 주어지는 인위적 환경은 실제 상황과 매우 다를 수 있기 때문이다. 특히 인간을 연구대상으로 할 때 더욱 그렇다. 예를 들어, 실험실연구를 통해 폭력의 원인이 밝혀졌다고 하더라도 그 행동이 일상생활에서도 나타날 것이라고 기대하기 어렵다. 뿐만 아니라 윤리, 도덕적 고려나 시간적 문제로 인위적 환경 속에서 연구를 하는 것이 불가능할 때도 많다.

둘째, 실험자 효과가 있어 연구자의 기대가 연구결과에 영향을 미친다. 대상자가 사람인 경우 연구자가 단서를 줄 수도 있고, 단서에 부합되도록 대상자가 반응하기도 한다. 뿐만 아니라 연구자 역시 자신의 가설에 맞추는 방향으로 해석할 수도 있다. 이것에 대한 대처 방안으로 '속임수double blind' 실험설계가 있다. 즉, 연구자가 아닌 다른 사람이 연구대상을 실험 혹은 통제집단에 배치시켜 연구자가 그 집단을 구분하기 어렵게 만드는 방법이다.

셋째, 만약 자연적 상황에서 실험을 하게 된다면 모든 가외변수와 실험위협요인들을 통제하기 어렵다. 그러므로 사회과학 연구로서 실험법은 흔히 사용되지 않는다.

넷째, 표본의 크기가 적다. 집단이 클수록 실험실연구가 불가능하고 외적 변수 통제도 어려우므로 실험법은 개인대상의 심리학이나 소집단 연구에 주로 이용된다.

6. 실험법의 신뢰도와 타당도

실험법은 연구의 설계에 따라 실험자에 의한 통제의 정도가 다양하므로 신뢰도와 타당도를 일률적으로 말할 수는 없다. 즉, 각각의 실험법 설계는 여러 가지 다른 구성요소를 가지므로 신뢰도와 타당도에 차이가 있다.

실험설계에서 신뢰도는 사전, 사후검사의 신뢰도를 가정해야 한다. 사후검사는 사전검사의 반복으로 검사-재검사의 신뢰도를 측정하는 것이다. 그러나 처치는 사후검사 점수와 사전검사 점수가 차이가 있는 것으로 가정하기 때문에 척도의 신뢰도 제시를 어렵게 만든다. 통제집단에서조차 사전검사와 사후검사 점수 간에 차이가 있을 수 있다. 따라서 실험하기 전에 사전-사후검사에서 사용되는 척도의 신뢰도를 검사할 필요가 있다.

실험연구의 내적타당도는 어느 연구방법보다 높다. 실험설계 중에서도 통제 정도가 클수록 내적타당도는 증가한다. 그러므로 엄격한 실험실 설계는 사후 실험설계나 현장실험보다 더 타당하다고 볼 수 있다. 독립변수에 기인한 것과 외생변수, 사전검사 영향 등의 요인에 의한 변화량을 분리시키면 보다 정확한 내적 타당도를 밝힐 수 있다. 그러나 내적타당도가 높다고 하더라도 실제상황에서도 같은 결과가 나온다고 보기는 어려우므로 외적타당도는 낮을 수가 있다. 표 9-3은 실험설계에서 타당도를 위협하는 요인의 영향력을 비교한 것이다.

표 9-3 실험설계의 타당도 위협요인

유형	사건	성숙	측정	도구 변화	회귀	대상 편중	대상 손실	상호 작용
단일집단 사후검사설계	–	–				–	–	
단일집단 사전–사후검사설계	–	–	–	–	?	–	+	–
비동일집단 사후검사설계	+	?	+	+	+	–	–	–
통제집단 사전–사후검사설계	+	+	+	+	+	+	+	+
통제집단 사후검사설계	+	+	+	+	+	+	+	+
솔로몬 4집단설계	+	+	+	+	+	+	+	+

+: 타당도 위협, –: 타당도 위협없음, ?: 타당도 위협이 있을 수도 있고 없을 수도 있음
출처: Rosenberg & Daly(1993).

7. 타당도를 위협하는 요인

내적타당도를 위협하는 요인을 살펴보면 다음과 같다.

1) 도구의 변화

여기서 도구란 물체와 인간을 모두 포함한다. 연구가 진행되는 동안 사용하는 물리적인 도구instrumentation나 조사자·관찰자의 의도하지 않은 연구과정에서 나타나는 변화는 연구의 타당도를 떨어뜨린다. 예를 들어, 습기찬 날 초시계의 성능이 나빠지는 것은 물리적 도구로 인한 타당도 위협의 예이다. 또한 사람이 관찰자, 평가자 또는 코딩자로서 연구에 투입될 때 비일관적으로 참여할 수도 있다. 즉 시간이 지날수록 조사자가 더 익숙해지고 숙련된다든가 또는 싫증내고 나태해지는 등의 태도변화도 타당도에 위협을 주는 요소이다.

2) 실험대상의 편중

실험대상이 모집단과 성격이 다른 대상으로 선정되는 실험대상의 편중selection bias에 의해 타당도가 낮아질 수 있다. 또한 대표성이 있는 표집이 되었다 하더라도 검사의 실시순서에 따라 타당도에 위협을 줄 수 있다.

3) 사건

사건history이란 연구기간 중 발생하는 통제하지 못한 사건들에 의해 생기는 변화를 말한다. 사전-사후설계에서 사전검사와 사후검사 사이에 예기치 않은 연구 밖 사건들이 일어날 수 있다. 2세 유아를 대상으로 언어능력의 발달을 보는 연구라면 역사적인 사건은 드물다. 그러나 연구가 진행되는 동안 소음이나 웃음 등으로 연구대상자가 영향을 받는 경우가 종종 있을 수 있다.

4) 성숙

사전-사후검사 사이에 연구대상이 심리적·신체적 성숙maturation이 일어나 타당도를 낮출 수 있다. 종단연구에서 보이는 성숙은 당연하지만 반복연구에서 보이는 지루함, 피곤함도 성숙의 한 측면이다.

5) 반응성

대상자가 연구의 의도를 알아 잘못된 결과를 얻게 되는 것이 반응성reactivity이다. 반응성을 줄이는 방법은 실험적 조작과 측정의 절차를 최소화하면 가능하다.

6) 실험자의 기대

연구자의 희망과 기대가 연구에 영향을 미칠 때 발생한다. 실험이나 연구과정을 표준화하면 오류를 줄일 수 있다.

7) 실험대상의 손실

연구 도중에 대상자의 일부가 누락되면 연구의 내적·외적 타당도에 영향을 준다. 따라서 연구자가 연구 도중 탈락되리라고 여기는 대상자에 대한 기준을 결정해 두는 것이 바람직하다.

10장

관찰법

관찰법observation은 사건이나 사람의 비언어적 행동에 대한 자료를 수집하는 기술이다. 관찰법은 질문지법을 시행하기 전에 예비로 조사할 때, 또는 사적 행동을 연구하고자 하거나, 오랜 기간에 걸쳐 특정한 행동에 대해 깊이 알고자 할 때 유용한 방법이다. 검사, 조사, 질문지, 면접 등은 인간행동에 관한 간접적인 자료를 수집하는 방법인데 반해, 관찰은 행동의 기초가 되는 심리학적 과정에 직접 접근하는 장점을 가진 방법이다.

피아제(Piaget)의 관찰연구

피아제는 대상영속성 개념이 출생 시에는 없고, 생후 2년에 걸쳐 점차 발달한다고 지적한다. 그리고 영아가 이 개념을 획득하는 데는 명확한 단계를 걸친다고 밝혔다. 이 발견은 이론적으로나 경험적으로 상당히 중요하여 계속적인 연구의 관심이 되고 있다.

피아제의 대상개념 연구는 물체가 사라지는 것에 대한 영아의 반응에 집중된다. 물론 그것은 아동과 사물의 자연적 상호작용에서 보편적으로 일어난다. 인형이 영아의 요람에서 떨어져 시야에서 사라지거나 엄마나 아빠가 방에서 나가면 아이가 더 이상 인형이나 엄마를 볼 수 없다. 이러한 자연발생적 사건과 유사하게 실험자가 특정 유형의 실험상황을 만드는 것은 쉽다. 예를 들어 피아제는 인형 위에 손수건을 떨어뜨리거나 손 안에 작은 인형을 감추어 그것을 한 장소에서 다른 장소로 옮기기도 하는데, 이는 자연발생적인 것처럼 보이나 실험적으로 유발된 관찰의 유형으로 볼 수 있다.

기본 질문은 물체가 사라졌을 때 영아가 그것이 여전히 존재한다는 것을 인식하느냐이다. 아기는 말할 수 없기 때문에 추론할 수 있는 어떤 관찰 가능한 행동을 선택해야 한다. 피아제는 기본적으로 다양한 탐색행동을 관찰하였다. 물체가 움직일 때

(계속)

아이가 눈으로 그 물체를 쫓으려고 시도하는가? 인형이 떨어졌을 때 아이가 바닥을 응시하는가? 아이는 손을 뻗어 인형 위에 떨어진 덮개를 제거하는가? 몇 분간 보지 못한 장난감을 찾으려 원래 있던 장소로 가는가? 이와 같이 아이가 물체가 여전히 존재한다는 것을 아는지 또는 알지 못하는지 보여 주는 많은 행동이 있다. 이런 넓은 범위의 관련행위를 포함한 것이 피아제 연구의 특징이다.

탐색을 여러 방법으로 할 수 있는 것과 같이 물체는 여러 방법으로 사라진다. 영아 자신의 행동으로 물체가 보이지 않게 할 수도 있고 또는 외적 원인으로 사라질 수도 있다. 물체가 완전히 사라지는가? 또는 부분적으로 여전히 보이는가? 만약 물체가 완전히 없어져도 그것의 실재에 대한 청각적 또는 촉각적 실마리가 있는가? 또한 여러 장소에 감추면, 아동은 물체가 여전히 존재한다는 사실뿐 아니라 그것이 어디에 존재하는지도 찾아낼 수 있는가? 이처럼 피아제의 접근에서는 다양한 문제를 사용하였고, 이를 통해 대상영속성 개념과 같은 중요한 인지 획득은 한 번에 나타나는 것이 아니라 연속적 단계를 거쳐 점차 숙련된다는 이론을 추론하게 된다.

[유아의 물체개념 이해와 관련된 피아제의 관찰기록 예]

관찰 2

재클린느는 눈으로 그녀의 어머니를 추적하였고 그녀의 어머니가 시야에서 사라졌을 때 다시 그 모습이 나타날 때까지 똑같은 방향을 계속 바라보았다.

로렌을 데리고 동일한 관찰을 하였다. 나는 유모차 지붕을 통하여 그를 바라보았고 때때로 나는 다소 일정한 곳에 나타났다. 그리고 나서 로렌은 내가 그의 시야를 벗어났을 때 그곳을 주시하면서 명백히 내가 다시 나타나길 기대하였다.

관찰 28

재클린느는 이불 위에 있는 셀룰로이드 오리를 잡으려고 시도했다. 그녀는 겨우 오리를 잡았으나 흔들려서 오리는 옆으로, 아래로 미끄러졌다. 오리는 그녀 손에서 매우 가까운 곳 시트의 주름진 부분 뒤에 떨어졌다. 재클린느의 눈은 그 움직임을 추적하였고 그녀는 손을 뻗쳐서 그것을 추적하려 했다. 그러나 오리가 시야에서 사라지자마자 더 이상 아무것도 하지 않았다. 그녀는 매우 쉽게 할 수 있는 시트의 주름진 부분을 뒤져보려고 하지 않았다(그녀는 전혀 찾으려고도 하지 않으면서 시트를 구겨 잡았다). 그러나 호기심으로 그녀는 오리를 잡으려고 시도하였을 때 했던 것처럼 이불을 이리저리 잡기 시작하였다가 다시 이불 위를 바라보았다.

그 다음에 나는 오리를 숨어 있는 곳에서 집어서 그것을 그녀 손 가까이에 세 번 놓았다. 세 번 모두 재클린느는 그것을 잡으려고 했다. 그러나 그녀가 오리를 거의 잡으려고 할 때 나는 그것을 매우 분명하게 시트 아래에 다시 두었다. 재클린느는 즉시 손을 치워 포기했다. 두 번, 세 번 나는 재클린느가 시트 아래로 오리를 잡게 했으며 짧은 순간 흔들었다. 그러나 그녀는 시트를 들추어 보려고는 하지 않았다.

관찰 40

재클린느는 그녀를 방해하거나 주의를 흩뜨리는 어떤 것도 없이 매트리스 위에 앉아 있다(침대 덮개도 없고 등). 나는 재클린느의 손에서 장난감 앵무새를 가져와 매트리스 아래에 연달아 두 번 그녀의 왼쪽에(A) 감추었다. 두 번 모두 재클린느는 즉시 그 물체를 바라보고 그것을 잡았다. 그런 후에 나는 그녀의 손에서 그것을 가져와서는 그녀의 눈 앞에서 매트리스 아래의 그녀 오른쪽으로(B) 매우 천천히 그 물체를 이동시켰다. 재클린느는 이 움직임을 매우 주의깊게 쳐다보았다. 그러나 앵무새가 장소 B에서 사라지는 순간 그녀는 앵무새가 먼저 있었던 장소, 즉 장소 A를 바라보았다.

(계속)

다음에 나는 처음에 앵무새를 두었던 장소 A에 두지 않고 B에 네 번이나 앵무새를 숨겼다. 매번 재클린느는 나를 주의깊게 살폈다. 그럼에도 불구하고 매번 그녀는 즉시 A에서 그 물체를 다시 찾으려고 시도하였다. 즉, 그녀는 매트리스를 집어 그곳을 자세히 살폈다. 그러나 마지막 두 번의 시도 동안에 그 탐색은 희미해졌다.

관찰 55

재클린느는 녹색 융단 위에 앉아서 매우 흥미있게 감자를 가지고 놀고 있다(감자는 그녀에게 있어 새로운 물체이다). 그녀는 "po-tree"라고 말하면서 빈 상자 안에 그것을 집어넣고, 다시 그것을 끄집어내는 것을 즐기고 있었다. 며칠동안 그녀는 이 놀이를 열정적으로 했다.

그래서 나는 감자를 가져와서 재클린느가 바라보는 동안 상자 안에 그것을 집어넣었다. 그 다음에 나는 융단 아래에 그 상자를 가져가 나의 책략을 보지 않도록 하면서 상자를 뒤집어 융단으로 그 물체가 감춰지도록 하였다. 그리고 빈상자만 들었다. 융단을 계속 바라보고, 내가 융단 아래에 어떤 일을 했는지를 깨닫고 있는 재클린느에게 말하였다. "아빠에게 감자를 다오." 재클린느는 그 상자에서 그 물체를 찾다가, 나를 보았다가, 다시 그 박스를 자세히 보다가, 융단을 보다가 등을 반복하였다. 그러나 융단 아래에 있는 감자를 찾기 위해 융단을 들추지는 않았다.

다섯 번의 연속적인 그 반응은 일관적으로 부정적이었다. 그러나 나는 다시 시작했다. 그가 바라보는 동안 매번 상자 안에 감자를 집어넣고 아래에 가져갔다가 빈 상자를 꺼냈다. 매번 재클린느는 빈 상자를 바라보며 융단을 포함해서 그녀 주변에 있는 모든 것을 바라보았다. 그러나 융단 아래를 찾지는 않았다.

출처: 조복희 · 박혜원(1990). 발달심리의 연구법. 교육과학사.

1. 관찰법의 종류

관찰법은 관찰환경 및 구조, 관찰행동의 표집, 관찰참여 정도 그리고 관찰시간에 따라 분류될 수 있다.

1) 관찰환경 및 구조에 따른 분류

베일리Bailey, 2008는 관찰법의 종류를 다음 두 가지 기준으로 분류하였다. 첫째, 환경을 기준으로 자연적 환경과 인위적 또는 실험적 환경으로 나눈다. 둘째, 관찰의 구조 정도에 따라 비구조화 관찰과 구조화 관찰로 나눈다. 이 두 가지 기준을 통합하면 표 10-1과 같이 분류된다.

표 10-1 관찰방법에 따른 분류

관찰 \ 환경	자연환경	인위적 환경
비구조화 관찰	완전히 비구조화된 현장연구 (유형 I)	비구조화된 실험실연구 (유형 II)
구조화 관찰	구조화된 현장연구 (유형 III)	완전히 구조화된 실험실연구 (유형 IV)

(1) 완전 비구조화된 현장연구(유형 I)

자연환경에서 참여관찰을 하는 이 현장연구는 가설이 거의 없고 비구조화된 척도를 사용하므로 사실을 전반적으로 자세히 기술하게 된다. 행동의 결과를 기술하는 연구보다는 과정에 중점을 두므로 과정연구에 적합하다. 문화기술지 연구 ethnographic study는 현장연구의 한 형태이다. 문화기술지 연구는 다른 나라, 다른 민족에 대한 연구뿐만 아니라 다른 문화집단의 특성예를 들어 종가의 자녀양육 실태, 또는 다문화 가정의 자녀 가치관을 밝히기 위해 참여 관찰을 통해 연구를 진행한다.

(2) 완전 구조화된 실험실 연구(유형 IV)

이 관찰법에서는 실험실에서 구조화되고 표준화된 척도, 즉 예정된 범주나 목록표check-list를 사용한다. 그러므로 실험실연구와 유사하며, 관찰자는 흔히 일방경을 통해 관찰한다.

(3) 구조화된 현장연구(유형 III)

구조화된 현장연구는 자연적 환경에서 구조화된 관찰도구를 사용하는 연구로, 반구조화된 연구semistructured study라 하기도 한다. 이는 자료를 수량화할 수 있다는 것과 자연환경이라는 장점이 있으나, 관찰자가 있다는 단점도 갖는다. 그러므로 관찰자의 존재가 자료에 편견을 발생시키고, 자연적 환경으로 인해 외생변인의 통제가 불가능하다.

관찰자의 존재로 인한 반응의 문제는 아동이 피험자로 선정되는 연구에서는 다소 피할 수도 있다. 또 자연환경의 연구에서 외적변인에 대한 통제를 어느 정도 가함으로써 단점을 보완할 수 있다.

(4) 비구조화된 실험실연구(유형 II)

비구조화된 실험실연구unstructured laboratory study는 실험실에서 비구조화된 관찰도구를 사용하는 연구이다. 임상적 연구clinical study를 이 범주에 포함하기도 한다. 임상연구와 비구조화된 실험실연구는 엄격하게 따지면 다소의 차이가 있다. 비구조화된 실험실연구자는 실험실에서 수동적인 자세로 대상을 이해하려는 데 목적이 있으나 임상적 연구자는 대상자의 행동에 개입하여 그들을 도와주는 임무를 지니고 있다는 것이 차이점이다. 정서문제가 있는 아동을 치료하기 위한 놀이요법의 연구는 임상적 연구의 예이다.

2) 관찰행동의 표집에 따른 분류

관찰하고자 하는 대상의 모든 행동을 관찰하여 기록할 수는 없다. 그러므로 행동을 표집하여 관찰할 때 표집된 행동은 대표성이 있어야 한다. 이것은 연구대상이 모집단을 대표해야 된다는 것과 같은 논리이다.

(1) 대화기록법

대화기록법narrative record stream of behavior은 인간의 행동묘사를 상세히 기록하는 것이다. 관찰자는 어느 행동이 기록되고 무시될 것인지에 대해 결정하고 행동의 수준도 결정해야 한다. 대화기록의 장점은 다른 어떤 관찰법보다 많은 정보수집이 가능하므로 어느 특정 인물에 대한 자세한 정보를 요구할 때 유용하다. 그러므로 교육 현장의 교사나 임상가들이 사용한다. 그리고 대화기록법은 다른 연구의 출발점으로 이용될 수 있고 체계적인 방법으로 기록된 자료는 연구의 기초자료가 된다.

그러나 단점도 있다. 대화기록은 시간 소모가 많고 비용이 많이 든다. 또한 관찰 시작 전에 구체적인 목적을 설정하지 않으면 불필요한 정보가 많아지고, 방대한 양의 정보 중 일부만이 연구주제와 관련이 있게 되는 경우가 많아 비경제적인 자료수집 방법이 될 수 있다.

(2) 시간표집법

특정 행동을 특정 시간 기준에서 관찰하는 방법이 시간표집법time sampling이다. 이 방법은 행동의 전체 흐름을 기록하는 것이 아니라, 몇 가지 특정 행동들에 초점을 두어 특정 시간 내에 그 행동이 출현하면 관찰하여 기록하는 것이다. 이때 관찰하려는 구체적 행동은 미리 정해 부호화하거나 빈도로 표기하도록 계획되어야 한다. 뿐만 아니라 관찰과 기록을 구분하여 시간을 배정해 둔다. 예를 들어, 15초 관찰하고 15초 기록할 수 있다. 시간표집법은 자료를 쉽게 요약하여 분석할 수 있으며 관찰시간이 절약되는 이점이 있다. 시간표집법의 관찰은 행동의 일부분만 조사될 뿐 아니라 관찰기간의 어떤 부분만이 포함되므로 비교적 자주 발생하는 행동에만 사용하는 것이 바람직하다.

(3) 사건표집법

사건표집법event sampling이란 관찰자가 관찰하고자 하는 행동을 정의한 후, 기다렸다가 그 행동이 출현하면 일정한 형식에 따라 주의 깊게 관찰, 기록함으로써 행동의 전체를 이해하는 방법이다. 아동의 싸움에 대한 연구를 한다면 아동의 싸움은 빈도가 낮으므로 대화기록과 시간표집은 비효율적인 방법들이다. 특히 시간표집으로는 싸움이 비관찰 시기에 일어나면 싸움은 못 볼 가능성이 있고 싸움의 부분만 볼 수도 있으므로 이런 경우에 사건표집법을 도입할 수 있다. 행동이 발생하기를 기다렸다 기록하는 데 있어 전체 행동의 기술에서부터 미리 부호화된 목록표에 이르기까지 매우 다양한 형태를 취할 수 있다. 정의된 행동의 전후상황도 함께 관찰하므로 행동의 원인 등을 밝힐 수 있으나, 자료의 수량화가 어렵다는 단점이 있다.

사건표집법

영아의 의사소통적 몸짓을 측정하기 위해 영아 1명의 놀이 영상을 보며 영아의 의사소통 몸짓에 대한 분석 기준에 대해 논의하였고, 의견이 맞지 않는 부분은 영상을 다시 살펴보며 의견을 맞춰나갔다. 나머지 영아 3명의 놀이 영상을 사건표집법으로 분석기준에 따라 분석한 후, 본 연구자와 보조 연구자 간의 관찰자간 신뢰도를 산출하였다.

출처: 이지영 · 성지현(2015). 13–18개월 영아의 의사소통적 몸짓과 놀이의 관계에서 어머니 반응성의 역할. 아동학회지, 36(5), 19–36.

3) 참여 정도에 따른 분류

관찰자가 어느 정도 관찰대상자에게 노출되는가는 그림 10-1에서 보듯이 4단계가 있다. 첫 번째가 순수관찰자complete observer로 관찰하는 경우이다. 어린이집에서 일방경one-way mirror 등을 통해 상호작용없이 관찰만 할 때 여기에 속한다. 두 번째, 비참여관찰자observer-as-participant는 활동에는 참여하지 않으나 현장에서 관찰하는 것을 말한다. 세 번째는 참여관찰자participant-as-observer로 어린이집에서 교사 또는 임시교사로 직접 활동하면서 아동을 관찰하는 것

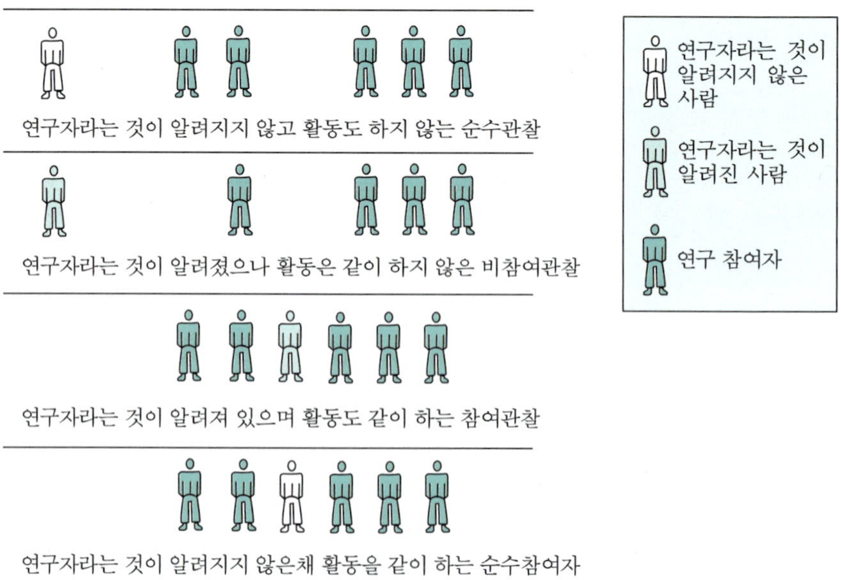

그림 10-1
참여 정도에 따른 관찰 연구
출처: Dane(2018).

이다. 마지막은 순수참여자complete participant는 연구자로서의 신분이 노출되지 않은 상태에서 관찰이 이루어진다. 연구자가 순수참여자로 행동할 때 모든 대상자들의 행동은 자연스러워 다른 경우보다 정보가 풍부할 수 있으나 연구자가 관찰대상자들의 정상적인 관계를 방해할 수 있다. 또한 순수참여자로서 하게 되는 연구자의 자료수집은 기억에 의존해야 하므로 부정확할 수 있으며 반복연구는 불가능하다.

4) 관찰시간에 따른 분류

일반적으로 관찰은 행동이 일어나는 동안에 이루어진다. 그러나 이와는 달리 행동이 이미 발생한 이후에 그 사건이나 행동과 관련된 단서를 관찰하여 이루어지기도 하는데, 이를 간접관찰indirect observation 또는 비간섭적 관찰unobtrusive observation이라 한다.

간접관찰은 관찰대상자를 직접 관찰하는 것과 달리 관찰자가 상황에 개입하지 않고 이미 일어난 사건에 대해 조사한다는 점에서 비반응적이라는 장점을 가진다. 모든 관찰에서 관찰자에 대한 참여자의 인식은 의식, 무의식적으로 그들의 반응에 영향을 미쳐 정확한 정보수집을 방해할 수 있다. 그러나 간접관찰은 관찰자가 상황에 개입하지 않고 참여자도 관찰을 인식하지 않는다는 점에서 비간섭적 측정이라 불리기도 한다. 그러나 직접적으로 사건이 발생한 시간에 관찰이 이루어지지 않는다는 점에서 직접관찰로 나타난 결과를 확인하거나 반대하는 추가적인 정보제공의 다중기법 접근법에서 활용되는 경우가 많다. 간접관찰은 물리적 흔적이나 문헌 기록 등을 조사하는 방식으로 수행된다.

2. 관찰법의 장점

관찰법의 몇 가지 장점을 살펴보면 다음과 같다. 먼저, 비언어적 행동에 대한 자료수집에 있어서 다른 방법보다 우월하다. 언어를 통한 질문지법이나 면접법에서는 행동에 대한 자료가 이차적인 반면, 관찰법에서는 실제로 일어나는 행동을 직접 관찰하기 때문에 피험자와 친밀하며 비공식적인 관계를 형성하여 더 세밀한 자료를 얻을 기회가 많다. 그러나 이런 우호적 관계는 관찰자의 객관성을 감소시킬 위험이 있다.

다음 장점으로, 실험법은 인위적 환경에서, 질문지법은 제한된 질문에 의존하므로 오류가 발생하기 쉬우나 자연적 상황에서 발생하는 행동을 관찰하는 관찰법은 다른 자료수집 방법보다 대상자가 반응을 덜 보인다. 관찰법은 덜 한정적이고 덜 인위적이긴 하지만 반응성reactivity의 문제가 없는 것은 아니다.

마지막으로, 관찰연구는 심층적이고 주관적으로 행해지며, 장기간 연구해야 하므로 적은 표본을 대상으로 하는 종단적 연구에서 유리하다. 종단연구는 기억보다는 발생하는 현상을 오랫동안 관찰을 해야 하기 때문이다. 따라서 우연한 발생과 습관적 발생 간의 차이를 말할 수 있다. 또한 관찰법은 개인을 심층적으로 연구할 수 있으므로 질문지법을 적용하기 이전에 예비관찰 연구를 통해서 중요하다고 증명될 변수에 집중할 수 있다.

3. 관찰의 문제점

관찰법의 문제점도 있다. 자연적 상황에서 관찰하여 자료를 수집하기 때문에 자료에 영향을 미칠 수 있는 외생변인에 대한 통제가 불가능하고 반응성reactivity의 문제가 있다. 반응이 나타난다는 것은 관찰자의 개입이 관찰대상자의 행동에 영향을 주어 일상적인 행동을 보여 줄 수 없다는 것이다. 이 영향을 감소시키는 두 가지 방법이 있는데, 먼저 습관화시키는 것으로 관찰자의 존재를 대상자가 익숙하게 여기게 만든다. 즉, 관찰자를 미리 소개시켜 대상자와 관찰자가 익숙해져 행동이 자연스러울 때 비로소 기록하는 방법이다. 이것의 변형으로는 이미 그 상황에 자연적으로 친근한 사람, 즉 부모나 교사에 의해 관찰을 수행하는 방법이 있다. 둘째, 관찰되고 있다는 사실을 알리지 않는 방법으로 숨어서 사진을 찍거나 일방경으로 관찰하는 방법이다. 그러나 이것은 윤리적인 문제가 뒤따른다.

관찰대상자의 반응뿐만 아니라 관찰자의 편견도 개입된다. 관찰자는 실제로 일어난 사실보다는 자기가 일어나기를 기대하는 것만을 주목하여 기록하는 경향이 있다. 이러한 관찰자의 편견을 감소시키는 방법으로 첫째, 행동을 목록화하는데 그 범주를 가능한 자세하고 객관적으로 만드는 방법이 있다. 왜냐하면 자료를 점수화할 때 해석상의 여지가 크면 클수록 관찰자의 의견이 개입될 여지가 많기 때문이다. 둘째, 속임수관찰blinding observation을 한다. 관찰자가 연구의 가설이나 혹은 대상자가 속한 집단에 대해 전혀 모르게 하여 기대감의 원천을 봉쇄하는 방법이다.

이 외에도 수집된 자료는 빈도나 퍼센트에 제한된 수량화는 할 수 있지만, 일반적으로 체계적으로 부호화 또는 범주화하기 어려운 관찰법을 선호하는 연구자는 수량화하기보다는 감정의 주관적 분석에 더 관심을 두기 때문에 자료는 인용과 회상으로 보고된다. 그리하여 관찰자의 존재와 자료 기록상의 오류 등은 자료를 왜곡시킬 수 있다. 또한 연구주제에 따라 관찰에 의해 자료수집이 불가능한 민감한 문제는 익명이 보장되지 않기 때문에 자료수집이 매우 어렵다.

관찰자가 관찰을 하는 동안 범할 수 있는 오류를 표 10-2에 제시하였다. 관찰자 오류가 발생하는 이유는 연구가설에 대한 사전인식, 관찰내용 및 대상에 대한 지식과 정보, 관찰자의 지각적 특성, 불충분한 훈련, 관찰자 표류, 기록의 오류 등 매우 다양하다. 따라서 관찰자 오류를 줄이기 위해서는 다양한 관찰오류에 대해 정확히 인지하여 객관성을 유지하도록 노력해야 하며, 관찰도구에

표 10-2 관찰자 오류의 유형

유형	설명
관용의 오류 (error of leniency)	관찰자가 관찰대상자의 실제 능력이나 특성에 비해 관대하게 평정하는 오류. 한 개인의 특성을 긍정적으로 보면 다른 특성도 긍정적으로 보는 경향에서 오는 오류.
엄격의 오류 (error of severity)	부정적인 면 때문에 다른 면도 나쁘게 평정하는 오류.
중앙집중의 오류 (error of central tendency)	관찰평정의 결과가 중간부분에 모이는 경향으로 훈련이 부족한 관찰자가 범하기 쉬운 오류.
논리의 오류 (error of logic)	서로 다른 두 가지 행동특성을 비슷한 것으로 판단하여 평정하는 오류. 예를 들어 협동성과 준법성이 다른 특성임에도 동일하게 평정하는 경우에 해당.
근접의 오류 (error of proximity)	시간적, 공간적으로 가깝게 평정하는 특성 사이에 상관이 높아지는 현상
대비의 오류 (error of contrast)	관찰자의 특성이 평정에 영향을 미치는 데서 기인하는 오류. 객관적인 기준에 의해 평정하지 않고 자신의 경험과 판단에 기초하여 과대 혹은 과소평가하는 오류.

대한 충분한 훈련을 통해 관찰에 대한 숙련성을 높여야 한다Babbie, 2020.

4. 관찰법의 신뢰도와 타당도

관찰법에서 타당도를 낮추는 여러 요인이 있을 수 있다. 먼저, 관찰자의 기대나 편견은 가장 큰 타당도의 위협요인이다. 관찰자의 존재로 인한 대상의 반응도 또한 타당도를 낮춘다. 일반적으로 인간 행동에 대한 자료수집에서 관찰법은 질문지나 문헌연구에서 얻어진 자료보다 안면타당도가 높다고 본다. 그러나 예민한 주제에 대해서는 질문지가 관찰법보다 더욱 타당하다. 간접관찰은 관찰자가 참여하지 않으므로 관찰자가 대상들에게 영향을 주어 생길 수 있는 편차를 막을 수 있다.

애인스워스의 애착에 대한 관찰 연구

애착의 선구적 연구자인 애인스워스(Mary Ainsworth, 1967)는 대부분 자연관찰(면접포함)을 통해 연구하였다. 애인스워스는 9개월간 우간다에서 생활하면서 28개 가정을 자주 방문하였다. 가정방문은 아동발달에 관한 엄마와의 면접과 영아행동의 직접관찰 그리고 영아와 엄마 간의 상호작용을 관찰하는 것이 목적이었다. 이 관찰은 광범위한 애착 관련 행동(격리불안, 변별적 반응, 안전기지로서의 엄마 등)에 대한 직접적인 증거를 제공하였다.

29주 된 팔로는 우리가 처음 방문했을 때 이불 속에서 잠자고 있었다. 그의 어머니가 그를 깨운 얼마 후에 그를 그녀의 무릎 위에 앉혔다. 그는 처음에는 조용히 앉아 있었으나 점차적으로 활동적이 되었다. 그의 어머니는 나에게 그 아이를 주었다. 저항 없이 나의 무릎 위에서도 매우 활동적으로 때때로 내 팔 안에서 자신의 등을 움직이고 등을 구부렸다. 그는 매우 강해 보였다. 그러나 불안해하면서 어머니에게 가려고 해서 나는 어머니에게 그를 주었다.
일주일 후 팔로가 30주가 되었을 때 그는 마루에서 열심히 노는 데 대부분의 시간을 보냈다. 비스켓 박스의 뚜껑을 가지고 놀았으며, 반짝이는 금속 뚜껑의 내부에 자신의 모습을 비추어 보는 데 흥미를 가졌으며, 접착성 테이프의 빈 롤러를 그릇에 다 넣었다 꺼냈다 하며 뚜껑을 치기도 하면서 시끄럽게 놀았다. 그는 통통하고 건강해 보였으며, 그의 허리와 발목 주변에 구슬 줄을 걸치기만 하였고 벌거벗었다. 잠시 동안 통역가가 그를 안았다. 그는 어머니가 방을 떠나기 바로 전까지는 그녀(통역가)의 무릎 위에서 만족해 보였다. 그러나 엄마가 나가자 팔로는 즉시 그의 어머니가 되돌아 올 때까지 계속하여 울어 제쳤다.
팔로가 41주가 되었을 때 짧은 방문 동안 어머니의 무릎이나 옆에서든 간에 그는 어머니와 가까이 있기를 원했다. 그의 어머니는 나에게 그를 건네주려고 했으나 그는 강렬하게 저항하였다. 이때 억지로 떠맡기려고는 하지 않았다. 그러나 어머니가 우리를 위해 약간의 사탕수수 설탕을 자르기 위해 잠시 동안 나갔을 때 그는 울지 않았다. 그녀가 나간 동안 그의 외삼촌이 들어왔다. 팔로는 그에게 재빠르게 가서 외삼촌이 그를 안아 올리자 기쁜 소리를 냈다. 잠시 후 그를 내려놓으려고 했을 때, 그는 저항하며 소리를 질러댔다. 그래서 외삼촌이 우리와 작별인사를 할 때는 팔로를 안고 마당으로 나왔다. 팔로가 외삼촌을 매우 좋아하며 다른 사람이 그를 안도록 하지는 않는다는 것을 나중에 들었다.
46주에 팔로는 그의 어머니 무릎 위를 찾아가기 시작했으며 무릎에 앉아 등으로 어머니를 부딪치기도 했다. 곧 그는 마루를 탐색하려고 기어다니기 시작했으며 때때로 웅크린 자세로 멈추기도 했다. 그는 현관에서 놀았으며 바깥으로 나가기도 했다. 매번 그의 어머니는 뒤에서 그를 불렀으나 때로 그가 돌아오지 않아 그를 데리러 나갔다. 그녀는 항상 팔로가 자신의 시야에 머물러 있기를 원한다고 말했다. 안으로 돌아와서 그는 두 개의 병뚜껑을 가지고 열심히 놀았다. 어머니가 그를 안아 올린 후에, 통역가에게 그를 건네주려고 했다. 어머니의 의도를 알아차리고 팔로는 소리 지르고 어머니를 치려고 했다. 그러나 얼굴을 바깥쪽으로 안고 있었기 때문에 그녀를 치지 못했다. 그의 반대에도 불구하고 어머니는 팔로를 통역가의 무릎 위에 올려놓았으나 팔로는 그를 내려놓을 때까지 계속해서 소리를 질렀다.
팔로가 13달 될 때 다시 방문했다. 그는 우리가 도착했을 때 밖에 혼자 있었다. 그는 우리를 보자 아주 흥분하여 그의 어머니에게로 달려갔다. 나는 떨어져 있어서 그가 놀라서 그랬는지 단지 흥분해서 그랬는지를 판단할 수 없었다. 우리가 머무는 동안 그는 그의 어머니 가까이에 앉아 마루에서 놀았다. 그의 어머니가 일어나서 우리에게 선물을 주려고 밖으로 나가자 팔로는 소리 지르기 시작했다. 그의 외삼촌이 그를 안아 올렸으나, 팔로는 어머니가 되돌아 와서 그를 무릎 위에 올려놓을 때까지 계속해서 소리를 질렀다.

출처: 조복희·박혜원(1990), 발달심리의 연구법, 교육과학사.

타당도에 영향을 줄 수 있는 요인들이 관찰자나 연구환경에 발생하게 되면 신뢰도는 크게 영향을 받는다. 관찰하는 동안 피로 등의 신체적 한계가 있을 수도 있으며, 또한 부정확한 관찰방법에 의해서도 신뢰도가 낮아질 수 있다. 그러나 최근에는 비디오기기와 같은 관찰도구의 발전으로 과거의 문제점을 극복하고 있다. 비디오는 모든 행동을 기록하여 필요에 따라 재관찰할 수 있다는 장점이 있다.

비조직적인 관찰로 볼 수 있는 인류학적 현장연구는 신뢰도가 제시되지 않는다. 그러나 조직화된 관찰에서는 관찰자 간 신뢰도interobserver reliability를 산출한다. 신뢰도 산출방법으로는 두 관찰자의 기록 간 상관정도를 계산하거나, 어느 행동의 발생을 기록하면서 동의 정도로 계산할 수 있다. 즉 20회의 관찰 기회가 있다고 할 때 두 관찰자가 19회에 동의한다면 이때 일치도의 백분율은 95%가 된다. 대개 연구에서는 .75 이상의 신뢰도계수가 요구된다.

둘이나 그 이상의 관찰자가 한 행동에 대해 같은 해석을 내린다면 관찰이 정확하다는 결론을 내린다. 그러나 만약 두 관찰자가 같은 오류를 보이는 경우에도 일치도는 높아진다. 이는 신뢰도는 타당도의 필요조건이지만 충분조건은 아니라는 것의 구체적인 예이다.

4부

자료의 분석

11장

통계분석의 분류

일반적으로 연구자는 자료를 효율적으로 정리하기 위해 통계를 이용한다. 그러므로 통계는 자료를 이해하는 수단일 뿐이지 자료를 해석하는 필요충분조건은 아니다. 연구에서 통계를 이용할 때는 다음과 같은 주의점이 있다.

첫째, 미리 계획해야 한다. 많은 연구자들이 자료를 수집한 후에 연구 시작 당시에는 예측하지 못했던 흥미 있는 결과를 발견하고 통계적 검증을 하기도 한다. 그러나 연구계획을 치밀하게 하여 가능한 사후에 통계적 검증을 하는 것을 최소화해야 한다. 자료수집 후 유의하게 나타날 수 있는 모든 것을 찾아내기 위해 여러 가지 통계검증을 사용하는 것은 바람직하지 못하므로 연구문제와 자료에 가장 적합한 통계가 사전에 계획되어야 한다.

둘째, 연구에서의 결론들은 통계적 계산의 정확성에 의존하기 때문에 신중해야 한다. 계산상의 오차는 결론의 중요한 오류를 낳을 수도 있을 뿐만 아니라, 다른 오류들보다 잘 탐지되지 않으므로 정확해야 한다.

그 외에 기술통계와 추리통계 간에 결과에서 현저한 차이가 있을 때는 언제나 의심을 해봐야 한다. 같은 자료에서 산출된 기술통계와 추리통계 결과는 거의 일치되어야 한다. 기술통계상의 작은 차이가 추리통계적으로 유의하게 나오거나 또는 매우 커다란 차이가 유의하지 않다고 나온다면 이를 재검토해 볼 필요가 있다.

연구목적에 따라 자료의 성격이 다르므로 분석방법도 달라진다. 탐색연구에서는 질적분석이 적당하나 상관연구에서는 양적분석이 행해진다. 또한 양적분석에서도 자료의 종류나 성격에 따라 적용될 수 있는 통계기법은 다르다. 연구의 목적이 자료를 일목요연하게 정리하는 것이라면 기술통계를 사용하고, 가설을 검증하는 것이 연구의 목적이라면 추리통계가 요구된다. 추리통계에서도 척도의 수준, 변수의 수와 변수 간의 관계, 표본의 수와 표본 간의 관계에 따라서도 적용하는 통계의 기법이 달라진다.

변수의 수와 변수 간의 관계에 따른 통계분석 방법을 정리하면 그림 11-1과 같다.

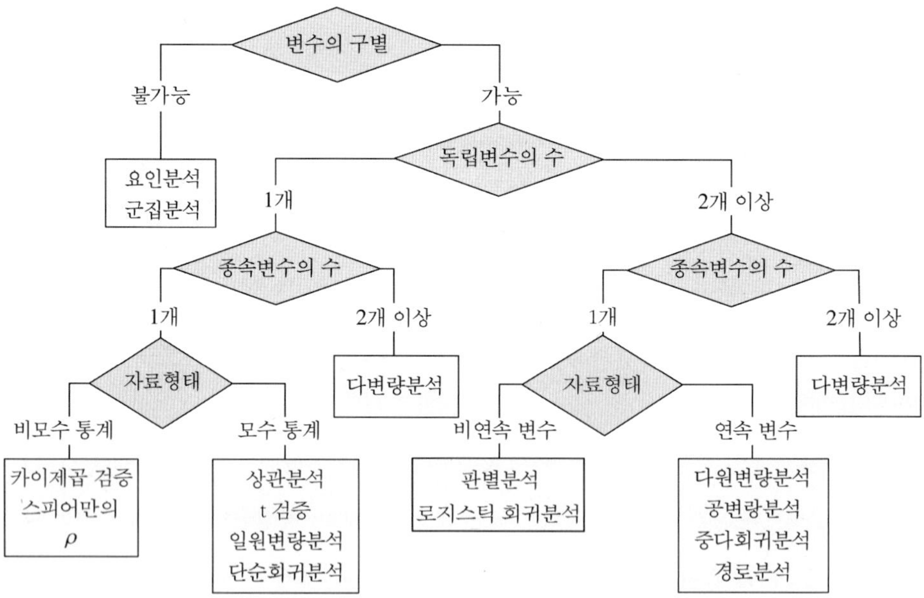

그림 11-1
통계분석의 분류

종속변인의 수에 따라 단변량분석univariate analysis과 다변량분석multivariate analysis이 있다. 변수 간의 관계는 종속적인지 아니면 단순한 상호관계인지에 의해 분석의 방법이 다르다. 독립변수와 종속변수가 명확하면 변량분석이나 회귀분석을 사용하나, 명확하지 않으면 요인분석이 쓰인다. 표본의 수가 몇 개인가에 따라, 또는 표본의 독립성에 따라서도 다른 통계가 사용된다. 예를 들어, 두 표본의 평균비교는 t 검증이 유용하나, 두 표본 간에 독립적이 아니면 종속적 t 검증paired t test을 쓴다. 이때 표본수가 2개 이상이면 일원변량분석F 검증을 한다.

12장

기술통계

통계학은 수집된 자료를 기술하는 기술통계와 수집된 자료를 바탕으로 의미를 추론하는 추리통계로 나눌 수 있다. 기술통계는 전체 자료의 특징을 알기 쉽게 나타내기 위해 자료를 요약하여 이해하기 쉬운 형태로 전환시킨 것이다. 기술통계의 예로 빈도분포, 집중경향치, 변산도에 관해 살펴보면 다음과 같다.

1. 빈도분포

빈도분포frequency distribution는 가장 기초적인 통계치로서 전체 자료를 범주별로 나누어 빈도수로 기록하는 것이다. 빈도분포로 관측값의 범주와 그 분포의 유형을 알 수 있다. 만일 대부분의 관측값들이 양극에는 적고 중앙에 집중되어 있다면 그것은 정상분포를 이룬다고 하며, 분포가 어느 한 방향 극단에 집중된다면 그 분포는 편중되었다고 말할 수 있다. 관측값의 빈도를 그림으로 나타내는 방법에는 원 그림, 막대 그림, 꺾은선 그림, 누적백분율 곡선 등이 있다.

산포도

질적 수준에 따른 코티솔 오전 평균 수치의 산포도

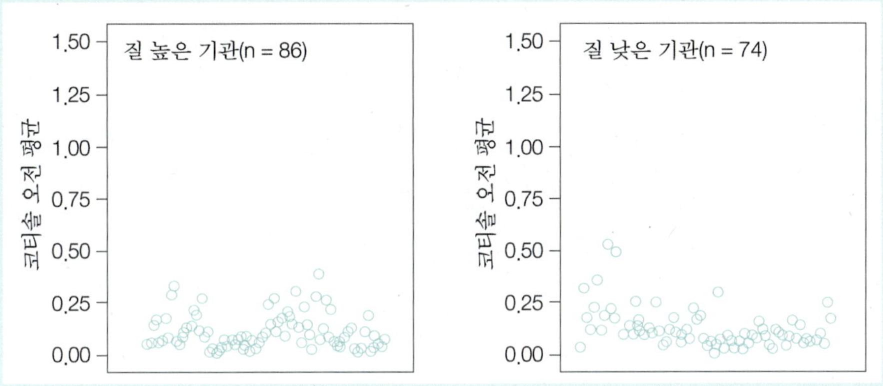

출처: 박경자 · 최정윤 · 권연희 · 김지현(2007). 보육특성에 따른 유아의 코티솔 패턴. 아동학회지, 28(6), 8.

꺾은선 그림

연도별 자료분석 방법 분포

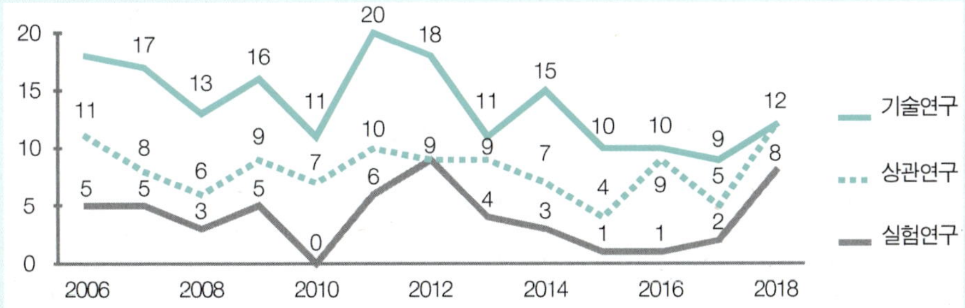

출처: 조귀희 · 문예은 · 이주연(2020). 어린이집 장애영유아 통합보육에 관한 연구 동향. 한국보육지원학회지, 16(1), 21–49.

막대 그림

중국 조선족 아동과 한국 화교 아동의 문화접변 유형분포(%)

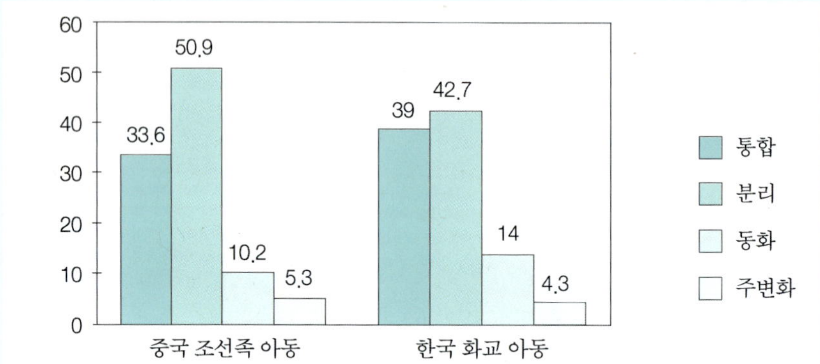

출처: 조복희·이주연(2006). 중국 조선족 아동과 한국 화교 아동의 문화접변 유형 및 학교적응 비교연구. 아동학회지, 27(1), 9.

아동학대 신고의무자 신고: 보육교직원

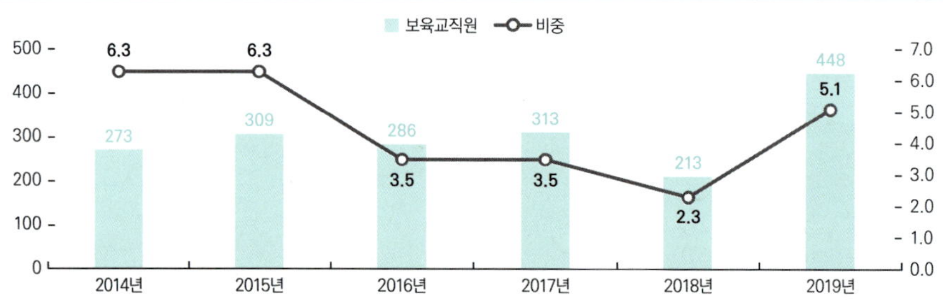

출처: 양미선(2021). 어린이집 교사의 아동학대 및 권리인식. 육아정책포럼, 67권, 14-26.

2. 집중경향치

빈도분포에서 나타난 관측값의 대표치를 집중경향치measures of central tendency로 알 수 있다. 가장 자주 사용되는 집중경향치의 세 가지 유형은 최빈값mode,

중앙값median, 평균값mean이다.

최빈값은 한 분포에서 가장 자주 나타나는 수치이다.

예) 2, 2, 3, 4, 4, 5, 5, 5, 6, 6, 7 최빈값 = 5
해석) 2가 2번, 3이 1번, 4가 2번, 5가 3번, 6이 2번, 7이 1번 나타났으므로 가장 많이 나타난 수, 즉 최빈값은 5가 된다.

중앙값은 분포의 중간에 놓인 수치로 점수들의 분배를 양등분하면 된다.

예) 6, 2, 7, 2, 5, 6, 3 중앙값 = 5
해석) 숫자의 분포를 오름차순으로 정리해보면 2, 2, 3, 5, 6, 6, 7로 나타나며 5를 중심으로 숫자들이 양등분되므로 중앙값은 5가 된다.

관측의 수가 홀수일 때 분포 안에 있는 실제 수치가 중앙값이 될 수 있으나, 수가 짝수일 때 중앙값은 두 중간 점수 사이에 1/2의 수가 된다.

예) 6, 2, 2, 5, 6, 3 중앙값 = 4
해석) 숫자의 분포를 오름차순으로 정리해보면 2, 2, 3, 5, 6, 6으로 나타나며 중앙값은 5와 3 사이의 1/2인 점수 4가 된다.

분포가 편중되어 있을 때, 즉 매우 크거나 작은 값이 있으면 평균이 관측값들의 수준을 대표하지 못하고 중앙값이 유용하다.

평균값arithmetic mean은 모든 관측값의 합을 전체 사례수로 나눈 값이다. 학술논문지에서 상징 M이나 $\overline{X}$로서 평균값을 나타내고 있다.

예) 6, 2, 7, 2, 5, 6 평균 = 4
해석) (6 + 2 + 7 + 2 + 5 + 6)/6 = 4

집중경향치의 세 가지 유형은 관측값의 분포에 따라 매우 민감하다. 세 가지 측정을 비교해 보면 3, 2, 5, 6, 9, 7, 3이라는 관측값에서 최빈값은 3, 중앙값은 5, 평균값도 5이다. 만일 관측값 9를 16으로 변화시킨다면 최빈값은 3, 중앙값은 5로 변화하지 않으나, 평균은 5에서 6으로 변화된다. 이와같이 극단적인 점수가 자료에 제시될 때 최빈값과 중앙값은 비교적 영향을 받지 않지만, 평균값은 극단적인 수쪽으로 변화한다.

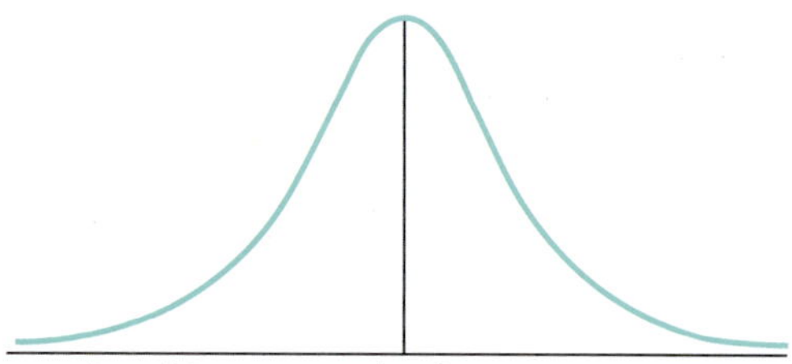

그림 12-1
정상분포

이러한 차이는 정상분포와 치우친 분포에서 세 측정값을 비교해 살펴볼 수 있다. 정상분포에서는 세 측정 점수가 모두 같게 나타난다(그림 12-1). 그러나 한쪽으로 치우친 분포에서는 평균값이 분포의 꼬리 부분에 근접해서 나타나며, 최빈값은 꼬리에서 훨씬 멀리 떨어져 있고, 중앙값은 평균값과 최빈값 사이에 위치한다. 즉 정적 분포positively skewed distribution에서는 꼬리 부분의 극단적인 높은 점수가 평균값을 증가시키는 반면, 부적 분포negatively skewed distribution에서는 극단적인 낮은 점수가 평균값을 감소시켜 집중경향치의 세 측정은 정적 분포와 반대순서로 배열된다(그림 12-2).

평균값은 모든 관측값을 기초로 하기 때문에 일반적으로 가장 보편적으로 사용되는 것은 집중경향치이다. 그러나 연구자는 자신의 연구에 가장 적합한 측정치를 알아내어 사용해야 할 것이다. 예를 들어, 소수점을 가진 수치가 부적합하다면예: 한 가족의 자녀수 연구자는 최빈값을 사용하고, 한 방향으로 몇 개

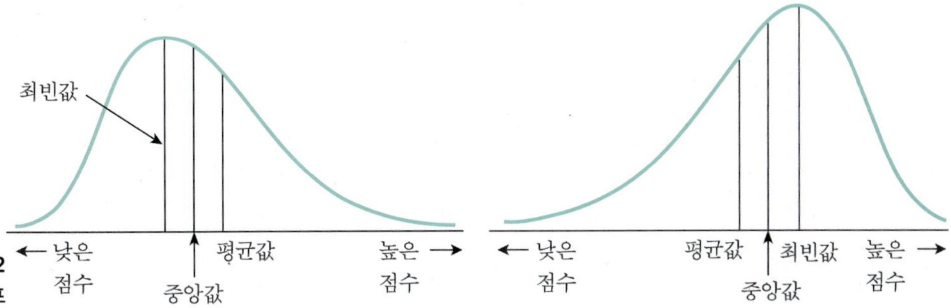

그림 12-2 부적 분포

의 극단적인 점수가 있다면 중앙값을 사용하는 것이 바람직할 것이다.

3. 변산도

평균값, 최빈값, 중앙값 외에 자료를 더 설명하기 위해 변산도variation가 필요하다. 대다수 자료들은 그 분포가 서로 다르므로 변산도의 측정으로 점수들 간에 산포도dispersion를 알 수 있다. 변산도는 자료가 동질적인지 혹은 이질적인지를 정확히 지적하는데 사용된다. 점수들이 유사하다면 그들은 동질적이고, 유사하지 않을 경우는 이질적이라고 말할 수 있다. 예를 들어, 평균이 100인 두 집단이 있지만, 집단 I은 동질적이고 집단 II는 이질적이라 할 수 있다(표 12-1).

표 12-1 두 집단의 관측값

집단 I	집단 II
102	128
99	78
103	93
96	101

1) 범위

범위range는 가장 간단한 변산도 측정 방법으로 가장 높은 점수와 가장 낮은 점수들 간의 차이를 말한다. 앞의 예에서 집단 I의 범위가 7(103-96)이고, 집단 II의 범위는 50(128-78)이다. 범위는 가장 높은 점수와 가장 낮은 점수만 고려하고, 그 사이에 놓인 점수들은 고려하지 않기 때문에 정확한 변산도라고 볼 수는 없다.

범위

주요 변인들의 일반적 경향 (*N* = 80)

변인			평균	표준편차	응답한 점수범위
아동기	창의적 가정환경	26.16	7.34	8~43	
	동기유형	내재적 동기	11.04	3.08	3~16
		외재적 동기	9.46	3.21	3~15
성인기	정서지능	정서인식	35.25	5.06	21~46
		감정이입	35.76	4.01	27~46
		사고촉진	35.41	4.79	23~46
		정서활용	35.16	4.90	24~45
		정서조절	32.46	4.12	20~42
		전체	33.81	3.37	26.40~41.80

출처: 김양은·양미선(2008). 아동기 가정환경과 동기 유형이 성인기 정서지능과 창의적 사고능력에 미치는 영향: 아동기 회상을 중심으로. 아동학회지, 29(1).

2) 변량과 표준편차

변량variance은 각 점수가 평균과 얼마나 차이가 있는지 산출한 것이며, 표준편차standard deviation는 변량에 제곱근을 씌운 것이다. 변령과 표준편차는 집단 내에 속한 모든 점수들을 기초로 하므로 범위보다 자료의 분포를 더 정확하게 나타낼 수 있다. 변량은 상징문자 σ^2나 S^2를 사용하며, 표준편차는 약자 SD,

상징 S나 σ 또는 단어 sigma를 쓴다. 또한 몇몇 연구자들은 14.83±2.51과 같이 표준편차를 +, − 형태로 기록하는데 첫 번째 수 14.83은 평균을 나타내고, 두 번째 수 2.51은 표준편차를 나타낸다.

평균과 표준편차

속담에 대한 동의도

구분	속담	*M*	*SD*
선천론	콩 심은 데 콩 나고 팥 심은 데 팥 난다	4.00	.93
	씨도둑은 못한다	4.00	.94
	그 아버지의 그 아들이다	3.92	.91
	돌은 갈아도 옥이 되지 않는다	3.26	1.12
	될성부른 나무는 떡잎부터 알아본다	3.80	.98
	전체 (N = 546)	3.80	.69
후천론	왕후장상의 씨가 따로 있겠는가	3.59	.97
	재간을 배 속에서 타고난 사람 없다	3.34	.96
	우는 아이 젖 준다	3.93	.88
	세 살 적 버릇 여든 간다	4.09	.80
	물고기도 큰 강물에 노는 놈이 더 크다	4.05	.85
	전체 (N = 517)	3.80	.60
교육의 중요성	남의 자식 흉보지 말고 내 자식 가르쳐라	4.10	.82
	돈 모아 줄 생각 말고 자식 글 기르쳐라	4.02	.85
	말은 낳거든 시골로 보내고 아이를 낳거든 공자의 문으로 보내라	4.20	.83
	황금 천 냥이 자식 교육만 못하다	4.01	.86
	서당개 삼 년이면 풍월을 읊는다	4.08	.79
	전체 (N = 546)	4.08	.62

(5점 리커트 척도, 매우동의 = 5)

출처: 이주연·이윤형(2015). 속담에 나타난 아동발달 기제와 교육의 중요성에 대한 부모의 인식. 한국보육지원학회지, 11(1), 415–433.

앞의 세 가지 유형의 변산도는 학술지에 자주 사용되는 것으로 이들 사이에는 다음과 같은 관계가 있다. 첫째, 표준편차는 항상 변량의 제곱근과 같다. 따라서 만일 변량이 17.68이라면 표준편차는 대략 4.2의 근사치가 될 것이다. 둘째, 범위는 표준편차보다 약 5배 정도 크다. 그러므로 만일 표준편차가 4라면 범위는 대략 20이 될 것이라는 것을 알 수 있다.

13장

추리통계

기술통계가 수집된 자료의 특성을 기술한 것이라면, 추리통계는 연구자가 궁극적으로 관심이 있는 모집단에 자료의 의미를 일반화하고자 사용하는 통계이다. 만약 연구의 표본이 모집단을 잘 대표한다면 표본의 결과를 모집단의 결론으로 일반화해도 무방할 것이다. 이때의 결론은 확정적이 아니므로 확률 probability로 표시되며, 이 확률이 통계적으로 얼마나 유의한지 검증하는 것이 추리통계인 것이다.

표 13-1 기술통계와 추리통계

유형	특징
기술통계	자료의 수집(collection), 정리, 요약(summary) 자료의 전반적인 구조(overall structure)
추리통계	통계적 모형(statistical model) 모수(parameter)에 대한 통계적 추론(statistical inference) 통계적 추측과 예측(statistical prediction and statistical forecasting)

출처: 통계교육원(2010).

1. 통계적 유의도

추리통계에서 사용하는 통계적 유의도statistics significance는 가설연구에서 흔히 사용되고 있다. 대부분의 연구에서는 연구에 소비되는 시간이나 경제적 이유 등으로 모집단population을 대상으로 하는 것이 아니라 표본sample을 대상으로 이루어진다. 그러나 연구자는 연구결과를 연구대상이 된 표본의 특성으로만 기술하고자 하는 것이 아니라 모집단에 일반화 하려고 하기 때문에 추리통계를 사용한다. 예를 들어, 취업모의 자녀는 또래관계에서 사회성이 떨어진다는 가설검증 연구를 한다고 할 때 취업모 자녀와 비취업모 자녀를 두 집단으로 나누어 사회성 측정도구를 사용하여 차이를 볼 수 있을 것이다. 이때 종속변수에 영향을 줄 수 있는 취업모와 비취업모라는 변수 이외에 다른 변수를 통제한다고 하더라도 완벽할 수가 없다. 실제로 부모의 교육 수준, 어머니의 직업 종류, 자녀수 등이 똑같으면서 취업, 비취업이란 변수만 다른 두 집단을 선정할 수가 없을 것이다. 통계적 유의도란 이와 같이 연구의 결과에 대한 100% 자신 있는 기술 대신 어느 정도의 오차가 있다는 표현방식이다. 가장 많이 쓰이고 있는 통계적 유의수준이 5%인데, 이것은 연구결과에 대해 5% 정도는 오차가 있을 수 있다는 확률을 의미한다.

통계적으로 유의하다고 해서 반드시 매우 중요한 변수라고 볼 수는 없다. 두 변수의 상관계수 .3일 때 설명력은 9%이다. 즉 두 변수의 관계를 설명할 수 없는 요인이 91%라는 것이다. 통계적 유의도는 매우 중요한 개념이지만 이론적으로 뒷받침될 때만 의미있게 해석된다. 그래서 최근에는 가설이 검증된 연구도 질적연구를 통해 더 많은 정보를 얻고자 하는 경향이 있다.

통계적으로 유의하다고 밝혀지면 우연에 의한 결과가 아니라고 볼 수 있지만 통계적으로 유의하다고 밝혀진 연구가 언제나 타당하고 중요하다고는 볼 수는 없다. 왜냐하면 통계적 유의도는 표본의 크기에 따라 달라지는데 일반적으로 표본이 크면 유의도가 쉽게 얻어진다. 그러므로 발견된 결론에 대한 통계적 유의도는 필요조건이지 충분조건은 아니다.

2. 가설검증의 절차

연구에서 가설을 검증하는 절차는 먼저 가설을 설정하고 난 뒤 유의수준을 결정하고, 산출값 계산, 임계값 결정 그리고 결론을 내리는 순서로 진행한다.

1) 가설설정

가설설정은 연구의 첫 단계이다. 통계이론에 의하면 가설은 항상 영가설로 진술되어야 하며 통계결과는 영가설이 잘못될 확률로 나타내야 한다. 그러나 학술논문에서는 영가설보다는 연구가설로 가설을 진술하는 경우가 더 흔하게 나타나고 있다.

2) 유의수준 결정

가설설정 후의 단계는 유의수준의 결정이다. 유의수준은 연구자가 영가설을 부정하기 위해 설정한 확률수준으로 가장 많이 쓰이는 유의수준은 .05와 .01이다. 쉽게 말해 유의수준이란 영가설이 오판일 확률부정될 확률을 설정하는 것으로 .05는 95%의 확률로 영가설이 부정될 것, .01은 99%의 확률로 영가설이 부정될 것이라는 의미이다. 유의수준은 때때로 학술논문지에서 신뢰구간이라는 용어로 사용되기도 한다.

3) 산출값 계산

자료를 수집한 후에 통계방법에 적절한 공식을 적용하여 산출값을 계산한다. 대부분의 학술논문에는 사용하였던 공식이 표시되는 일은 거의 없으며 산출값만 기재된다.

4) 임계값 결정

산출값을 계산한 후에 연구자는 통계표에서 임계값을 찾아야 한다. 임계값은 연구자들이 초기에 설정해 놓은 유의수준과 관련되는 기준이다.

5) 결 론

가설검증 절차의 마지막 단계에서 임계값과 산출값을 비교하여 결론을 내린다. 산출값이 임계값보다 클 경우에 연구자는 영가설을 부정하고, 작으면 부정을 실패할 것이다. 만약 차이검증 연구에서 영가설이 부정되면 연구자는 표본 간에는 통계적으로 유의한 차이가 있다고 말한다.

연구보고서에는 '집단 간에 유의한 차이가 있다' 또는 '변수 간에 유의한 상관이 있다' 등으로 서술하기도 하나 $p < .05$라는 등식을 사용하기도 한다. 여기서 $p < .05$의 상징적 설명은 두 가지 의미를 갖는다.

① 만약 영가설이 참이라면, 그러한 확률은 연구자가 얻은 표본자료 100개 중에서 5개 이하이다.
② 따라서 연구에서는 영가설이 틀렸을 것이다.

라는 결론이다.

3. 가설검증의 오류

영가설을 긍정하거나 부정하여 통계적으로 유의하다거나 유의하지 않다는 결론에 오류가 있을 수 있다. 연구자는 모집단이 아닌 표본의 측정에 근거하였으므로 표본을 모집단에서 무작위 추출했다 할지라도 표본은 모집단을 대표하지 않을 가능성이 항상 존재하기 때문이다.

제1종 오류type I error는 받아들여야 할 영가설을 부정할 때 생기는 오류이다. 제1종 오류가 생길 확률은 유의수준과 같다. 만약 유의수준이 .05라면 연구자가 영가설이 사실일 때 부정할 수 있는 확률이 .05가 된다. 이때 연구자가 제1종 오류를 피하고자 하면 더 낮은 유의수준, 즉 .01이나 .001의 유의수준을 사용해야만 한다. 대부분의 연구자는 제1종 오류를 최소화하는 데 노력한다.

제2종 오류type II error는 부정해야 할 영가설을 받아들이는 것이다. 제1종 오류와 제2종 오류와는 역비례한다. 즉 한 유형의 오류가 작아질수록 다른 유형의 오류는 커진다. 연구자가 제2종 오류의 확률을 줄이고자 한다면 유의수준은 .05에서 .10까지 혹은 더 높일 수 있다.

표 13-2 두 종류의 오류

		연구자의 결론	
		H_0 부정의 실패 (∴ H_0를 받아들임)	H_0 부정 H_1 인정 (∴ H_1을 받아들임)
모집단의 특성	H_0 진실	옳은 결론	제1종 오류
	H_1 진실	제2종 오류	옳은 결론

두 가지 오류가 동시에 발생하는 것은 불가능하다. 만약 연구자가 영가설을 부정한다면 제1종 오류가 생길 가능성이 있고, 영가설을 받아들인다면 제2종 오류가 생길 가능성이 있게 된다.

4. 일방 및 양방검증

가설검증을 할 때 연구자는 그 검증이 일방적 검증을 할 것인지 또는 양방적 검증을 할 것인지 결정해야 한다. 연구자가 두 집단(A, B)의 차이가 있는데 A > B인지, B > A인지 모를 때는 양방검증을 한다. 그러나 두 집단의 차이의 방향을 알거나 한 집단의 점수가 다른 집단의 점수보다 큰지 혹은 작은지에만 관심을 가질 때에는 일방검증을 한다. 양방검증은 어느 방향으로나 유의한 차이에 민감한 반면, 일방검증은 오로지 한쪽 방향에서의 차이에만 민감하다.

일방검증에서 일정한 유의수준에 차이가 유의하게 발견된다면 양방검증에서의 똑같은 차이는 일방검증의 2배가 된다. 예로 일방검증에서 .025 수준에서 유의하다면 양방검증에서는 .05 수준에서만 유의한 것이다.

추리통계에는 모수적 검증parametic test과 비모수적 검증nonparametic test이 있다. 표 13-3은 각 모수통계에 상응하는 비모수통계 방법을 제시하고 있다.

표 13-3 서로 상응하는 모수통계와 비모수통계

모수통계	비모수통계
• Pearson 적률상관분석	• Speaman의 순위상관분석
• 종속적 t 검증	• 부호검증 • Wilcoxon 짝진 검증
• 독립적 t 검증	• Median 검증 • Mann–Whitney U 검증
• 일원변량분석	• Kruskal–Wallis 변량분석 • Median 검증
• 반복된 일원변량분석	• Friedman 이원변량분석
• 상응의 통계없음	• 카이제곱(χ^2) 검증

1) 모수통계

모수적 검증을 할 때는 분포에 관한 두 가지 가정이 전제된다. 하나는 관측값이 정상적으로 분포되어 있다는 것이고, 두 번째는 관측값의 변량들이 같아야 한다는 것이다. 두 번째 가정은 첫 번째 가정보다는 덜 보편화되어 있다.

정상분포에서 '정상적'이란 고전적인 종모양의 곡선, 즉 평균, 중앙값, 최빈값이 같은 분포이며, 관측값들은 중앙의 점으로부터 양쪽으로 대칭적으로 분포되어 있다.

측정수준과 분포 사이에는 관계가 있다. 명명 또는 서열척도에서 얻어진 관측값들은 정상적으로 분포될 수 없다. 명명척도로는 측정의 양적인 의미가 없으므로 양적 차원에 따른 분포를 가정할 수가 없고, 각 유목 내의 사례 수의 빈도계산만이 가능하다. 서열척도로는 점수들 간의 거리에 대해 알 수 없으므로 변량을 측정할 방법도 없다. 완전하게 서열화된 척도에서는 척도의 각 수준마다 단 하나의 사례가 존재한다. 따라서 이론적으로 서열척도의 분포는 항상 편평한 것이어야 한다. 정상분포를 논의하려면 측정의 수준이 비율 또는 등간척도가 되어야 한다는 것이다.

2) 비모수통계

모수적 통계의 대안은 비모수적 통계이다. 이것은 명목적 자료를 위한 것이나 명명, 서열, 등간, 비율 등 4개의 각 측정수준에 대한 비모수적 검증이 존재한다. 따라서 비모수적 접근은 모수적 접근보다 일반적이고, 적용가능성이 더 크다. 또한, 비모수적 통계는 모수적 통계의 기초를 이루는 분포에 대한 가정에 구애받지 않아 모수적 검증의 가정을 만족시키지 못하는 비율 또는 등간척도의 자료에도 적용될 수 있다.

모수적 검증과 비모수적 검증 중 어느 것을 사용할지를 선택할 때 몇 가지 고려할 사항이 있는데, 대표적으로 검증력power과 강건성robustness이 고려된다. 검증력이란 추리통계에서 영가설이 기각되어야 할 때, 영가설을 기각시킬 확률을 말하는 것으로 검증력이 클수록 영가설을 올바로 거부할 수 있게 된다. 즉, 검증력이 클수록 제2종 오류를 범할 확률은 낮아지게 된다. 모수적 검증은 비모수적 검증보다 자료에 대한 정보를 더 많이 사용하기 때문에 검증력이 강력하다. 그러나 모수적 검증의 가정이 심각하게 위반되어 있다면, 비모수적 검증이 더 강력할 수도 있다.

강건성이란 검증의 기초를 이루는 가정이 어긋나도 무난한 정도를 뜻한다. 강건한 검증은 가정이 어긋나도 비교적 영향을 덜 받으므로 가정이 충족되지 않을 때에도 유의성에 대한 정확한 결론을 산출한다. 정상분포로부터 현저히 벗어난 자료나 비교되는 집단들이 동등하지 않은 변량들을 가진 자료에 대해서조차 모수검증들이 흔히 사용되는 것은 바로 이러한 이유 때문이다. 그러나 강건성이 있다고 해도 어떤 종류의 자료에나 모수적 검증을 적용시킬 수 있다는 것을 의미하진 않는다. 단지 검증의 어떤 가정이 충족되지 못했기 때문에 모수적 검증의 사용가능성을 너무 일찍 포기해선 안 된다는 것을 의미한다. 비모수적 검증은 단일요인의 수준을 비교하게끔 되어 있으므로 복잡한 설계에는 적합하지 않았다. 그러나 최근에는 비모수적 통계의 개발로 이 두 통계 간의 차이가 적어지고 있다.

5. 자료의 변형

연구자가 얻은 원자료가 경우에 따라 수학적인 과정을 통해 변형될 수가 있다. 물론 여기에 대한 반대의견이 있으나, 이미 얻은 자료가 변형에 의해 유용하게 쓰일 수가 있는 것도 사실이다. 다음은 몇 가지의 자료변형의 예이다Dane, 2018.

1) 극단값

연구자는 간혹 매우 극단적인 자료를 얻게 되기도 한다. 예를 들어, 대학생의 월 평균 용돈이 20만 원이고 연구대상자의 표준편차가 10만 원인데, 응답자 중 한 명이 70만 원으로 응답하였다면 평균과 너무 차이가 나는 자료를 얻게 된 것이다. 극단값outlier이란 이와 같은 주관적인 자료로서 대개 평균에서 표준편차 2.5를 넘어서는 자료일 때 의미한다. 이런 자료를 가장 쉽게 처리하는 법은 자료를 빼 버리는 것이다. 그러나 쉽게 구할 수 없는 자료라면 대수법logarithmic transformation을 이용하여 변형시킬 수 있다.

2) 비정상분포

자료가 정상분포가 이루어져 있다면 여러 가지 통계적인 기법을 사용하는 데 무리가 없으나 비정상적인 분포일 때는 모수적 통계를 사용하는 데 제한을 받는다. 치우친 자료는 변형을 통해 사용된다. 정상분포로부터 치우친 정도는 다음과 같은 지수로 알 수 있다.

$$\text{치우친 정도의 지수} = \frac{3(\text{평균} - \text{중앙값})}{\text{표준편차}}$$

이 공식으로 나온 값이 +.50보다 크거나 −.50보다 작다면 치우친 자료라 보고 변형을 할 수가 있다.

치우친 정도에 따라 변형방법이 다르다. 치우친 정도가 매우 크다면 각 값의 상호적 값reciprocal, 즉 $\frac{1}{\text{값}}$로 전환하고, 중간정도의 치우친 값은 대수법logarithmic transformation이 적절하다. 그리고 치우친 값이 그렇게 크지 않다면 $\sqrt{\text{값}^2}$이 바람직하다.

3) 이질적 변량

흔히 많이 사용되는 통계적 기법의 하나가 변량분석이다. 집단 간의 차이를 검증하는 변량분석은 각 집단의 변량이 동질하다는 가정하에 사용된다. 만약 각 집단의 변량이 이질적heterogeneous variance이라면 각 집단 간의 차이를 찾아내는 데 실패할 수 있다.

4) 비율

연구자가 얻은 자료가 비율proportion로 된 경우가 있을 수 있다. 예를 들어, '주부들이 여가를 보내는 방법'에 대해 연구한다고 가정하자. 여가의 30%는 TV 보기, 20%는 친구 만나기 등으로 자료가 나왔다면 $2\left[\arcsin\left(\sqrt{\text{값}^2}\right)\right]$으로 전환할 수가 있다.

6. 메타분석

앞에서는 개별연구의 결과를 분석할 때 사용하는 통계에 초점을 두고 있다. 그러나 모든 논문들이 새로운 연구를 보고하는 것은 아니다. 다른 연구들의 결과를 요약하는 고찰논문들도 많이 있다. 최근에는 이러한 고찰연구와 여러 연구들을 함께 분석하는 데 통계적 기법을 적용하려는 노력이 증가하고 있다. 이러한 통계적 기법이 바로 메타분석meta analysis이다.

메타분석은 고찰되는 주제에 대해서 유의한 효과가 존재하는지를 알 수 있고, 효과의 크기를 추정할 수 있다. 메타분석은 단일연구에 의존하지 않고 많은 연구들에 근거하여 결론을 내릴 수 있다. 다시 말해, 관련 연구들을 찾아서 결과의 일치성만을 계산하여 정보의 양을 증가시킬 수 있다. 그 중 하나는 코헨Cohen의 d통계이다 이것은 두 평균값들 간의 차이를 두 표본의 표준편차로 나눈 것이다. 두 번째 통계는 W^2이다. W^2의 해석은 상관의 r에 대한 해석과 같다. 즉 문제의 변인에 의해 설명되는 변량의 비율을 의미하며 W가 클수록 그 변인은 중요한 것이라 할 수 있다.

The effect size of Overall and Sub-variable 1

	model	number studies	overall effect size	standard error	95% confidence interval		Q	df[Q]	P
					low limit	upper limit			
The Overall effect size of Gameplay therapy program	Fixed	176	0837	0.029	0.780	0.895	442.283	175	.000
	Random	176	0.971	0.051	0.871	1.070			
The effect size of population	ADHD	74	0.999	0.072	0.857	1.140	6.590	3	.086
	underachievement	43	0.761	0.094	0.577	0.945			
	disability	24	1.092	0.106	0.885	1.300			
	maladjustment	35	1.015	0.115	0.790	1.240			
The effect size of age	3~5	28	1.162	0.146	0.877	1.488	4.673	4	323
	6~10	55	0.929	0.073	0.787	1.072			
	11~13	42	1.004	0.1102	0.804	1.204			
	14~18	5	1.096	0.314	0.480	1.711			
	etc.	46	0.827	0.087	0.656	0.997			
The effect size of dependent variable	psychology	15	1.312	0.278	0.767	1.858	6.991	3	.072
	Social	19	0.914	0.140	0.639	1.189			
	Cognitive	109	0.870	0.055	0.762	0.978			
	Behavior	33	1.221	0.147	0.933	1.509			
The effect size of number of member	under 6	93	0.892	0.068	0.759	1.025	9.410	3	.024
	7~10	39	0.967	0.094	0.782	1.152			
	11~15	16	1.741	0.294	1.164	2.317			
	16 over	28	0.819	0.091	0.641	0.997			

출처: 이주희·박성옥(2019). 게임놀이치료프로그램 효과에 대한 메타분석. 한국게임학회 논문지, 19(2), 33-44.

하지만 메타분석은 출판된 연구들에 한정되어 있다는 점을 간과해서는 안된다. 영역에 따라서는 상당한 수의 출판되지 않은 관련 연구가 있을 뿐만 아니라, 유의한 차이가 나오지 않거나 밝혀지지 않은 연구들도 많다. 이런 경우는 메타분석을 할 수 없다. 뿐만 아니라 긍정적인 결과를 낸 연구들이 더 잘 출판되는 경향이 있으므로 메타분석은 이러한 출판물에 편중할 가능성이 있다. 이와 같은 사실들은 메타분석들이 신중하게 평가되어야 한다는 것을 지적해 준다.

14장

비모수통계

많은 연구자들은 관측값의 분포가 극단적으로 정상이 아니거나, 변량의 비동질성이 지나치지 않으면 검증력이 강한 모수통계를 선호한다. 하지만 다음과 같은 경우에는 비모수통계를 사용한다.

첫째, 모집단이 정상분포라는 확신이 없거나 집단간의 변량이 동일하다는 근거가 없는 경우에 비모수통계를 사용한다.

둘째, 측정수준이 명명척도 혹은 서열척도로 낮은 수준의 경우에 비모수통계를 사용한다.

셋째, 표본수가 충분히 크지 않을 때는 비모수통계가 적합하다.

비모수통계는 논리가 간단하여 이해하기가 쉽고 기본가정이 적어 적용하기는 쉬우나, 검증력이 약한 단점이 있다. 즉, 제2종 오류의 가능성이 크다.

1. 카이제곱 검증

카이제곱(χ^2) 검정은 집단 내의 유목 간 빈도에 기대값과 관찰값의 차이가 있는지를 검증하는 통계기법이다. 빈도로써 비교하게 되므로 명명척도의 자료를 이용한다. 카이제곱 검증은 추리통계이므로 모집단으로부터 대표성 있는 표본을 추출해야 한다. 카이제곱 검증의 기본과정은 다음과 같다.

① 명명척도이어야 한다.
② 유목 간에는 독립적이어야 한다.
③ 각 칸의 기대빈도는 5 이상이어야 한다.
④ 자유도가 1 이상인 경우에는 최소한 80% 이상의 칸의 기대빈도가 5 이상이고, 0의 기대빈도는 없어야 한다.

지역 \ 연령	10대	20대	30대	40대	50대	
대도시	9 (3)	10 (6)	8 (12)	3 (6)	0 (3)	30
중소도시	1 (4)	7 (8)	24 (16)	7 (8)	1 (4)	40
농촌	0 (3)	3 (6)	8 (12)	10 (6)	9 (3)	30
	10	20	40	20	10	100

위의 도표는 기대빈도, 즉 괄호 속의 숫자가 5 이상인 범주가 80%가 안되어 카이제곱 검증이 적당하지 않다. 그래서 아래와 같이 범주를 줄였다.

지역 \ 연령	10~20대	30대	40~50대	
대도시	19 (9)	8 (12)	3 (9)	30
중소도시	8 (12)	24 (16)	8 (12)	40
농촌	3 (9)	8 (12)	19 (9)	30
	30	40	30	100

그림 14-1
범주를 줄인 예

각 칸의 표집의 수가 너무 작으면 잘못된 결론을 내릴 경우가 많으므로 2×2의 분할표에서는 기대빈도가 10 이하가 되지 않도록 하며, 2×2 이상의 분할표에서는 각 칸의 기대빈도가 5 이상이 되도록 한다. 기대빈도를 10 이상으로 잡는 것은 너무 무리이므로 5 이상이면 무난하다고 볼 수 있다. 이 충족 조건을 만족하지 못하면 범주를 줄일 수도 있고, 좀 더 많은 표본을 구할 수도 있다.

카이제곱 검증

첫째아이 성별에 따른 후속출산행동의 차이

변인 (첫째 자녀 성별)	후속출산행동		χ^2
	출산하지 않음	출산함	
남아	27(42.9%)	36(57.1%)	5.41*
여아	13(22.8%)	44(77.2%)	

*$p < .05$.

출처: 백지희(2020). 만 1세 첫째 자녀의 성별과 기질이 한 자녀 부모의 후속출산 계획 및 행동에 미치는 영향. 한국보육지원학회지, 16(6), 19–34.

2. 부호검증

비모수검증에서 가장 오래된 방법으로 +와 −부호를 사용하기 때문에 부호검증sign test이라 부른다. 짝을 이룬 두 변수 간의 값이 큰가, 작은가에 의해서만 부호를 결정하므로 검증력이 약한 통계기법이다. 종속적 t 검증과 마찬가지로 피험자가 부부, 부모, 쌍둥이처럼 짝을 이루거나, 혹은 사전-사후검증에 이용된다. 부호검증의 기본가정은 다음과 같다.

① 서열척도이어야 한다.
② 종속적 표본이어야 한다.
③ 전체 사례수는 10 이상이어야 한다. 이때 쌍을 이룬 두 집단에 차이가 없다면 이것은 전체 사례 수에 포함하지 않는다.

예를 들어, 신혼부부가 집을 구하는데 누구의 본가와 가까운가를 보고자 한다고 가정해본다. 먼저 표 14-1처럼 나열하여 부호화한다. 영가설은 +부호와 −부호의 수가 똑같다는 것이 될 것이다. 이때 전체 사례수와 −사례수만 세면 된다. 표의 예에서 전체 사례수 N = 11이고, −부호 사례수는 2이다. 이것은 비모수통계학 책에서 임계값을 찾아 유의도를 검증하게 된다. 만약 사례수가 25 이상이면 Z값으로 임계값을 찾는다.

표 14-1 부호검증의 예

부부	본가와의 거리	부호
가	부인 > 남편	+
나	부인 > 남편	+
다	부인 > 남편	+
라	부인 < 남편	−
마	부인 = 남편	0
바	부인 > 남편	+
사	부인 > 남편	+
아	부인 > 남편	+
자	부인 > 남편	+
차	부인 < 남편	−
타	부인 > 남편	+

3. 윌콕슨 짝지워진 부호-서열 검증

윌콕슨 짝지워진 부호-서열 검증Wilcoxon Matched-Paired Signed-Ranks Test은 짝들 내의 차이들의 방향과 상대적인 크기까지도 볼 수 있다. 이 검증은 부호 검증과 종속적 t 검증에서처럼 두 표본이 서로 관련이 있어야 한다.

윌콕슨의 검증은 다음과 같은 가정이 있다.

① 서열척도 이상이어야 한다.
② 종속적 표본이어야 한다.
③ 두 집단 간의 차이가 없으면 포함하지 않는다.
④ 차이가 동일하면 서열을 더해 중간값을 서열로 본다.

윌콕슨 검증과정은 다음과 같다.

① 맞추어진 각 짝에 대한 차이(d)를 본다.
② 이 차이에 대한 서열을 매긴다. 이때 부호는 관계가 없다.
③ 마이너스 부호의 서열을 더한다.

예의 연구에서 본가와의 거리를 '남편-부인'으로 보았을 때 차이(d)를 보고, 서열은 적은 수에서 매기고, -부호의 서열만 더했다. 여기서는 T = 4가 된다. 비모수통계 값이 있는 책에서 유의수준과 N여기서는 8쌍이므로 8의 임계값을 찾아 T = 4와 비교한다. 부호검증과 마찬가지로 N = 25 이상이면 Z값을 이용한다.

표 14-2 윌콕슨 검증의 예					본가와의 거리(km)
부부	부인	남편	d(거리)	d(거리)의 서열	–부호의 서열
가	9	2	7	5	
나	11	1	10	6	
다	6	0	6	4	
라	1	2	–1	(–)1	1
마	5	2	3	2	
바	1	5	–4	(–)3	3
사	15	2	13	8	
아	12	1	11	7	
					T = 4

4. 중앙값 검증

중앙값 검증median test은 두 집단 이상의 관측값이 서열척도일 때 사용되는 것으로, 두 집단이 같은 정도의 중앙값을 가질 수 있는가를 보는 것이다. 검증의 과정은 먼저 모든 관측값에 대한 중앙값을 계산한 뒤 집단별로 중앙값을 중심으로 양분한다.

예를 들어, 농촌과 도시의 초등학교 1학년 아동 30명의 몸무게를 측정했다고 가정하자. 전체에 대한 중앙값을 구해 그 값 위에 있는 농촌 아동과 도시 아동수, 그리고 그 중앙값 밑에 있는 아동의 수를 표 14-3처럼 작성한다. 2×2 분할표에 다음과 같이 자료가 배치된다.

관찰된 값들의 확률은 카이제곱(χ^2) 검증에 의해 구한다. χ^2값을 구해 유의수준과 자유도(여기서는 $df = 1$)에 의해 임계치와 비교하여 결론을 얻는다.

표 14-3 중앙값 검증의 예

	농촌	도시	합계
중앙값 위에 있는 아동의 수	3	12	15
중앙값 아래에 있는 아동의 수	13	2	15
	16	14	30

5. 맨 휘트니(U) 검증

맨 휘트니Mann-Whitney(U) 검증은 두 집단의 관측값을 서열로 전환시켜 이 두 독립표본이 동일한 모집단에서 추출되었느냐의 여부를 검증하는 방법이다. U 검증의 가정은 다음과 같다.

① 서열척도 이상이어야 한다.
② 독립표본이어야 한다.

이것은 모수통계 t 검증의 대안으로 관측값의 분포가 정상분포가 아니거나, 두 집단의 변량이 동질하지 않으면 t 검증 대신에 U 검증이 사용된다. t 검증의 가정에 어긋나는데도 t 검증을 사용하면 제1종 오류와 제2종 오류가 둘 다 생긴다. U 검증은 중앙치 검증보다 강력하고 두 표본의 사례수가 같지 않아도 사용할 수 있다.

맨 휘트니(U) 검증

영아의 특성에 따른 영아 시도 교사와의 상호작용의 차이 ($N = 72$)

영아 특성		상호작용	동기		유형	
			신체·생리적 동기 $M(SD)$	놀이동참의 동기 $M(SD)$	언어적 $M(SD)$	행동적 $M(SD)$
기질	활동성	하(n=31)	8.61(12.30)	65.19(53.0)	23.61(24.24)	59.68(53.44)
		상(n=41)	10.51(15.54)	68.85(49.23)	31.54(31.84)	59.68(49.30)
		z	–.14	–.49	–1.33	–.66
	정서성	하(n=30)	12.37(15.18)	80.43(50.59)	32.97(29.08)	71.30(50.48)
		상(n=42)	7.79(13.26)	57.88(48.97)	24.67(28.61)	49.48(49.58)
		z	1.65	1.90	–1.64	–1.89
	사회성	하(n=35)	7.03(11.82)	55.20(51.59)	17.40(19.68)	50.91(51.85)
		상(n=35)	12.91(16.00)	81.80(46.84)	40.03(32.67)	68.60(49.21)
		z	–1.94	–2.52*	–3.57***	–2.05*
발달 수준	대근육 운동기술	하(n=30)	4.57(7.34)	44.26(8.08)	15.82(2.89)	41.58(7.59)
		상(n=42)	14.21(17.28)	54.10(8.35)	32.71(5.05)	54.85(8.46)
		z	–2.87**	–2.03	–3.34***	–1.96**
	소근육 운동기술	하(n=29)	8.59(13.18)	59.86(49.91)	23.52(27.16)	51.62(50.91)
		상(n=43)	11.28(15.77)	75.40(51.93)	31.23(29.92)	63.26(50.73)
		z	–.76	–1.26	–1.11	–.95
	의사소통	하(n=36)	9.75(13.87)	71.75(54.57)	26.39(26.43)	58.64(50.77)
		상(n=36)	10.64(15.75)	66.53(48.54)	29.86(31.45)	58.50(51.50)
		z	–.25	.43	–.51	.01
	사회정서	하(n=34)	7.00(12.49)	57.74(50.59)	17.09(17.60)	48.03(47.18)
		상(n=38)	13.05(16.13)	79.34(50.50)	38.00(33.38)	68.00(52.61)
		z	–1.77*	–1.81	–3.27***	–1.69
	인지	하(n=32)	8.31(12.80)	69.56(57.14)	21.88(23.76)	58.47(53.38)
		상(n=40)	11.70(16.13)	68.80(46.95)	33.13(31.84)	58.65(49.28)
		z	–.97*	.06	–1.66*	–.02
	기본생활	하(n=36)	10.53(14.85)	63.79(48.89)	25.26(28.39)	58.56(50.56)
		상(n=36)	9.89(14.84)	73.92(53.64)	30.68(29.49)	58.58(51.64)
		z	.18	–.83	–.79	–.00

$^{*}p < .05$, $^{**}p < .01$, $^{***}p < .001$

출처: 송지연·서소정(2021). 19~36개월 영아–교사 상호작용에 영향을 미치는 요인에 관한 연구: 영아 시도 vs 교사 시도 상호작용 특성을 중심으로. 유아교육연구, 41(2), 69–98.

6. 크루스칼-윌리스 변량분석

모수통계의 일원변량분석에 상응하는 것이 크루스칼-윌리스Kruskal-Wallis 변량분석이다. 표본이 독립적으로 추출되었다 하더라도 관측값의 분포가 정상분포가 아니거나, 변량의 동질성을 가정할 수 없을 때 비모수의 통계인 크루스칼-윌리스 변량분석이 사용된다. 자료의 척도가 서열척도이며, 비교집단이 3 이상이고, 표본수가 적으면 이 방법이 적절하다. 또한 각 집단의 표본수가 같지 않아도 무방하다. 기본 가정은 다음과 같다.

① 척도는 서열척도 이상이다.
② 독립적인 표본이어야 한다.
③ 세 집단 이상의 표본이어야 한다.

15장

상관분석

상관분석은 두 변수 간의 관계를 측정하는 것으로 상관계수로 그 관계의 정도를 알 수 있다. 상관계수는 +1.00에서 −1.00까지의 범위를 갖는다. +1.00의 상관은 변수들 간의 완전한 정적 관계를 나타내고, 0의 상관은 아무런 관계도 없음을 나타내며, −1.00의 상관은 완전한 부적 관계를 나타낸다. 표 15-1은 상관계수에서 보여 주는 상관정도이며, 그림 15-1은 곡선상관관계를 보여 준다.

상관분석은 경우에 따라 두 변수와의 관계를 잘못 해석하도록 한다. 즉, 다음과 같은 세 가지 이유로서 두 변수의 관계를 실제 이상으로 서술되거나 반대로 의미 없는 관계로 표현될 수 있다. 첫째, 범위를 제한했을 때 잘못 보고될 수 있다. 그림 15-2와 같이 전체 수학능력시험점수와 대학 1학년 때의 평점은

표 15-1 상관계수와 상관정도

상관계수	상관정도
0.0~0.2	매우 약한 상관으로 무시해도 됨
0.2~0.4	약한 상관
0.4~0.7	중간 정도의 상관
0.7~0.9	상관이 높음
0.9~1.0	매우 상관이 높음

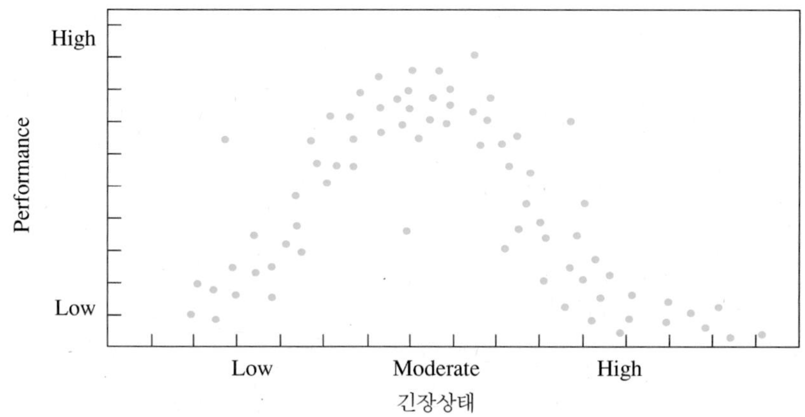

그림 15-1
곡선 상관: 긴장상태와 성취도

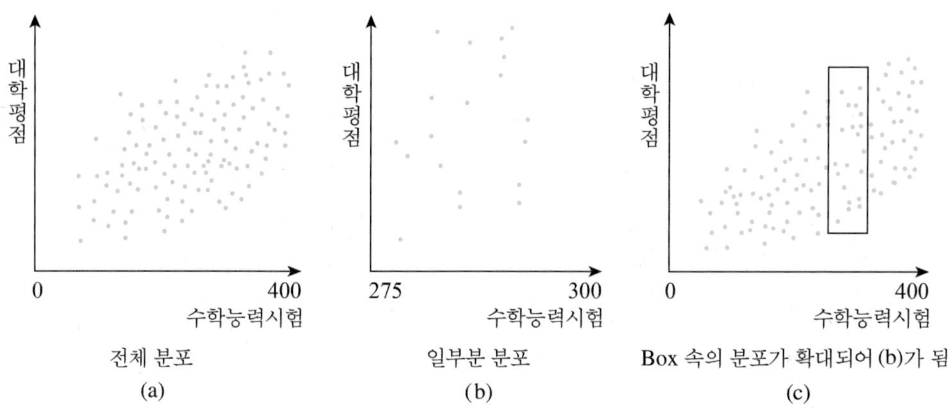

그림 15-2
범위를 좁혔을 때 상관관계

정적인 상관관계가 있으나, 그림 c처럼 측정범위를 한정했을 때 전혀 상관이 없는 것(그림 b)으로 나타난다. 즉, 전체 집단은 이질적인 표본으로 구성되었으나 범위를 한정하면 동질적인 집단만이 표본으로 분석되어 상관을 보이지 않는 것이다.

둘째, 극단적인 자료는 전체 상관계수에 커다란 영향을 준다. 그림 15-3 왼쪽의 극단값은 상관계수를 높이게 만들고 오른쪽의 극단값은 상관계수를 낮게 나오게 만든다. 극단값outlier은 표준편차 2.5 바깥이거나Dane, 2018, 3.00 바깥으로Leary, 2016 간주되고 있다.

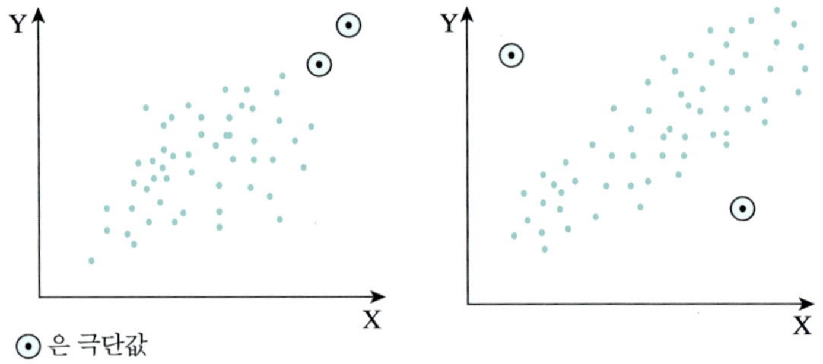

그림 15-3
극단값

셋째, 측정도구가 신뢰롭지 않으면 두 변수 간의 상관관계는 낮게 나온다. 가장 흔히 사용되는 통계기법은 피어슨 적률Pearson product-moment 상관분석과 스피어맨 순위Spearman rank-order 상관분석이다.

상관분석

	교직선택동기			4. 사회적 지원 인식	직업적응			
	1. 능동적 동기	2. 물질적 동기	3. 수동적 동기		5. 역할 명확성	6. 과업 숙달	7. 사회 통합	8. 적응 전체
1	–							
2	.40***	–						
3	–.07	.44***	–					
4	.44***	.49***	.04	–				
5	.48***	.31***	.08	.62***	–			
6	.34***	.34***	.21**	.32***	.61***	–		
7	.32***	.04	–.19**	.64***	.52***	.26***	–	
8	.47***	.28***	.03	.66***	.87***	.78***	.76***	–
M	3.83	2.61	2.67	4.03	3.94	3.30	4.20	3.81
SD	.73	.90	.79	.69	.61	.59	.63	.49

** $p < .01$, *** $p < .001$.

출처: 최연화 · 김양은(2019). 초임 보육교사의 교직선택동기와 직업적응의 관계에서 사회적 지원 인식의 매개효과. 한국보육지원학회지, 15(4), 135–153.

1. 적률상관분석

피어슨 적률상관분석은 자료가 등간 또는 비율척도일 때 사용되며, 점수들은 정상분포를 이룬다는 가정을 필요로 하는 모수적 검증이다. 엄밀히 말하면, 상관분석은 기술통계로서 모수적 검증이 아니지만 통계적 유의성을 측정할 때 모수적 가정에 의한다.

상관의 정도를 가지고 변수 간의 관계를 예측할 수 있으므로 한 변수의 점수를 알면 다른 변수의 점수를 예측할 수 있을 것이다. 상관이 높으면 높을수록 더 많은 변량이 설명된다. 피어슨 r의 경우 설명되는 변량의 비율은 r^2과 같다. 이때 r^2을 결정계수coefficient of determination라고 한다. 만약 키와 몸무게 간의 .66의 상관관계가 있다면, 키와 몸무게의 44%를 설명한다는 것을 의미한다. .3의 상관관계는 변량의 9%만을 설명한다. 그러므로 어떤 상관은 통계적으로 유의할 수 있지만, 너무 작아서 이론적인 또는 실제적인 의미가 거의 없을 수도 있다. 특히 표본의 크기가 클 때 심하다. 표본크기 50에서 .27의 상관은 .05 수준에서 유의하게 나타나는데, 표본크기 100일 경우는 .19의 상관도 유의하게 된다. 만약 표본이 매우 커서 1000정도가 된다면 $r = .062$는 .05수준에서 유의하다. 이때 1%보다 적은 변량($r^2 = .062^2 = .0038$)의 의미는 무엇인가를 생각해 볼 필요가 있다. 그림 15-4는 상관관계와 결정계수와의 관계를 보여 주는 것으로 겹치는 부분이 공통적인 변량이다.

표본의 크기 외에 상관계수와 관련된 또 하나의 중요한 변인은 두 측정들 간의 점수범위이다. 두 측정이 서로 너무 밀접해 있으면 한 차이가 다른 측정에서의 변동과 관계가 별로 없으나, 반대로 너무 넓은 범위의 분포라면 다른 어떠한 측정과도 유의하며 상당한 정도의 상관이 나타난다. 이때는 외적타당도에 문제가 생긴다.

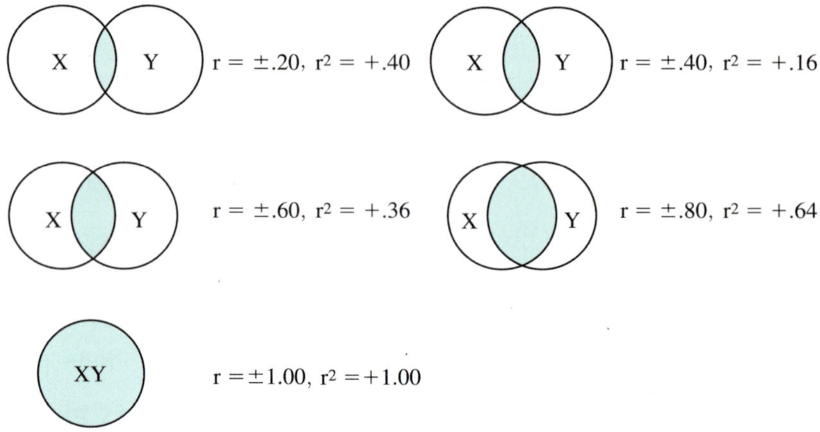

그림 15-4
상관계수와 결정계수

2. 순위상관분석

피어슨Pearson 순위상관분석에서 상관계수는 극단적인 점수에 크게 좌우된다. 만약 표 15-2의 예에서 학생 '라'의 첫 번째 시험의 점수가 10이 아니고 100이라면 상관계수는 크게 달라진다. 이렇게 극단적인 값이 있으면 피어슨

표 15-2 순위상관분석의 예: 영유아발달 시험의 결과

						Σ = 250
학생명	첫 번째		두 번째		d	d^2
	점수 X	순위	점수 Y	순위		
가	8	3	13	3	0	0
나	6	5	8	5	0	0
다	5	6	7	6	0	0
라	10	1	14	2	−1	1
마	7	4	12	4	0	0
바	9	2	15	1	1	1
사	2	8	3	7.5	.5	.25
아	3	7	3	7.5	.5	.25

표 15-3 여러 종류의 상관계수

	등간/비율척도	순위척도	명명척도
등간/비율척도	Pearson product moment r_{xy}	↓	Point–biserial correlation
순위척도	←	Spearman's rho rank order corrlation, ρ	Kendal's tau, γ
명명척도	Point–biserial correlation	Kendal's tau, γ	phi, ϕ correlation

상관분석 대신 스피어만Spearman 순위상관분석rho, ρ를 쓸 수 있다. 스피어만 상관은 점수의 서열적 속성에 기초를 둔 비모수적 검증으로 피어슨 상관보다 넓게 적용된다. 그러나 두 검증 모두 변수간의 관계가 직선적이라는 중요한 가정에 의존하고 있다.

대부분의 자료에서 스피어만 상관계수와 피어슨 상관계수는 매우 유사한 값으로 산출된다. 이외에도 표 15-3과 같이 자료의 성격에 따라 상관계수를 내는 공식이 더 있다.

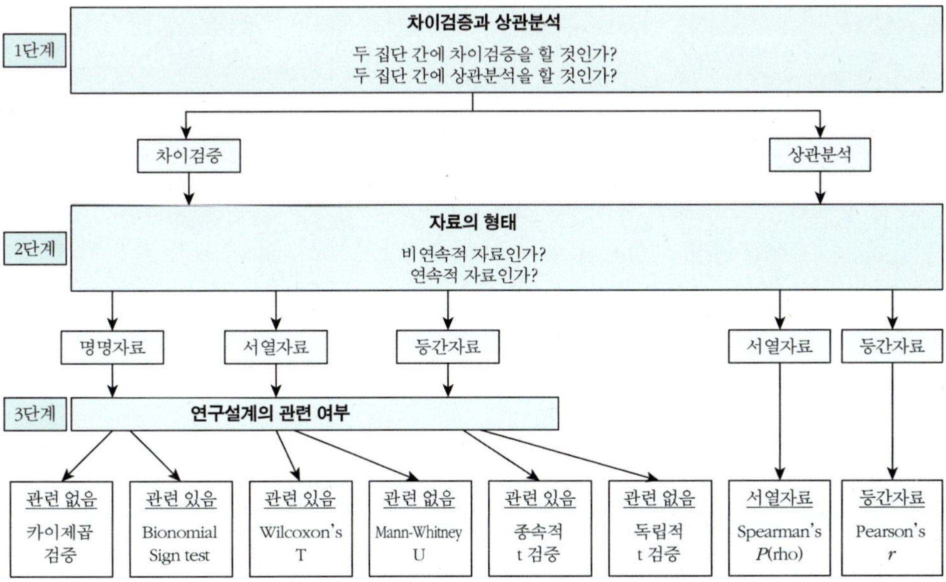

그림 15-5
차이검증과 상관분석

16장

t 검증

t 검증은 두 집단의 평균을 비교하는 데 사용한다. 예를 들어, 도시에서 자란 아동이 농촌에서 자란 아동보다 몸무게가 더 많이 나가는지 알아본다고 하자. 이와 같은 가설을 세운 연구자는 두 집단으로부터 각각 15명을 무작위로 추출해서 30명의 학생들로부터 몸무게를 얻을 수 있다. 그 자료는 다음과 같다.

표 16-1 t 검증의 예

도시그룹	농촌그룹
50	45
45	47
30	48
⋮	⋮
⋮	⋮
45	39
도시그룹의 평균 = 46.5	농촌그룹의 평균 = 42.7

이 평균은 모집단의 것이 아니고, 표본의 평균이기 때문에 모집단 평균이 서로 다르다고 말할 수 없다. t 검증은 두 개의 표본평균으로 모집단에서도 충분히 차이가 있는가를 알아보기 위해 사용한다.

1. 독립적 t 검증

집단의 평균을 비교하기 위한 t 검증에는 독립적 t 검증과 종속적 t 검증이 있다. 먼저 독립적 t 검증은 두 집단이 논리적으로 관련이 전혀 없는 상황에서 사용된다. 연구대상이 두 하위집단에 무작위로 할당될 때와대개 실험집단이나 통제집단 큰 집단으로부터 무작위로 선출됐을 때는 두 표본이 독립적이라 할 수 있겠다.

독립적 t 검증의 가정은 다음과 같다.

① 등간척도 이상이어야 한다.
② 정상분포이어야 한다. 일반적으로 사례수가 30 이상이면 정상분포라고 가정된다.
③ 변량이 동질적이어야 한다.
④ 두 표본이 독립적이어야 한다.

독립적 t 검증

중국 조선족 아동과 한국 화교 아동 간 적응변인들에서의 차이

	구분	*N*	*M(SD)*	*t*
언어적 동화	조선족 아동 화교 아동	263 193	3.25(1.05) 3.20(.87)	.57
문화적 동화	조선족 아동 화교 아동	271 203	2.34(.77) 3.13(.69)	−11.78***
민족정체감	조선족 아동 화교 아동	265 204	3.01(.92) 3.33(.95)	−3.62***
학교에 대한 태도	조선족 아동 화교 아동	269 203	3.72(.76) 3.35(.86)	4.85***
교사 지지	조선족 아동 화교 아동	264 202	3.79(1.01) 3.59(.91)	2.33*
또래 지지	조선족 아동 화교 아동	270 204	3.99(.86) 3.90(.82)	1.18
주류사회에 대한 거리감	조선족 아동 화교 아동	265 204	3.80(.88) 3.72(.88)	.99

$^{*}p < .05$, $^{***}p < .001$
출처: 조복희 · 이주연(2006). 중국 조선족 아동과 한국 화교 아동의 문화접변 유형 및 학교적응 비교연구. 아동학회지, 27(1), 95–111.

(계속)

초임 보육교사의 직업적응 수준에 대한 원장의 의사소통 유형 차이

	직업적응		t
	낮은 집단(n = 48)	높은 집단(n = 51)	
협력적 의사소통	3.34(.81)	4.43(.56)	-7.89^{***}
전문적 의사소통	3.68(.74)	4.51(.66)	-5.95^{***}
통제적 의사소통	2.41(.97)	1.87(1.02)	2.68^{**}

$^{**}p < .01$. $^{***}p < .001$

출처: 김양은 · 최연화(2019). 초임 보육교사가 지각한 어린이집 원장의 의사소통 유형과 직업적응의 관계 분석. 미래유아교육학회지, 26(4), 319-341.

2. 종속적 t 검증

t 검증의 두 번째 형태는 종속표본 t 검증인데 matched t 검증, correlated t 검증, paired t 검증 등으로 언급된다. 종속적 t 검증은 두 집단이 논리적으로 관련이 되어 있는 상황에 적절하다. 예를 들면 한 집단의 피험자가 두 번 측정되는 사전-사후 검사의 경우와 피험자가 서로 짝이 지워지는 경우는 논리적으로 서로 관련이 있다고 할 수 있기 때문에 종속적 t 검증을 활용할 수 있다. 또, 모녀 간의 양육태도 검사를 실시한다고 할 때 어머니와 딸은 짝지워진다고 볼 수 있으며, 쌍둥이를 두 집단으로 나누어 쌍으로 비교한다면 논리적인 관련 때문에 종속적 t 검증을 쓸 수 있다. 종속적 t 검증의 기본과정은 다음과 같다.

① 등간척도 이상이어야 한다.
② 연구대상의 반복측정 또는 짝을 이룬 측정이어야 한다.
③ D = 사전검사 평균 − 사후검사 평균이라면 D는 정상분포이어야 한다.

종속적 t 검증

부의 관심감독과 모의 관심감독 간 차이

구분	*N*	*M*	*SD*	Paired *t*
부 관심감독	1587	2.66	1.08	−44.70***
모 관심감독		3.77	.98	

***$p < .001$

출처: 이주연·한세영(2021). 부와 모의 자녀에 대한 관심감독 및 청소년의 성에 따른 청소년 자녀의 행복감. 한국생활과학회지, 30(1), 63-77.

17장

변량분석

t 검증은 두 집단의 평균의 차에 대한 검증이다. 그러나 비교하고자 하는 집단이 셋 이상이 될 경우 t 검증을 사용하게 되면 다음과 같은 이유로 적합하지 않다.

① 여러 번 검증하여야 한다.
② 집단 전체에 대한 정보는 없고, 각 두 집단 간의 정보만 제공하여 총체적인 해석이 가능하지 않다.
③ 여러 번의 검사는 집단 간의 차이가 없을 때도 차이가 있는 것으로 판명되기 쉽다.

이러한 t 검증의 한계를 보완할 수 있는 통계적 방법이 변량분석analysis of variance; ANOVA이다. 피셔Fisher에 의해 개발된 이 변량분석은 크게 일원변량분석one way analysis of variance과 다원변량분석factorial analysis of variance으로 나누어진다. 이 분석의 결과가 F 검증으로 표시되는 것은 피셔의 첫 자에서 나온 것이다.

1. 일원변량분석

일원변량분석은 t 검증과 밀접한 관계가 있다. 일원변량분석에서 비교하고자 하는 집단이 둘이면 t 검증과 같은 결과를 보여 준다. 이는 t 검증이 일원변량분석의 특수한 경우를 의미하며, 역으로는 일원변량분석을 t 검증의 연장으로 볼 수 있다. 변량분석을 적용하기 위해서는 다음과 같은 가정이 성립되어야 한다.

① 등간척도 이상이어야 한다.
② 모집단의 분포가 정상분포이어야 한다.
③ 각 집단 간의 변량이 동질성(homogenity of variance)이 있어야 한다.
④ 표집은 서로 독립적이어야 한다.

두 번째와 세 번째 가정은 표본수를 증가시키면 어느 정도 만족시킬 수 있다. 결과에 대한 해석의 오류를 벗어나기 위해서는 가능하다면 집단 간의 표본수를 일정하게 한다. 집단 간의 표본수가 같지 않으면 변량의 동질성이라는 조건을 만족시키기 어렵고, 제2종 오류의 가능성이 증가된다. 집단 간의 변량이 20~30배 정도가 되면 변량분석의 통계기법 사용이 곤란하다. 표본수가 너무 적고, 모집단의 정상분포에 의문이 생기면 비모수적 크루스칼-윌리스의 비모수적 변량분석이 사용된다. 만약 집단 간의 변량이 의문시된다면 바틀렛Bartlett의 χ^2, 하틀리Hartley의 F-max검사, 코크란Cochran의 C 검증, Leavene 검증이 사용된다.

가정환경 변인과 영아 변인에 따른 모성취업신념의 차이

	구분	취업의 긍정성			취업의 부정성		
		M(*SD*)	*t*	*F*	*M*(*SD*)	*t*	*F*
모연령	30세 이하 31~35세 36세 이상	3.77(.54) 3.74(.62) 3.87(.64)		1.86	3.41(.72)b 3.32(.75)ab 3.16(.64)a		3.86*
모학력	고졸 이하 전문대졸 대졸 이상	3.66(.52)a 3.76(.59)a 3.89(.64)b		6.31**	3.43(.62) 3.27(.79) 3.29(.71)		2.58
취업 여부	취업 비취업	3.93(.59) 3.62(.56)	6.23***		3.22(.77) 3.41(.69)	−2.88**	
가정 소득	200만원 이하 201~300만원 301만원 이상	3.80(.55) 3.79(.61) 3.72(.62)		.69	3.35(.79) 3.35(.66) 3.24(.72)		1.17
영아 연령	0~12개월 13~24개월 25~40개월	3.85(.59) 3.77(.61) 3.75(.58)		.87	3.52(.69)b 3.24(.69)a 3.32(.75)a		4.31**
영아 성별	남아 여아	3.79(.60) 3.76(.59)	.50		3.33(.73) 3.31(.72)	.26	

*$p < .05$. **$p < .01$. ***$p < .001$. a,b는 Duncan 사후검증결과임.

출처: 손경화 · 조복희(2010). 영아기 자녀를 둔 어머니의 취업과 보육선택. Family and Environment Research, 48(7), 59–76.

2. 다원변량분석

일원변량분석은 둘 이상의 집단을 비교하기 위한 방법으로 하나의 독립변수만이 있다. 다원변량분석factorial analysis of variance이라 함은 두 가지 이상의 요인이 있는 변량분석, 즉 독립변수가 여러 개 있는 경우의 변량분석을 뜻한다. 다원변량분석에는 여러 가지 형태가 있어 이원변량분석two way ANOVA 또는 두 요인변인량분석two factor ANOVA, 삼원변량분석three way ANOVA 등이 있다.

이원변량분석에서 독립변수는 요인factor이라고 하고, 각 요인의 범주나 하위집단은 수준level이라고 한다. 연구자가 학생의 성적이 ① 문항배열, ② 시간제한에 따라서 어떠한 차이가 있는지를 조사하기 위해서 실험설계를 한다고 하자. 첫 번째 독립변수문항배열에서는 문항의 순서를 세 가지 방법으로 나누었다. 즉, 문제의 난이도에 따라 쉬운 문제를 먼저 오게 하고 어려운 문제를 나중에 배열하는 경우와 그 반대인 경우, 그리고 혼합하는 경우가 있다. 두 번째 독립변수시간제한로 연구자는 시간 내에 시험을 끝낼 수 있도록 하는 방법과 시간을 무한정 주는 방법이 있을 수 있다. 그러므로 실험연구의 두 독립변수는 여섯 가지 처치조건, 즉 ① 시간을 제한하고 쉬운 문항 순으로 배열한 경우, ② 시간을 제한하고 역순으로 배열하는 경우, ③ 시간을 제한하고 무작위로 배열한 경우, ④ 시간을 제한하지 않고 쉬운 문항 순으로 배열한 경우, ⑤ 시간을 제한하지 않고 역순으로 배열한 경우, ⑥ 시간을 제한하지 않고 무작위로 배열한 경우로 나눌 수 있다. 만약 60명의 피험자가 연구자에게 주어진다면 각 처치조건에 10명씩 무작위로 배치할 것이다. 종속변수는 각 학생이 특정 교과목에 대해 옳게 대답한 문항의 수가 될 것이다. 이들 60명의 점수의 결과는 표 17-1과 같다. 이 가상적 연구는 첫 번째 요인문항배열에 세 가지 수준이 있고, 두 번째 요인시간제한에 두 가지 수준이 있다.

이원변량분석을 통해 전체 행 평균값과 전체 열 평균값에 대해 차이를 검증

표 17-1 가상적 연구실험의 결과

구분		시간제한		전체 (M)
		있음 (M)	없음 (M)	
문항배열	쉬운 문항	69	75	72
	역순	68	74	71
	무작위순	61	73	67
전체 (M)		66	74	

할 수 있다. 즉, 쉬운 문항순의 학생들의 전체 평균치(M = 72)와 역순의 전체 평균치(M = 71)와 무작위순의 전체 평균치(M = 67) 간에 비교하여 이들 평균치들 간에 유의한 차이가 있으면 문항배열에 따라 유의한 주효과가 있다고 할 수 있다. 또한, 두 번째 연구문제는 열평균 간에 M = 66과 M = 74 간에 비교하여 유의한 차이가 있다면 시간제한에 따라 유의한 주효과가 있다고 말할 수 있다.

연구자는 문항배열의 주효과에 대한 검증을 일원변량분석으로 사용할 수 있고, 시간제한에 대한 주효과를 또 다른 일원변량분석으로 사용할 수도 있을 것이다. 그러나 이원변량분석은 세 가지 이유로 일원변량분석을 따로 두 번 사용하는 것보다 더 좋다.

첫째, 이원변량분석은 훨씬 경제적이다. 즉, 똑같은 문제를 훨씬 빨리 해결해 주고 계산을 덜해도 된다. 둘째, 이원변량분석은 훨씬 강력하다. 즉, 비교집단 간의 차이에 대해 민감하여 일원변량분석이 발견하지 못한 유의한 차이까지도 찾아낼 수 있다. 셋째, 이원변량분석은 일원변량분석으로는 전혀 해답이 나오지 않는 부차적인 연구문제까지도 해결해 준다. 즉, 이원변량분석은 두 독립변수 간에 상호작용이 존재하는지를 밝혀 준다. 상호작용이나 두 독립변수가 함께 작용하여 종속변수에 미치는 효과를 말하는 것으로 각 독립변수의 주효과와는 구별이 된다.

앞의 자료에서 문항배열의 첫 번째 상태에서 시간제한을 한 집단(M = 69)과 시간제한을 하지 않은 집단(M = 75) 간의 차이는 6점이다. 역순에는 시간제한을 하는 집단을 한 집단(M = 74) 간의 차이 역시 6점이다. 그러나 문항배열이 무작위순이면 평균치들 간의 차이는 12점이라는 것을 알 수 있다. 따라서 시간제한을 하는 것과 시간제한을 하지 않은 것과의 효과의 차이는 세 가지 형태의 시험문제 모두에 일정하지 않다. 이러한 이유로 인해 문항배열과 시간제한 사이에는 상호작용이 존재한다고 말할 수 있다.

이원변량분석의 결과는 일원변량분석과 마찬가지로 표로 제시될 수 있다.

표 17-2는 가상적 실험연구 결과를 나타내고 있다.

표 17-2 가상적 이원변량분석표

변량원	자유도	제곱합(자승화)	평균제곱합	F
문항배열	2	10	5	10**
시간제한	1	8	8	16**
상호작용	2	4	2	4**
집단내(오차)	54	27	.5	
합계	59	49		

$^{*}p < .01$, $^{**}p < .05$

이 표에서 보듯이 이원변량분석표는 5개의 행을 가진다. 첫 번째 행은 첫 번째 변수에 대한 주효과를 나타내며, 두 번째 행은 변수의 주효과를 나타낸다. 세 번째 행은 두 변수 간의 상호작용에 관한 것이고, 네 번째 행은 집단내혹은 오차에 관한 것이다. 그리고 맨 아래행은 합계를 나타낸다. 이원변량분석표에서 가장 중요한 수치는 F열에 있는 값이다. 연구자는 F값을 임계값과 비교한다. 보통 유의한 차이를 F값 다음에 별표(*)로써 표시하거나, $p<.05$와 같은 설명으로 구체적인 유의차를 제시해 주기도 한다.

일원변량분석에서 집단 간의 표본수가 같은 것이 바람직하다고 언급하였다. 이원변량분석에서는 이것이 더 요구된다. 만약 표본수가 같지 않다면, 분석 이전에 수정adjustment을 하면 된다. 물론 이러한 과정은 새로운 가정이 필요하고, 검증력을 약화시킨다. 그러므로 같은 표본수를 처음부터 지키도록 하는 것이 좋다.

이원변량분석

연령과 성에 따른 완수동기 이원변량분석

변량원	자유도	자승화	평균 자승화	F
연령	3	2.052	.684	7.789***
성별	1	.125	.125	1.427
연령 * 성별	3	.014	.005	.237
오차	64	5.619	.008	.985
전체	72	880.469		

*$p < .05$, **$p < .01$, ***$p < .001$

출처: 안은숙 · 김양은 · 양미선(2010). 전조작기 아동의 완수동기, 자기조절, 퍼즐맞추기 수행 능력과의 관계. 한국영유아보육학, 62, 191–211.

그림 17-1에서처럼 첫 번째 변수의 각 수준들 간의 차이가 두 번째 변수의 각 수준에 일정하지 않다면 상호작용이 존재한다. 만약 상호작용이 없으면 그래프상의 두 선은 서로 평행하고, 상호작용이 있다면 그래프상에서 두 개 이상의 선이 서로 교차할 수 있다.

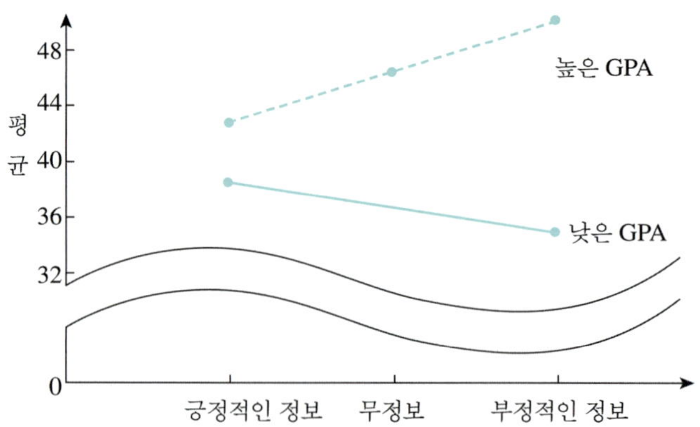

그림 17-1
상호작용

상호작용에는 그림 17-2와 같이 여러 가지가 있을 수 있다Leary, 2016.

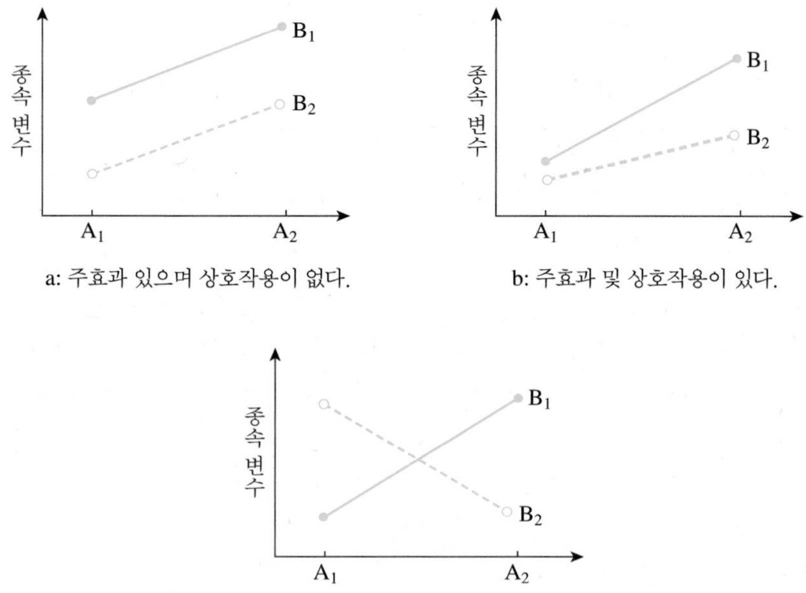

a: 주효과 있으며 상호작용이 없다.

b: 주효과 및 상호작용이 있다.

c: 상호작용이 있으나 주효과 없음

그림 17-2
여러 종류의 상호작용

만약 상호작용이 유의하다면 두 주효과를 직접적으로 해석하면 잘못 해석하기 쉽다. 이원변량분석에서 유의한 상호작용이 나타났을 때 주효과만 서로 비교하는 것은 부적당하다. 예를 들어, 교수방법강의식 방법과 토의식 방법과 학급의 크기소학급과 대학급라는 2개의 변수를 가진 새로운 연구를 가상해보자. 2×2 변량분석의 결과는 유의한 상호작용강의식 방법은 큰 학습에 더 좋고, 토의식 방법은 작은 학습에 더 좋은을 나타내었으나, 주효과는 둘 다 유의하지 않는 F값을 보였다는 결과가 나타났다고 하자. 만약 이 주효과를 직접적으로 해석한다면 학습의 크기라는 변수도 차이가 없고, 두 교수방법 간에도 아무런 차이가 없다고 잘못 생각하게 될 것이다. 이러한 경우에는 단순 주효과에 대한 비교를 해야 한다. 이 절차는 두 번째 변수의 각 수준을 첫 번째 변수의 여러 수준과 비교하는 것이다. 즉 유의한 상호작용이 있다면 작은 학습에 대한 두 교수방법의 상대적인 효과를 비교하고, 큰 학습에 대한 두 교수방법의 상대적인 효과를 비교해 보아야 한다.

상호작용분석에서 유의한 차이를 나타내는 것을 두고 상호작용이 나쁘거나, 유의한 상호작용차를 보이지 않는 다원변량분석이 유의한 상호작용이 있는 것보다 더 좋다는 것을 의미하는 것은 아니다. 왜냐하면 다원변량분석의 주된 장점 중의 하나는 상호작용이 있는지 없는지를 보이기 때문이다.

상호작용

학년 및 속담의 친숙도와 구체성에 따른 속담 이해능력의 반복측정변량분석

변량원	제곱합	자유도	평균제곱	F
친숙도	440.50	1	440.50	698.91^{***}
구체성	2.26	1	2.26	3.65^{+}
학년	22.33	1	22.33	18.12^{***}
친숙도 * 학년	2.52	1	2.52	3.99^{*}
구체성 * 학년	1.51	1	1.51	2.44
친숙도 * 구체성	32.50	1	32.50	54.75^{***}
친숙도 * 구체성 * 학년	.70	1	.70	1.18

$^{+}p < .10$, $^{*}p < .05$, $^{***}p < .001$

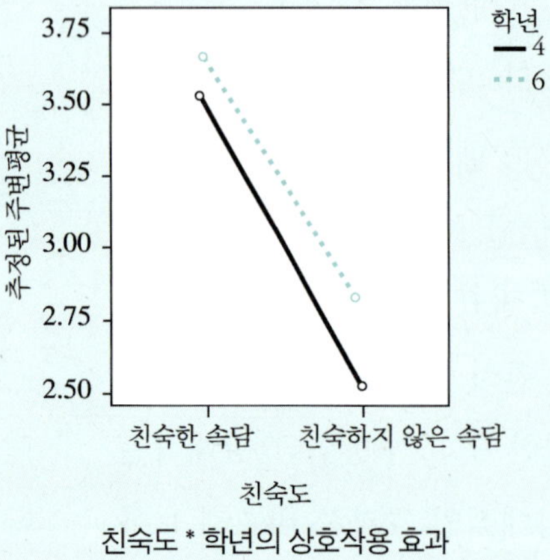

친숙도 * 학년의 상호작용 효과

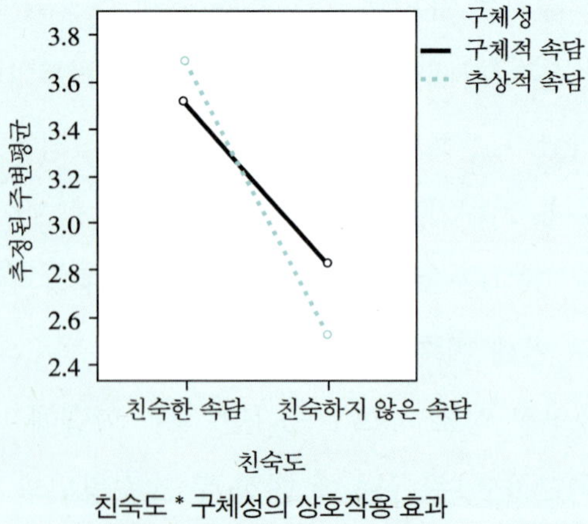

친숙도 * 구체성의 상호작용 효과

출처: 조복희 · 이주연(2007). 후기아동의 속담이해능력과 사용정도에 관한 연구: 속담의 친숙도와 구체성을 중심으로. 아동학회지, 28(5), 19–36.

이원변량분석에 두 독립변수가 있듯이 삼원변량분석three way ANOVA은 항상 세 가지 독립변수를 갖는다. 이때 각 변수의 수준수는 두 가지 이상으로 다양할 수 있다. 2×3×4 변량분석에서 첫 번째 변수에는 두 가지 수준이 있고, 두 번째 변수에는 세 가지 수준, 세 번째 변수에는 네 가지 수준이 있는 것을

삼원분량분석

남아의 기질(사회적 민감성)과 어머니의 양육태도(긍정적 양육태도) 및 언어·인지발달(수와 시간 개념)에 따른 남아의 부적응행동의 삼원변량분석 (N = 193)

변량원	자승합	자유도	평균자승	F
사회적 민감성(A)	43.10	1	43.10	.61
긍정적 양육태도(B)	774.72	1	774.72	11.02^{***}
수와 시간 개념(C)	39.35	1	39.35	.56
A×B	15.76	1	15.76	.22
A×C	58.77	1	58.77	.84
B×C	136.90	1	136.90	1.95
A×B×C	356.92	1	356.92	5.08^{*}
오차	13002.50	185	70.28	
전체	14358.24	192		

$^{*}p < .05$, $^{***}p < .001$

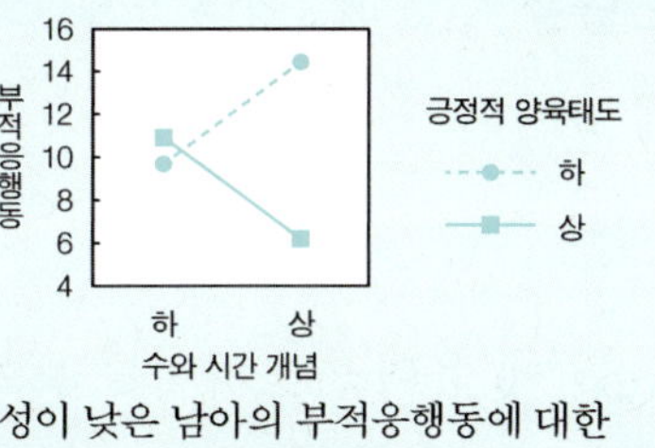

사회적 민감성이 낮은 남아의 부적응행동에 대한 긍정적 양육태도와 수와 시간 개념의 상호작용 효과

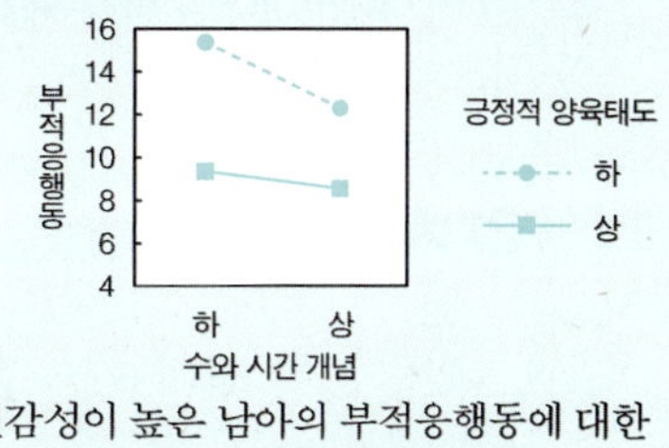

사회적 민감성이 높은 남아의 부적응행동에 대한 긍정적 양육태도와 수와 시간 개념의 상호작용 효과

출처: 서소정·하지영(2008). 유아의 교육기관 부적응행동에 대한 유아 및 어머니 변인 간의 상호작용 효과에 관한 연구. Family and Environment Research, 46(1), 73–86.

삼원변량분석이라고 한다. 삼원변량분석에서도 각 변수의 수준들 간에 전체적인 차이가 있는지의 여부와 상호작용효과가 있는지의 문제를 다룬다. 삼원변량분석에는 세 개의 주효과와 네 개의 상호작용효과가 있다. 삼원변량분석에서 네 번째 상호작용효과는 세 가지 변수를 모두 포함한다. 이것을 삼원 혹은 이차 상호작용second order interacrions이라고 한다.

3. 다중비교검증

변량분석에서는 집단 간의 차이가 있다는 것만 보여 주기 때문에 어느 집단 간에 차이가 있는지 후속적인 검증을 해야 한다. 이 후속 검증의 방법에 다중비교검증multiple comparison tests이 있다. 다중비교 검증에는 사전검사priori comparison 또는 계획검사planned comparison와 사후검사posteriori comparison가 있다.

1) 사전검사

변량분석은 연구로 밝혀질 수 있는 모든 비교에 관심이 있을 때 적합하나 관심 밖의 비교도 포함하므로 검증력이 낮을 수 있다.

사전검사는 연구자가 전체적인 비교에 관심이 없거나, 사전정보를 갖고 관심 있는 집단 간에 비교할 때만 사용된다. 사전검사는 사후검사보다 검증력이 크기 때문에 관심문제에 명확한 답을 얻을 수 있다.

2) 사후검사

변량분석 결과 F는 집단 간의 평균에 유의있는 차이를 보여 줄 뿐이지 어느 집단에 유의미한 차이가 있는지는 알 수 없다. 그러므로 일단 유의있는 F가 나오게 되면 어느 집단에 차이가 있는지를 살펴볼 필요가 있다. 이것을 사후검

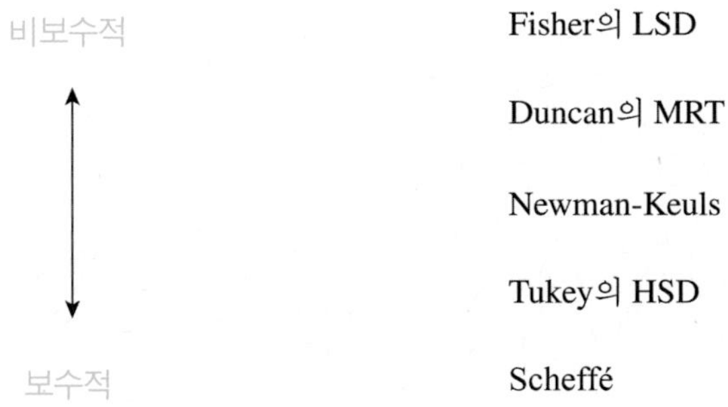

그림 17-3
사후검사의 보수적-비보수적 정도

사post hoc 검증, posteriori test(coming after라는 의미)라 한다. 사후검사에는 그림 17-3처럼 여러 가지가 있다. 집단 간의 차이가 적을 때 유의있는 결과를 나타내는 것비보수적 척도과 비교적 집단 간의 평균의 차이가 커야만 나오는 것보수적 척도이 있다.

피셔Fisher의 LSDLeast Significant Difference는 t 검증 표만 있으면 계산이 가능하므로 가장 잘 쓰이는 방법 중 하나이다. 이것은 집단 간의 표본수가 달라도 사용되나 모든 집단의 평균비교는 아니다.

던칸Duncan의 다중 범위검증Multiple Range Test, MRT은 피셔의 LSD, 뉴먼-케울스Newman-Keuls의 MRT, 투키Tukey의 HSD의 특수유형으로 표본수가 같을 때 사용된다. 이것은 각 집단의 평균을 크기대로 배열하여 가장 큰 집단과 작은 집단을 비교한 뒤, 유의하다면 그 다음 큰 것과 작은 것을 비교한다.

뉴먼-케울스의 다중범위검증법은 똑같은 표본수에만 사용되고, 투키의 HSDHonestly Significant Difference도 뉴먼-케울스와 마찬가지로 표본수가 같아야 사용한다. 이것은 피셔의 개념과는 달리 가능한 모든 집단의 평균비교를 할 수 있다.

세페Scheffé의 검증법은 절차가 간단하고, 집단수 간의 표본수가 일정하지 않아도 사용된다. 뿐만 아니라 가능한 모든 평균비교에 적용될 수 있다. 그러나 다중비교검증에서 가장 보수적 방법이어서 검증력이 비교적 약하다고 볼 수 있다.

Duncan

유아의 연령에 따른 유아의 혼자놀이와 사회적 놀이 차이 (N = 193)

구분		혼자놀이		사회적 놀이
		N	$M(SD)$	$M(SD)$
유아 연령	만 3세(a)	63	2.83(.66)	3.87(.83)
	만 4세(b)	42	2.95(.58)	4.31(.78)
	만 5세(c)	88	2.79(.95)	4.07(.85)
F			.63	3.57*
Duncan			n.a	c > a

$^*p < .05$

출처: 함미미 · 서소정(2019). 유아의 혼자놀이와 자기조절력이 사회적 놀이에 미치는 영향. 유아교육연구, 39(5), 85–105.

Scheffé

변인	문화접변	유형 N	$M(SD)$	F	Scheffe
학교에 대한 태도	통합	75	3.78(.70)		A
	분리	113	3.82(.77)	7.00***	A
	동화	23	3.20(.70)		B
교사지지	통합	73	3.72(1.00)		A
	분리	110	3.99(1.00)	4.58*	A
	동화	22	3.35(1.00)		B
또래지지	통합	74	3.97(.79)		A
	분리	109	4.14(.83)	3.65*	A
	동화	23	3.64(1.10)		B
주류사회에 대한 사회적 거리감	통합	72	3.19(.91)		A
	분리	108	2.87(.96)	3.58*	B
	동화	22	3.30(1.00)		A

$^*p < .05$, $^{**}p < .001$

출처: 조복희 · 이주연(2006). 중국 조선족 아동과 한국 화교 아동의 문화접변 유형 및 학교 적응 비교 연구. 아동학회지, 27(1), 95–111.

4. 다변량분석

이원변량분석이나 삼원변량분석은 독립변수의 수가 다르나, 모두 종속변수가 하나인 경우에 사용된다. 그러므로 이러한 것을 단변량분석univariate analysis of variance이라 한다. 만약 종속변수가 둘 이상이면 다변량분석multivariate analysis of variance, MANOVA을 해야 한다. MANOVA에는 비교집단이 둘인 경우 Hotelling의 T^2을 쓰고, 비교집단의 수가 셋 이상인 경우 일원다변량분석one way MANOVA에는 Wilk의 Lambda(λ)가 있다.

다변량분석

영역별 자발적 보고 효과 검증(MANOVA)

변량원	종속변수	제Ⅲ유형 제곱합	자유도	평균제곱	F	η^2	Scheffe
발달단계	교육기관영역	17.838	2	8.919	20.867***	.110	b, c > a
	안전영역	5.147	2	2.573	3.039*	.018	–
	규칙영역	8.931	2	4.465	6.049**	.035	b > c
	친구영역	6.855	2	3.427	7.858***	.045	b > a, c
	개인영역	9.762	2	4.881	10.971***	.061	b > a, c

주: a = 유아, b = 아동 중기, c = 아동 후기
***$p < .001$

출처: 최혜선·한세영(2020). 아동의 일상생활 경험에 대한 자발적 보고의 탐색적 연구. 한국보육지원학회지, 16(3), 79–98.

5. 공변량분석

독립변수에 따른 종속변수의 차이를 보고자 변량분석을 사용한다. 만약 연구하려는 독립변수 외에 외생변수가 있다면 연구결과가 달라질 것이다. 이때 외생변수가 종속변수에 미친 영향을 통계적 방법에 의해 제거해 보는 통계적 방법이 공변량분석analysis of covariance, ANCOVA이다.

예를 들어, 아동학과 학생과 심리학과 학생들에게 아동학개론을 가르친 후, 학기 말에 아동학 정체감 검사를 실시하여 다음과 같은 점수를 얻었다고 하자. 이때 단순히 학기 말 점수로 t 검증을 하면 아동학과 학생이 높다. 그러나 학기 초에 이미 차이가 있었으므로 이와 같은 결론은 잘못된 것이다. 공변량분석은 학기 초 점수를 기초로 하여 학기 말의 점수를 수정하여 검증하는 것이다. 예에서 학기 말의 점수가 수정되면 아동학과의 점수는 34.8보다 낮고, 심리학과 점수는 32.1보다 높게 나온다. 이렇게 되면 완전히 반대의 결론이 나올 수가 있다.

첫 번째 변수를 공변수covariate variable이라 하고, 두 번째 변수가 종속변수가 된다. 대개 공변수와 종속변수는 같은 측정으로 값이 얻어지므로 공변수가 사전검사, 종속변수가 사후검사의 성격을 지닌다.

표 17-3 공변량분석의 예

학생		학기 초 점수	학기 말 점수
아동학과	가	10	32
	나	16	38
	다	14	35
	라	13	33
심리학과	가	6	29
	나	14	34
	다	10	32
	라	8	28

공변량분석

집단에 따른 언어이해력의 공분산분석결과

변량원		*SS*	*df*	*MS*	*F*값
언어이해력	공변량	8.08	1	8.08	5.87*
	집단	15.77	1	15.77	11.45**
	오차	33.05	24	1.38	
	합계	6071.00	27		

$^{*}p < .05$, $^{**}p < .01$, $^{***}p < .001$

출처: 최정아 · 김혜순(2011). 역할극을 활용한 의사소통 프로그램이 유아의 언어표현력과 언어이해력에 미치는 효과. 아동교육, 20(2), 253-271.

장애인식개선에 대한 공변량분석 결과 (N = 69)

변수		자유도	제곱합	평균제곱	*F*	유의확률
장애 또래와의 상호작용	공변인	1	11.152	11.152	60.441	.000
	집단 간	1	2.692	2.692	14.592	.000
	오차	67	12.362	.185		
	전체	70	762.984			
장애 또래의 능력	공변인	1	3.934	3.934	14.845	.000
	집단 간	1	6.821	6.821	25.742	.000
	오차	67	17.754	.265		
	전체	70	669.484			
장애 또래에 대한 두려움	공변인	1	2.315	2.315	31.179	.000
	집단 간	1	.264	.264	3.552	.064
	오차	67	4.975	.074		
	전체	70	1066.313			
전체 장애인식	공변인	1	3.660	3.660	39.481	.000
	집단 간	1	2.427	2.427	26.180	.000
	오차	67	6.211	.093		
	전체	70	815.111			

출처: 이수경 · 박경빈(2020). 그림책 활용 장애인식 개선 교육 활동이 유아의 장애인식 및 친사회적 행동에 미치는 영향. 열린유아교육연구, 25(6), 81-98.

18장

회귀분석

회귀regression란 평균에 수렴하는 현상을 뜻한다. 통계기법에서 회귀분석regression analysis은 한 개의 종속변수의 변화에 한 개 또는 한 개 이상의 독립변수가 어떻게 관련이 있는가를 분석하는 것이다. 그러므로 통계학에서는 회귀분석을 통해 얻어진 자료로 변수들 간의 관련성을 찾아내고, 그 관련성의 크기와 유의도를 알 수 있다.

1. 단순회귀분석

회귀분석에서 가장 간단한 것이 단순선형 회귀분석simple linear regression이다. 단순선형 회귀분석은 독립변수 X와 종속변수 Y 사이의 함수관계가 존재한다고 보며, 그 관계는 직선으로 설정할 수 있다(그림 18-1). 즉, 함수관계 $Y_i = \alpha + \beta X_i$가 성립한다고 보며, 이 식에 의하면 특정 X의 값에 상응하는 Y의 값은 하나이다. 여기서 미지의 회귀계수로 얻어진 자료에서 α와 β를 구해 α, β를 추정한다. 그러나 대부분의 실제 현상은 선형관계가 거의 없다는 것을 유념해야 한다. 그림은 X와 Y의 가설적 관계를 보여 준다. 즉, Y는 X가 증가할수록

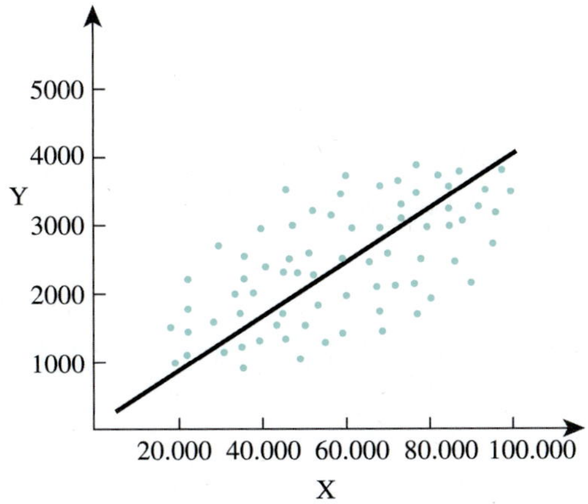

그림 18-1
가상적인 단순회귀모형

증가한다. 이때 모든 점을 통과하는 직선을 긋는 것은 불가능하다. 그러나 가능한 최선의 선형관계를 나타내고 추정된 직선을 그릴 수는 있다.

단순회귀분석

아동학대인식이 아동학대 방지노력에 미치는 영향

	B	β	t	F	R^2
상수	3.076				
아동학대인식	.378	.358	6.78***	45.99***	12.8

$^{***}p < .001$

출처: 한유미·조명자(2018). 보육교직원의 아동학대 인식과 아동학대 방지노력에 관한 연구. 아동과 권리, 22(2), 145–162.

2. 중다회귀분석

인간의 발달은 대부분 단순회귀모형으로는 설명하기가 어렵다. 대개의 종속변수는 여러 개의 독립변수에 의해 동시에 관련이 있기 때문이다. 이때 중다회귀분석multiple regression analysis이 사용된다. 중다회귀란 둘 또는 그 이상의 독립변수 또는 예측인자predictor가 단일한 종속변수에 어떻게 관련되어 있는가를 밝힌다. 예를 들어, 한 가정의 쇠고기 소비량은 쇠고기값, 가계의 소득수준, 가족구성원의 수 등에 의해 달라질 수 있다.

종속변수는 독립변수를 추가하여 포함하면 설명력이 높아진다. 그러나 이때는 회귀방정식이 복잡해진다는 단점이 있다. 그러므로 독립변수의 수와 회귀방정식의 적합도는 서로 이율배반적인 관계가 있다고 볼 수 있다.

중다회귀분석

타인양육에 대한 죄책감 회귀분석 (N = 185)

독립변수	B	β	T	R^2	$adj. R^2$	F
영아의 성별	−.03	−.02	−.27			
부정적 정서	.22	.26	3.51^{**}			
의도적 통제	−.06	−.07	−.87	.19	.17	7.14^{***}
외향성	−.03	−.03	−.41			
양육지식	−.03	−.17	-2.39^{*}			
취업 여부	−.36	−.26	-3.73^{***}			

$^{*}p < .05$, $^{**}p < .01$, $^{***}p < .001$. 종속변수: 타인양육에 대한 죄책감 회귀분석

출처: 김민정·김소영·이경옥(2020). 영아기 자녀를 둔 어머니의 양육 스트레스: 어머니의 취업 여부와 양육지식, 영아의 성별과 기질을 중심으로. 한국보육학회지, 20(2), 1–15.

3. 결정계수

결정계수coefficient of determination는 총변동량에 대한 회귀변동량의 비율로서 R^2으로 표시된다. 예를 들어, 결정계수 R^2 = .60이라면 Y 변동의 60%가 X로 설명한다는 것이다. 물론 중다 회귀분석에서 독립변수가 추가되면 R^2은 증가한

다. 뿐만 아니라 종속변수에 관계없는 독립변수를 추가하여도 R^2이 증가하는 맹점이 있다. 이 맹점을 자유도로 조정한 것이 수정 결정계수adjusted R^2이다.

4. 가변수

회귀분석은 대부분 독립변수와 종속변수가 연속적인 양적변수일 때 사용된다. 그러나 질적변수도 가변수dummy variable로 만들어 회귀방정식에 포함시킬 수 있다. 예를 들어 성별이라는 변수를 남자 = 1, 여자 = 2처럼 이분화시킬 수 있다. 그러나 3개 범주의 질적변수는 이분화시킬 수 없으므로 2개의 가변수로 전환시켜 회귀방정식에 설정한다. 예를 들어, 거주지가 대도시, 중소도시, 농촌으로 나누어진다면 대도시 거주자에게 1, 그 나머지를 2이라는 변수 하나와 중소도시를 1 그리고 그 나머지를 2라는 변수 하나, 즉 변수 2개가 필요하다.

5. 단계적 회귀분석

종속변수와 관련이 있는 독립변수가 여러 개일 때 가장 적합한 변수들의 조합을 찾는다는 것은 쉽지 않다. 그러나 최근에는 통계 프로그램을 사용하여 단계적 회귀분석stepwise regression에서 종속변수를 잘 설명할 수 있는 변수들의 조합을 쉽게 찾아낸다.

단계적 회귀분석에서는 R^2을 가장 많이 증가시킬 수 있는 순서대로 독립변수가 선정된다. 첫 단계에서 종속변수를 잘 설명하는 독립변수 하나가 선정된 후 R^2을 증가시킬 수 있는 또 다른 변수가 선정된다. 예를 들어, 대학수학능력 성적(Y)을 종속변수로 하고, 독립변수는 고등학교 성적(X_1), 지능지수(X_2),

중학교 성적(X_3)으로 선정하였다고 하자. 이 변수들 간의 가상적인 적률상관계수를 구해 보았더니 표 18-1과 같았다.

표 18-1 상관관계 행렬

	수능성적(Y)	고등학교 성적(X_1)	지능지수(X_2)	중학교 성적(X_3)
수능성적(Y)	1.00			
고등학교 성적(X_1)	.60	1.00		
지능지수(X_2)	.50	.50	1.00	
중학교 성적(X_3)	.55	.40	.70	1.00

표 18-1에서 보는 바와 같이 각 변수 간의 상관이 매우 높으며, 상관관계가 가장 높은 변수는 지능지수와 중학교 성적(r = .70)이다. 그리고 대학수학능력 성적과 상관관계가 가장 높은 것은 고등학교 성적(r = .60)이다. 이들 간의 관계를 그림을 표시하면 그림 18-2와 같다.

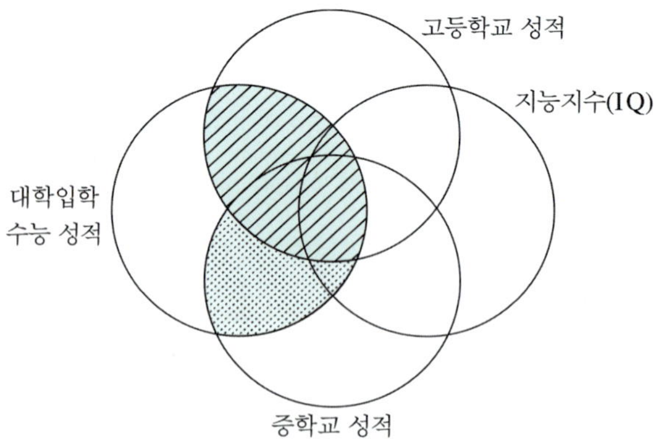

그림 18-2 중다회귀에서의 변수 간 비교

빗금쳐진 부분은 대학수학능력 성적과 고등학교 성적과의 공통된 변량($.60^2$ = 36%)이다. 회귀분석을 하여 나머지 두 변수가 추가된다 하더라도 단지 점을

친 부분(14%)만이 증가한다. 다시 말해서 독립으로 본다면 지능지수(r = .50)는 종속변수에 25% 변화량, 중학교 성적(r = .55)은 종속변수에 30%의 변화량을 보이겠지만, 가장 상관이 높은 변수(X_2)가 먼저 추출하고 나면 단지 14%만이 부가적인 증가된 변화량이다. 여기에서 중다회귀분석은 독립변수가 증가할수록 R^2의 증가는 작아지므로 변수의 선택 시 독립변수와는 상관이 낮지만, 종속변수에는 상관이 높은 변수를 선택해야 한다는 것을 보여 준다. 그러나 어떠한 변수가 종속변수와 높은 상관을 보이면서 동시에 독립변수들끼리 낮은 상관을 보이기는 어렵다. 그러므로 작은 R^2 증가를 위해 너무 많은 독립변수를 선택할 필요가 없다. 이것이 4~5개 이상의 변수 선택을 권장하지 않는 이유인 것이다.

단계적 회귀분석을 활용하여 컴퓨터 프로그램상 영향력이 큰 순서가 아닌 이론적 근거에 의해 연구자가 임의로 투입 순서를 결정하는 위계적 회귀분석이 있다.

위계적 회귀분석

부모의 따스함과 대화시간이 아동의 행복감에 미치는 영향 (N = 2,578)

독립변수	모형1		모형2		모형3	
	β	t	β	t	β	t
아동 성	.03	1.27	.02	1.31	.02	1.32
부학력	.05	2.38*	.03	1.42	.03	1.40
모학력	–.03	–1.14	–.02	–1.17	–.02	–1.19
월평균소득	.09	4.24***	.04	2.25*	.04	2.25*
한부모여부	–.10	–4.70***	–.08	–4.25***	–.08	–4.26***
따스함			.43	24.30***	.43	23.73***
대화시간			.12	6.83***	.12	6.78***
따스함×대화시간					.02	.93
R^2	.02		.24		.24	
ΔR^2			.22		.00	
F	12.55***		116.36***		101.92***	

$^{*}p < .05$, $^{***}p < .001$.
주: 한부모여부는 '0 = 양부도, 1 = 한부모'로 코딩함.
아동성별은 '0 = 남아, 1 = 여아'로 코딩함.

출처: 문예은 · 이주연(2021). 아동의 행복감에 대한 부모양육태도 및 부모와 대화시간의 영향. 한국보육지원학회지, 17(1), 85–104.

6. 주의점

회귀분석에서는 독립변수가 연속적일 때 적합하다. 경우에 따라서 가변수를 이용해 질적변수도 사용될 수 있으나 이때에는 주의가 요구된다. 또 중다회귀분석에서 여러 독립변수는 서로 독립적이어야 한다. 높은 상관관계가 있는 두 변수, 예를 들어 한 가정의 수입과 사회계층은 서로 독립적이 아니므로 회귀변수로 사용되는 것은 타당하지 않다. 이와 같이 독립변수 간에 상관관계가 강한 것은 다중공선성multicolinearity이라 하는데, 이런 경우에는 한 변수를 빼는 것이 무난하다.

독립변수 간에 다중공선성이 있는지 판단하는 방법으로 분산팽창계수VIF: Variance Inflaction Factors와 공차한계Tolerance를 산출하는 방법이 있다. 분산팽창계수는 0에서부터 무한대의 값을 가지는데 대개 10을 넘으면 다중공선성이 있다고 판단하며, 5가 넘으면 주의할 필요가 있다. 공차한계값의 경우 .1보다 작으면 통계적으로 다중공선성에 문제가 있다고 본다. 이 밖에도 잔차의 독립성 검증을 통해 다중공선성을 판단하기도 한다. 각 변수의 잔차가 독립적이라는 가정은 Durbin-Watson 계수로 판단할 수 있다. Durbin-Watson 계수는 0~4 사이로 0에 가까우면 +상관, 4에 가까우면 −상관, 2 근처에서는 매우 낮은 상관으로 판단된다.

지금까지의 통계적 방법을 정리해 보면 표 18-2과 같다.

표 18-2 통계의 측정수준

통계적 방법	검증 통계치	측정수준		자유도
		독립변수	종속변수	
카이제곱 검증	χ^2	명명	명명	(행−1)(열−1)
중앙치 검증	χ^2	명명	순위	(행−1)(열−1)
맨-휘트니 검증	U	명명	순위	(N−1)
윌콕스 검증	Z	명명	순위	N쌍
크로스칼&윌리스 검증	$H(x^2)$	명명	순위	N집단−1
스피어맨 상관관계	r	순위	순위	N쌍
피어슨 상관관계	r	등간	등간	N쌍−2
독립적 t 검증	t	명명	등간	N + N−2
종속적 t 검증	t	명명	등간	N쌍−1
변량분석	F	명명	등간	집단 간: N(집단)−1 집단 내: N(사례수)−N(집단)
단순회귀분석	F	등간	등간	회귀: 1 오차: N쌍−2 전체: N쌍−1

4부 자료의 분석

19장

경로분석

상관관계는 변수의 관련 강도와 방향만을 제시해 주며, 회귀분석은 변수를 추정하거나 예언하고자 할 때 쓰인다. 그러므로 이 두 통계학적인 방법은 두 변수 사이의 관련이 확인된다 할지라도 어느 것이 원인이며, 어느 것이 결과인지 분명하지가 않다. 인과관계를 분명히 밝힐 수 있는 방법의 하나가 경로분석path analysis이다.

경로분석은 회로분석, 행로분석으로도 불린다. 경로분석은 일종의 구조화된 회귀분석이라고 말할 수 있다. 경로분석은 회귀분석을 기초로 변수들 간의 관계를 이해하기 위한 가설적 모델로 여러 변수들 간의 관계를 매우 유용한 그림으로 보여 주며, 여러 관계의 강도를 나타낸다.

경로분석에서는 독립변수, 매개변수intervening variable, 종속변수가 있다. 독립변수는 매개변수에 영향을 주고, 매개변수는 다시 종속변수에 영향을 주는 관계이다. 독립변수와 매개변수가 종속변수에 얼마나 직접적인 영향을 미치고 있는가를 나타내는 지수를 경로계수라고 말한다. 경로계수는 회귀분석에서 얻는 표준화 회귀계수와 같다.

경로모형에서 도형을 작성하는 데 몇 가지 규칙이 있다. 먼저, 왼쪽에 위치한 변수는 오른쪽에 위치한 변수보다 앞선다고 가정한다. 변수 간의 인과관계

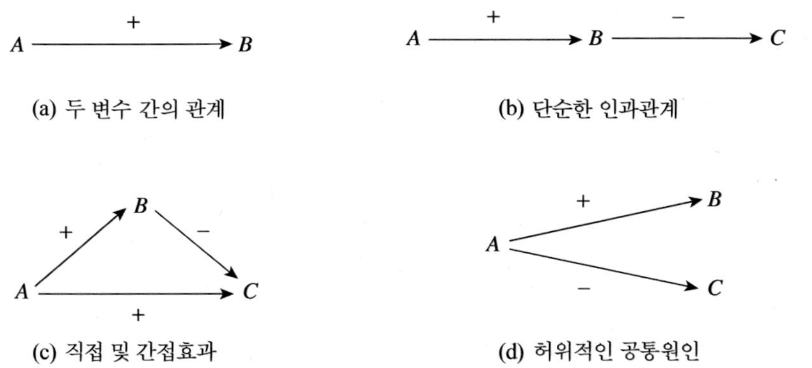

그림 19-1
인과모형

는 '원인'에서 '결과'의 방향으로 화살표가 달린 직선으로 연결하며, 분석되지 않는 관계는 양쪽에 화살표가 있는 곡선으로 표시한다. 두 변수 간에는 +나 −를 붙여 그 관계를 표시한다.

잔여변수란 종속변수를 경로모형 속에 포함되어 있는 독립변수에 의해서 설명되지 못하고 남는 변량을 결정해 주는 변수를 말한다. 잔여변수에 의해서 설명되는 종속변수의 변량은 $1-R^2$의 값과 같다.

그림 19-2는 음주행위에 대한 가설적 인과모형을 나타내고 있다. 왼편에 제시된 응답자의 연령과 교육은 곡선의 양방향 화살표로 인과관계가 없다는 것을 나타낸다. 응답자의 연령(A)이 많을수록, 교육 정도(E)가 높을수록 술집에 출입하는 횟수(F)가 줄어들 것이며, 술집 출입빈도는 음주량에 직접적인 영향

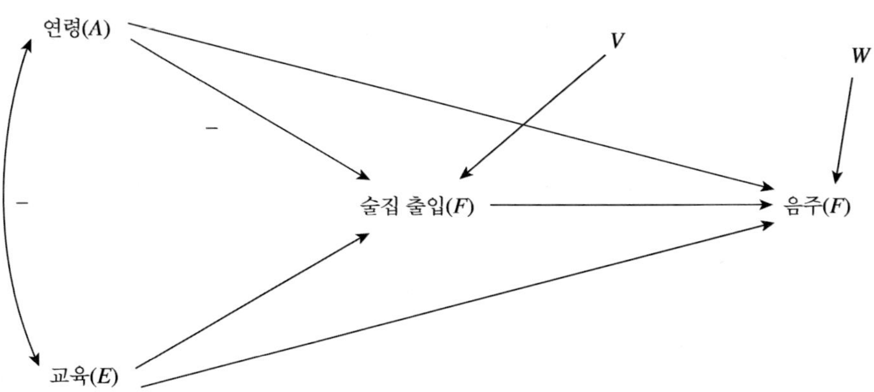

그림 19-2
음주행위 모델에 대한 인과적 모형

을 주리라고 가정되어 있다. 이는 여기에 제시된 것 이외에 음주와 술집 출입은 그 외 잔여요인들(V와 W)이 게재되어 있음을 나타낸다장상희·홍동식, 2006.

경로분석

모형 B의 분석결과

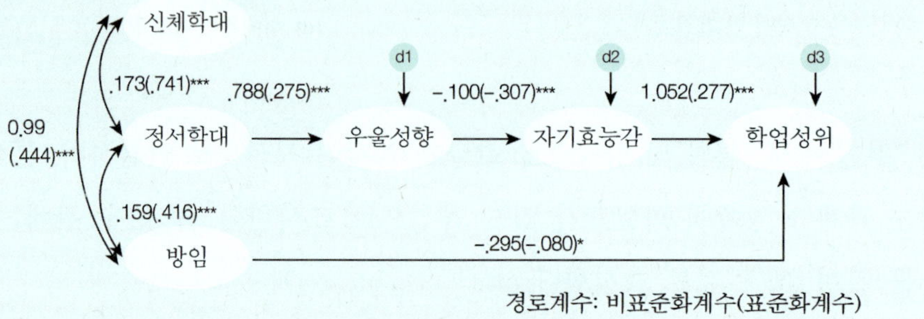

경로계수: 비표준화계수(표준화계수)

출처: 나은숙·정익중(2001). 아동학대 유형별 우울성향, 자기효능감, 학업성취 간의 관계. 아동학회지, 28(4), 35–49.

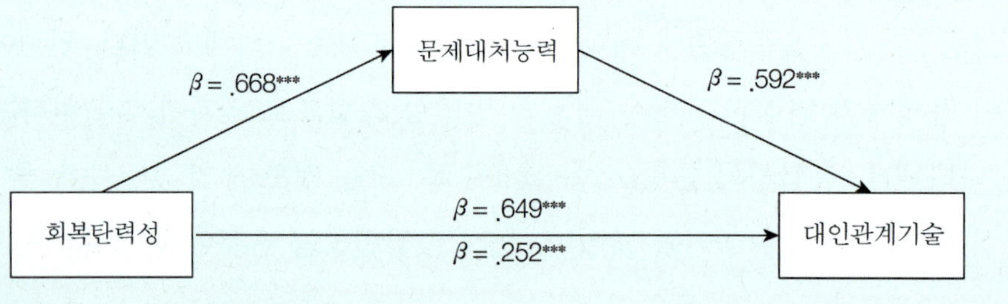

$^{*}p < .05$, $^{**}p < .01$, $^{***}p < .001$

출처: 이경돈·김양은·박성경(2019). 만5세 유아의 회복탄력성이 대인관계기술에 미치는 영향: 문제대처능력의 매개효과를 중심으로. 한국영유아보육학, 118, 147–167.

경로분석이 변수들 간의 복잡한 인과적 연쇄와 연결망을 보여 주는 통계기법이지만, 인과모형 설정은 자료에 근거를 두고 하는 것이 아니라 연구자의 주관적인 판단에 기초를 두고 세운다. 왜냐하면, 연구자는 변수들 간의 관계구조를 결정하면 컴퓨터가 경로계수path coefficient를 계산해 주기 때문이다. 그러므로 동일한 자료를 가지고 서로 다른 모형을 여러 가지로 만들 수 있다. 경로분석을 했다고 해서 그 자체가 변수들의 인과관계를 밝혔다고 단정지어서는 안 된다. 다시 말해 모형으로서의 인과관계와 '사실fact'로서의 인과관계를 혼동해서는 안 된다. 경로모형에서 설정되는 인과관계는 모형에 내재하는 가정에 불과한 것이고, 경로모형이 인과관계를 증명하거나 발견하는 것은 아님을 유념해야 한다.

표집 크기가 크면 경로계수가 아주 작더라도 통계적으로 유의미할 때가 있다. 그러나 통계적으로 유의미한 것으로 밝혀졌을지라도 이론적으로 볼 때 의미 없는 경로라고 판단되면 인과모형에서 그 경로를 제거시켜야 한다.

20장

요인분석

요인분석factor analysis은 주어진 자료를 요약하는 다변수적 접근방법의 하나로 통계적 기초가 매우 복잡하다. 요인분석은 여러 변수에서 좀 더 작은 집합으로 줄이는 것인데 여러 변수들과 매우 높은 상관을 갖고 있고, 다른 변수와는 서로 독립적이라는 가상적 차원을 설정하여 행해진다. 상호관련성이 높은 특정 변수들의 묶음을 요인factor이라 하고, 이것을 찾아내서 그 요인을 통해 자료를 분석하는 것이다. 그러므로 요인분석에서는 모든 변수들이 독립변수이고 요인들은 종속변수의 성격을 지닌다. 요인분석의 과정을 그림으로 표시하

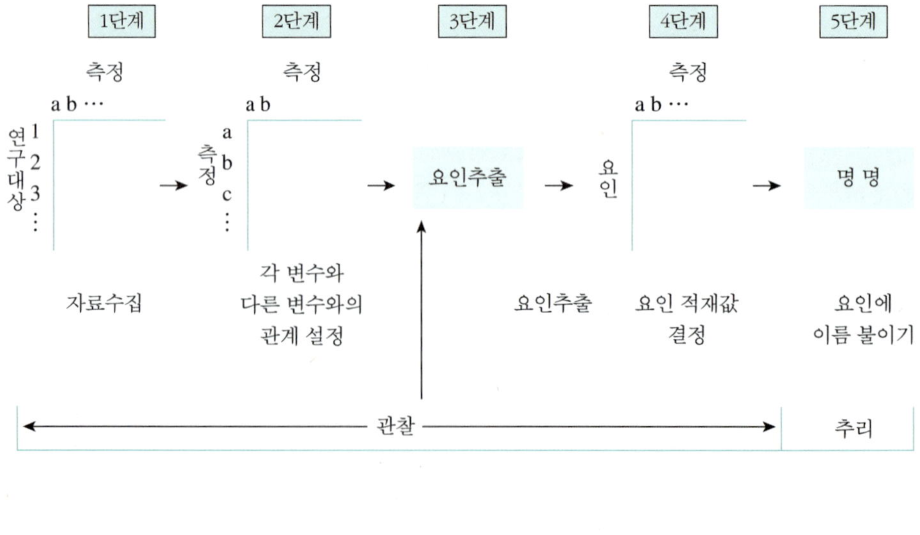

그림 20-1
요인분석과정의 5단계

면 그림 20-1과 같다.

1. 요인추출

자료의 변수들을 적은 요인으로 묶는 것을 요인추출이라 하는데, 이것은 변수 간의 상관관계로부터 그 집합을 찾는다. 예를 들어, 새롭게 개발된 식품에 대한 소비자의 반응을 보고자 할 때, 다음과 같이 여섯 가지 특성으로 조사하였다고 가정하자. 100명에게 선호도를 5점 리커트 척도로 조사한 뒤 그 특성에 대한 상관관계를 구했더니 표 20-1과 같았다.

표 20-1 변수들의 상관관계

변수	맛(1)	가격(2)	향기(3)	모양(4)	요깃거리(5)	영양가(6)
1	1.00					
2	.05	1.00				
3	.89	.15	1.00			
4	.78	.23	.80	1.00		
5	.27	.95	.19	.17	1.00	
6	.12	.98	.24	.24	.94	1.00

위에서 보면 맛(1), 향기(3), 모양(4)은 상관관계가 높은 한 집단을 이루고, 가격(2), 요깃거리(5), 영양가(6)는 또 다른 상관관계가 높은 집단이다. 맛, 향기, 모양은 식품에 대한 주관적인 평가인 비실용적인 요인(요인 I)일 수가 있고, 가격, 요깃거리, 영양가는 실용적인 요인(요인 II)일 수가 있다.

요인을 선택하는 것은 간단한 것 같으나, 실제로 매우 복잡하다. 요인모형은 주성분 분석principal component analysis과 주요인분석principal factor analysis으로 나누어진다. 주요인 분석이 일반적으로 많이 쓰이고 있으며, 요인분석에 대한 지식이 부족한 사람에게도 무난하다. 첫 요인에 의한 최대가 되는 요인을 추출하고 첫 요인을 설명하고 난 후, 남아있는 요인 중에서 또다시 많은 변량값을 가지는 것을 추출한다.

2. 요인회전

요인을 추출하여 각 변수와 요인과의 상관관계를 살펴볼 수 있다. 이것을 요인 부하값factor loading이라 한다. 앞의 예에서 변수를 요인 I(F_1)과 요인 II(F_2)와의 관계를 도표로 표시한다면 다음과 같을 수 있다(그림 20-2). 변수 1은 요인 I (F_1)과는 .8, 요인 II(F_2)와는 .7의 요인부하치를 지니고 있다. 반면 변수 6은 F_2과는 .5, F_1과는 .9의 값을 지니고 있다. 마찬가지로 변수 3은 F_1과 .6, 변수 2는 F_1과 .7 F_2와는 -.5 정도이다.

모든 변수는 요인을 살펴보면 변수들의 적재값이 어느 정도는 크지만 1, 3, 4 집단과 2, 5, 6 집단은 서로 다른 요인으로 묶인다는 것을 명백히 해 주지는

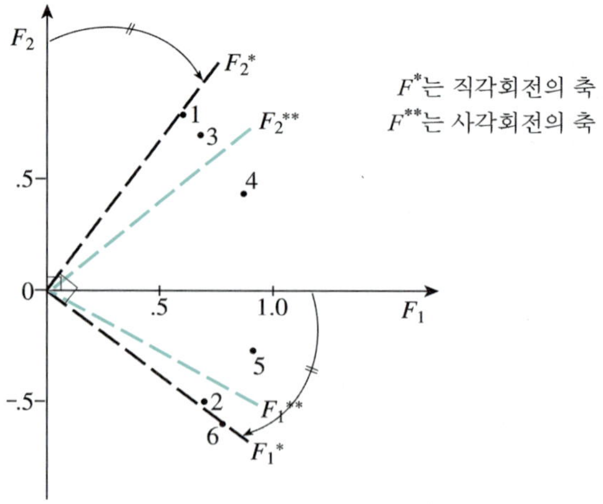

그림 20-2
회전

못한다. 그러나 만약 0점을 중심으로 $F_1-F_2^*F_2-F_2^*$로 직각을 유지하면서 회전시킨다고 하자. 이때 변수 1은 F_1^*과 .9, F_2^*와는 .1, 변수 2는 F_2^*와 −.1, F_1^*와는 .9 정도의 적재값을 갖게 된다.

즉, 요인측들을 회전시키면 변수 1, 3, 4는 요인 II에, 2, 5, 6은 요인 I에 높은 적재값을 갖는다. 그러므로 변수들의 상대적 위치를 고정시킨 채 회전하면 변수들은 두 요인으로 분류된다는 것이 명백해진다. 이렇게 각도를 유지하면서 회전하는 것을 직각회전orthogonal rotation이라 한다.

만약 $F_1-F_1^{**}F_2-F_2^{**}$로 각 축 사이의 각을 90도로 유지하지 않고, 회전시키면 각 변수들의 요인부하치는 더욱 커진다. 이 회전을 사각회전oblique rotation이라 한다. 사각회전은 수학적 과정이 복잡하고, 차원이 독립적이지 않다고 가정하고 있다. 실제의 자료들은 변수들이 매우 독립적인 것은 드물기 때문에 사각회전이 적당하다고 주장하기도 한다.

그러나 직각회전에 나타나지 않는 특수성이 포함되어 있으므로 해석에 주의가 필요하다. 직각회전이 이해가 쉬워 특별한 이유가 없으면 대부분 사용되고 있다.

3. 요인행렬

요인행렬factor matrix이란 각 요인들에 대한 변수들의 요인부하값을 모아 두는 것으로 다음과 같다.

요부하값의 제곱은 그 변수의 해당요인에 의한 분산의 비율을 뜻한다. 예에서 변수 1은 요인 I에 의해 $(.6)^2$ = .36, 즉 36%만큼 표현된다. 공통분산비는 변수 1에 대한 두 요인에 의해 표현되는 분산의 비율로

$$h^2 = (.6)^2 - (.79)^2 = .98$$

이 값은 회전후에도 변함이 없어 .98이다.

$$(.20)^2 = (.97)^2 = .98$$

표 20-2 요인행렬

변수	회전 전 요인부하값		회전 후 요인부하값		공통분산비(h_2)
	F_1	F_2	F_1	F_2	
1	.60	.79	.20	.97	.98
2	.71	−.50	.81	.02	.76
3	.68	.71	.14	.97	.96
4	.88	.24	.20	.89	.83
5	.90	−.15	.82	.40	.83
6	.78	−.60	.98	−.02	.96
고유값	3.52	1.82	2.49	2.83	5.32
공통변량	58.7	30.3	41.5	47.2	88.7
누적변량	66.2	35.5	46.8	52.5	99.3

즉, 두 요인에 의한 변수들의 분산은 회전 전과 회전 후에 똑같다. 공통분산비가 1에 가까우면 가까울수록 변수들이 요인들을 잘 대변한다고 볼 수 있다. 이때 요인이 많아지면 많아질수록 공통분산은 커진다.

고유값eigen value은 특정 요인에 의해 설명될 수 있는 분산의 비율로 요인부하값의 제곱을 각 열로 합한 값이다. 즉, $3.52 = (.60)^2 + (.71)^2 + (.68)^2 + (.88)^2 + (.90)^2 + (.78)^2$으로 구해졌고, 1.82도 같은 방법으로 구해진다. 이것을 변수의 수로 나누어 100을 곱하면 전체 변량에서 차지하는 그 요인의 비율이 된다. 즉 (3.52 ÷ 6)×100 = 58.7은 요인 I이 전체 변량에서 차지하는 비율이다. 이 비율을 합치면 전체 변량이 된다.

요인들은 고유값의 크기의 순서대로 추출된다. 고유값은 추출요인의 수를 결정하는 데 쓰이는데 많은 연구자들은 고유값이 1.0 이상인 요인만 추출하고 있다. 경우에 따라서는 설명된 분산의 백분율이 갑자기 떨어지는 바로 직전의 요인만 추출할 수도 있고, 요인의 수를 미리 결정하여 추출할 수도 있다.

4. 요인점수

만들어진 요인에 대해 어떤 수준인가를 밝히기 위해 요인점수factor score를 얻을 수 있다. 이 요인점수는 변량분석, 회귀분석, 판별분석 등의 독립변수로 사용된다.

5. 주의점

요인분석의 수학적 과정은 매우 복잡하므로 컴퓨터를 이용한다. 이때 컴퓨터는 어떤 자료가 입력되더라도 몇 요인의 형태로 결과를 보여 준다. 즉, 서로 관련이 없는 변수들이 특정요인에 높게 적재될 수도 있다. 그러므로 컴퓨터를 통해 자료가 입력되어 요인이 추출되었다 하더라도 의미가 반드시 있다고는 볼 수 없으며, 통계적으로 유의한 결과라 할지라도 이론적으로나 실제적으로 아무런 관련이 없을 수도 있다. 그러므로 변수들 간의 상관관계를 먼저 검토하여 자료가 요인분석에 적합한가를 살펴보는 것이 바람직하다. 이때 적어도 문항수의 3~4배 정도되는 표본을 통해 자료를 수집해야 한다. 뿐만 아니라, 요인분석은 수학적 복잡성 때문에 다른 결과를 보여 주는 경우가 많으므로 반복하여 산출하여 확신이 설 때까지 계속하는 것을 권한다. 요인의 수는 고유값을 기준으로 하여 분산의 정도에 따라 정할 수도 있으나, 연구자의 주관적인 판단에 의해서도 결정할 수 있다. 이때 요인을 추출하고 난 뒤 연구자는 대개 주관적으로 요인에 대한 명명을 한다. 이 명명은 연구자의 독창적인 능력에 의하나 일반적인 상식에 벗어나는 것은 바람직하지 않다.

요인분석

어머니의 일-양육 양립에 대한 갈등 및 이점 지각 요인 및 요인부하량

문항	1요인	2요인
일을 하느라 시간이 없어서 내가 되고자 했던 부모가 되기 어렵다.	.850	-.132
일을 하면서 부모로서 받는 보상을 일부 놓치게 된다.	.830	-.078
일하느라 힘들어서 내가 되고자 하는 부모가 되기 어렵다.	.826	-.187
내 아이에 대해 신경 쓰느라 직장에서 업무가 방해된다.	.791	-.099
일을 하는 동안 내 아이에게 무슨 일이 있는지 걱정된다.	.731	.029
일을 하는 것이 자녀에게 부담을 주는 것 같다.	.670	-.140
일을 함으로써 내 자신도 좋아지고, 내 아이에게도 좋은 것 같다.	-.170	.829
내가 일을 하는 것은 내 아이에게 긍정적인 영향을 준다.	-.060	.820
내가 일을 함으로 인해 아이와 함께 하는 시간을 더 감사히 여기게 된다.	-.051	.792
일을 하는 것은 내가 더 좋은 부모라고 느끼게 한다.	-.122	.768
고유치	3.754	2.667
설명된 변량(%)	37.541	26.668
총 변량(%	64.209	

출처: 김연하(2019). 어머니의 일-양육 양립에 대한 지각 유형과 양육스트레스, 양육행동, 모-자녀 상호작용. 아동과 권리, 23(4), 627-642.

21장

판별분석

판별분석discriminant analysis이란 독립변수 중에서 선택된 판별변수discriminant variable로 판별함수discriminant function를 만들어 집단 간의 차이를 판별할 수 있는 능력이 있는가를 알아보는 분석이다. 즉, 주어진 자료에서 집단을 분류하는 기준이 되는 함수를 도출하여 임의의 표본이 어느 집단에 속하는지를 규명하고자 하는 통계 분석기법이다.

판별분석에서 종속변수는 집단의 유형이 되므로 범주가 되고, 독립변수는 등간척도 이상의 양적변수이어야 한다는 점에서 회귀분석과 차이가 있다. 집단들을 구분짓기 위해서는 각 집단이 다변량 정규분포multivariate normal distribution를 갖는 모집단에서 추출되어야 한다는 가정이 필요하다. 또한 각 집단의 분포가 같아야 한다는 가정이 있으며, 가정의 위배 시에 분석에서의 오류가 크다.

예를 들어, 두 독립변수 X와 Y를 가지고 두 집단 A, B로 구분짓는다고 하자. 각 집단의 관측값을 보았더니 그림 21-1과 같다. X변수로 분류하게 되면 C의 중복이 생겨 이 중복된 부분에 있는 관측값은 A, B 두 집단이 어디에 속해 있는지 구분이 어렵다. 그러나 A, B 두 집단이 만나는 타원형을 가지고 직각으로 만나는 Z축을 그리면 중복된 부분이 적어 어느 집단에 분류하기가 쉽다. 이것이 판별함수가 된다. 즉 두 변수에 의해 표현되는 것이 Z라는 판별함수 하나로

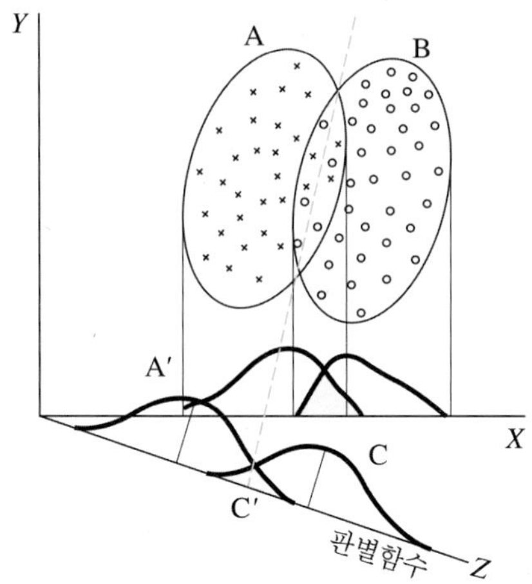

그림 21-1
판별함수 도출과정

압축된 것이다김병수 외, 1987.

일반적으로 판별분석에서 산출되는 최대 판별식의 개수는 종속변수의 집단수보다 1이 작은 수가 된다. 예를 들어, 판별해야 할 종속변수의 집단이 셋이라면 최대 판별식은 2개이다.

종속변수와 독립변수 또는 판별함수의 관계를 나타내는 것을 정준상관계수canonical correlation coefficient라 하며, 정준상관계수의 제곱은 집단들에 의해 설명되는 판별식의 분산 비율이다. 이때 정준상관계수의 제곱이 1에 가까우면 판별력이 높다고 보겠다. 표준화 판별함수계수standardized discriminant function coefficient는 판별변수의 기여도를 비교하는 데 적용하여 중다회귀분석의 표준화 회귀계수와 비슷한 해석을 할 수 있다. 비표준화 판별함수계수unstandardized discriminant function coefficient는 개개 집단의 판별점수를 내는 데 이용된다. 각 집단의 평균 판별점수는 중심치centroid로 표현된다.

가장 간단한 판별분석은 집단을 두 가지로 분류하기 위한 것이다. 예를 들어, 아동학과 4학년 학생이 대학원 시험에 응시했다고 가정하자. 응시한 학생을 합격시킬 것인가, 불합격할 시킬 것인가를 결정할 때 판단의 근거로 대학수학능력시험 성적(A), 4년 동안의 평점(B), 출석률(C)로 정한다고 하면 이때 A, B, C는 독립변수가 된다. 독립변수를 판별함수에 대입시켜 도출된 점수, 즉 결정점수critical score를 중심으로 합격, 불합격으로 분류하거나 두 집단의 중심치와 비교하여 가까운 집단으로 합격과 불합격 집단으로 분류할 수 있다. 판별분석의 결과는 F 검증으로 나타낼 수 있으며, F값은 판별식이 집단의 분류를 정확하게 하는지 또는 우연에 의해 분류되었는지를 보여준다.

판별분석

판별함수의 유의도

함수	고유값	공통변량(%)	정준상관계수	Wilk's λ	x^2	자유도	유의확률
1	.27	100	.46	.79	22.00	10	.02

출처: 김혜순·조복희(2008). 유아의 만족지연능력 및 관련변인 판별분석. 아동학회지, 29(3), 339-356.

Stepwise Discriminant Analysis Mother Attachment, Peer Attachment Ego-resiliency, and Self-control among School Adjustment Groups in Low-income School-aged Children

Predictor variables	Discriminant function	
	Standardized canonical discriminant function coefficient	Structure matrix
Ego-resiliency	.51	.74
Self-control	.38	.66
Peer attachment	.38	.67
Mother attachment	.28	.43
Eigen value	1.50	
% of Variance	100	
Canonical correlation	.78	
Wilk's Lamda	.40***	

*** $p < .001$

출처: 공인숙·민하영(2013). 자아특성과 대인관계특성에 따른 학교적응이 높은 저소득층 아동의 판별분석. 한국가정관리학회지, 31(5), 201-210.

종속변수의 집단수가 셋 이상인 경우 중다판별분석multiple discriminant function analysis을 하게 된다. 여기서 '중다'란 의미는 회귀분석에서 사용되는 중다와 조금 다르다. 회귀분석에서는 독립변수가 여럿일 때 중다회귀분석이라 했으나, 중다판별분석에서는 독립변수의 수는 관계없다. 독립변수가 여럿이어도 두 집단 판별분석을 할 수 있고, 독립변수가 3개여도 중다판별분석을 할 수 있다. 즉, 종속변수의 집단수에 따라 판별분석의 종류가 나누어진다. 비만, 저체중, 적정체중의 집단으로 나누고자 할 때 팔길이, 허리크기, 발크기, 심장뛰는 속도 등을 독립변수로 판별함수를 계산할 수 있다. 이때 최대판별함수는 2개가 된다. 중다판별분석에서는 Wilks의 Lambda가 F값으로 나타내며 유의성 검증으로 사용된다. 이 F값은 변량분석과 마찬가지로 도표의 F값과 비교하여 가설검증을 하는 것이다.

22장

구조방정식

구조방정식모형Structural Equation Modeling, SEM은 주어진 현상에 대한 구조적 이론을 대표성 있는 표본에 기초하여 확인하는 통계적 방법이다Byrne, 2010; 이경옥 2021 재인용. 구조방정식모형은 아동학을 비롯하여 심리학, 교육학, 사회학, 경영학 등에서 가장 많이 사용되는 분석방법 중 하나로 다음과 같은 장점이 있다.

첫째, 회귀분석에서는 직접적인 인과관계만 분석할 수 있는 반면 구조방정식모형에서는 여러 변수 간의 복합적인 인과관계를 동시에 검증할 수 있다.

둘째, 경로분석에서는 측정의 오차를 통제할 수가 없는 반면 구조방정식모형에서는 오차가 통제된 추정치를 얻을 수 있다. 따라서 구조방정식모형에 기초하여 산출된 값들이 더 정확하다 할 수 있다.

셋째, 이론 모형에 대한 통계적 평가가 가능하다. 카이제곱 검증 및 다양한 적합도 지수를 적용하여 연구자가 개발한 이론적 모형이 실제 자료와 얼마나 부합되는지 평가가 가능하며, 이를 바탕으로 설정한 모형을 받아들이거나 수정할 수 있다.

구조방정식 모형은 측정모형measurement model, 요인분석 모형과 구조모형structural model, 경로분석 모형을 모두 포함한다. 측정모형은 잠재변수와 측정변수 간의 인

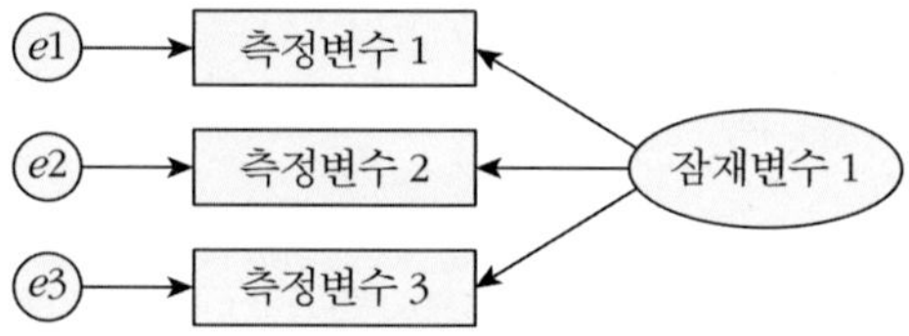

측정변수 1 = 잠재변수 1 + $e1$(측정오차) 1
측정변수 2 = 잠재변수 1 + $e2$(측정오차) 2
측정변수 3 = 잠재변수 1 + $e3$(측정오차) 3

그림 22-1
측정모형의 구조

과관계를 나타내는 것으로 측정변수, 잠재변수, 오차변수로 구성된다. 각 측정변수에서 잠재변수에 의해 설명되지 않은 나머지를 오차변수라 한다. 측정모형은 요인분석과 유사하나 요인분석에서는 많은 측정변수가 적은 수의 요인으로 축약되는 것에 초점을 두지만 측정모형에서는 잠재변수가 어떤 측정변수를 통해 가시적으로 드러나는가에 초점을 둔다.

구조모형은 변수 간의 구조적 관계를 나타내는 것으로 외생변수독립변수, 내생변수, 잔차로 구성된다. 구조모형은 여러 개의 회귀함수로 수행되는 회귀분석이나 경로분석과 마찬가지로 변수 간 직접적인 효과와 매개변수를 통한 간접적인 효과를 포함한다. 모든 외생변수는 독립변수로만 기능하고 모든 내생변수는 종속변수의 역할을 하는데, 내생변수 중 일부그림 22-2의 내생변수 1는 다른 회귀함수의 독립변수로 기능하기도 한다. 각 내생변수의 총변량은 독립변수에 의해 설명되는 변량과 독립변수에 의해 설명되지 않는 잔차의 변량으로

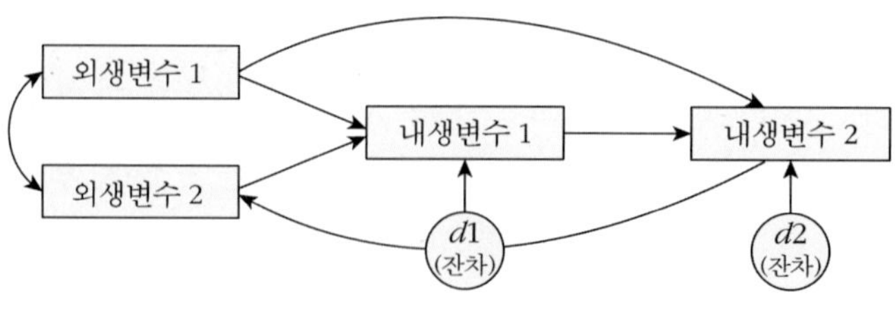

내생변수 1 = 외생변수 1 + 외생변수 2 + $d1$(잔차 1)
내생변수 2 = 외생변수 1 + 외생변수 2 + 내생변수 1 + $d2$(잔차 2)

그림 22-2
구조모형의 구조

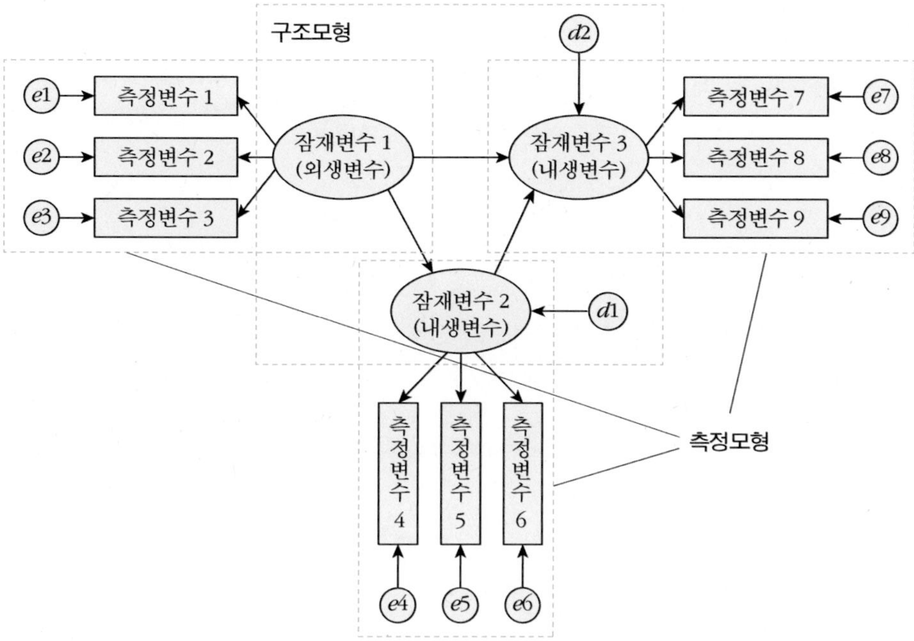

그림 22-3
구조방정식 모형의 구조

나타낸다.

그림 22-3에서 보는 바와 같이 구조방정식 모형은 측정변수로 잠재변수를 추정하는 측정모형과 이론이나 가설을 모형으로 구성한 뒤 잠재변수 간의 구조적 관계를 추정하는 구조모형을 모두 포함한다. 구조방정식 모형은 요인분석, 회귀분석, 경로분석을 결합한 모형으로 다른 통계적 방법에 비해 변수들 간의 인과관계를 명확히 규명할 수 있다는 점에서 널리 사용되고 있다. 모든 통계분석의 출발이 연구문제 및 가설설정에서 출발하듯 구조방정식 모형도 선행연구와 이론적 배경에 기초하여 제시해야 한다. 제시된 모형은 현실에 대한 축약으로 가능한 한 단순해야 하며 확실한 이론적 근거에 기초해야 한다(이경옥, 2021). 만약 이론모형과 실제 자료가 잘 부합되지 않으면, 모형을 수정하고 보완하여 다시 평가한다. 이때 단순히 자료에 의존해서 모형을 설정하는 것이 아니라, 이론적 의미가 있어야 하며 최종 선택된 모형은 다른 표본 혹은 다른 자료에도 적용하여 교차타당도를 확인하여야 한다.

구조방정식 모형을 분석하기 위한 통계프로그램으로 LISRELLInear Structural RELation; Jöreskog & Sörbom, 1984, EQSEQSations; Bentler, 1985, AMOSAnalysis of MOment Structure; Arbuckle, 1997, MplusMuthén & Muthén, 1999 등이 사용되고 있다.

연구 모형의 검증 결과

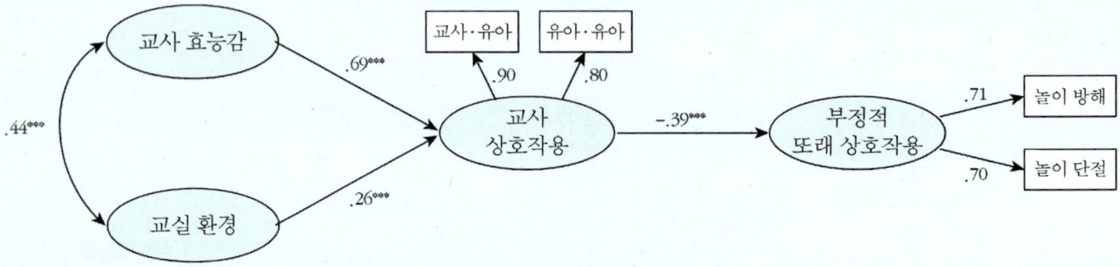

$^{***}p < .001$

유아의 부정적 또래 상호작용에 영향을 주는 잠재변인 간의 직접효과, 간접효과 및 총효과

경로			직접과	간접효과	총효과
교사효능감	→	교사 상호작용	.69	–	.69
교실 환경	→	교사 상호작용	.26	–	.26
교사효능감	→	부정적 또래 상호작용	–	–.27	–.27
교실 환경	→	부정적 또래 상호작용	–	–.10	–.10
교사 상호작용	→	부정적 또래 상호작용	–.39	–	–.39

출처: 이형민(2015). 보육교사의 교사효능감과 교실 환경, 상호작용 및 유아의 부정적 또래 상호작용 간의 구조적 관계. 육아정책연구, 9(2), 89–112.

기호

1) 그리스어

ρ(rho): 스피어맨의 상관계수

Σ(capital sigma): 합계

σ(sigma): 모집단의 표준편차

χ^2(chi-square): 카이제곱

α(alpha): 유의수준, 제1종 오류의 확률

β(beta): 표준화 회귀계수

μ(mu): 모집단의 평균

2) 영어

a: 절편

b: 회귀계수

c: 상수

D(difference): 관측값의 차이

$\overline{D}$: 관측값의 차이의 평균

df(degree of freedom): 자유도

E: 기댓값

F: 변량비율(F 검증)

F(frequency): 빈도

H: Kruskal-Wallis 검증값

H_1(alternative hypothesis): 연구가설

H_o(null hypothesis): 영가설

M(mean): 표본평균

MS(mean square): 변량분석에서의 평균자승

N(number): 전체 사례수

O: 관측값

p(provability): 확률

$p < .05$, $p < .01$: 유의수준

r: 피어슨의 상관계수

r^2: 결정계수

S: 표준편차

S^2: 표본의 변량

SS: 변량분석에서의 자승합

t: t 검증

X: 변수의 관측값

$\overline{X}$: 표본의 평균

5부

컴퓨터의 자료분석

연구방법의 절차, 자료수집, 자료분석에 대한 이해가 되었으므로 여기서는 실제 자료를 가지고 컴퓨터 자료분석을 연습하고자 한다. 연구주제를 가상적으로 설정하고 응답도 가상적으로 만들어 SPSS 28 프로그램을 이용해 컴퓨터 자료분석을 실시하였다.

본 연구는 학년, 전공에 따른 전공 정체감의 정도를 보고자 한다. 그리고 출생지역, 대학원 진학여부도 전공 정체감과 관련이 있는가 규명하고자 한다. 전공 정체감에 대한 질문지는 5점 척도로서 '매우 부동의', '부동의', '잘 모르겠다', '동의', '매우 동의'의 리커트형이다. 척도 타당도는 전공자로부터 확인하고 사전검사를 실시한다. 이때 요인분석을 통해 질문이 몇 개의 기본적인 요인으로 나누어지는가를 본다.
문항이 확정되면 2주간의 간격으로 같은 응답자로 하여금 응답하게 하여 신뢰도를 얻는다. 신뢰도, 타당도가 높은 문항으로 이루어진 질문지는 다음과 같다.

질문지

1. 아동학은 현대사회의 요구에 따라 전문적 세분화를 추구하고 있다.
2. 아동학은 부모교육의 기초를 제공한다.
3. 아동학은 시대의 흐름에 뒤떨어진 분야이다.
4. 남녀평등사회에서는 아동학을 낮게 평가하는 경향이 있다.
5. 아동학은 삶의 질적 향상에 목적을 두고 있다.
6. 아동학 전공자는 4차 산업사회에서 취업에 어려움이 있다.
7. 아동학은 시대의 변화에 부응하는 미래지향적 학문이다.
8. 아동학은 기술적인 측면에 치중하여 이론적 깊이가 없다.
9. 아동학 지식은 다른 분야에 비해 일반화하기가 힘들다.
10. 아동학은 인간과 인접환경의 상호작용을 다루는 고유학문이다.

전공은 ________

학년은 ________학년

출생지는 대도시________ 기타________

대학원 진학 계획은 있다________ 없다 ________

지난 학기 평점은 ________점

일주일 동안 전공 공부 시간은 ________시간

앞의 질문지를 바탕으로 설정된 연구문제는 다음과 같다.

① 학생들의 전공 정체감 점수 정도는 어떠한가? (빈도분석)

② 학생들은 전공에 따라 빈도의 차이를 보이는가? (카이제곱 검증)

③ 학생들의 전공과 출생지는 관련이 있는가? (카이제곱 검증)

④ 학년에 따라서(저학년, 고학년) 전공 정체감 점수는 차이가 있는가? (독립적 t 검증)

⑤ 아동발달을 한 학기 수강한 뒤 전공 정체감 점수는 수강 이전과 차이를 보이는가? (종속적 t 검증)

⑥ 학년에 따라(1, 2, 3, 4학년) 전공 정체감 점수는 차이가 있는가? (일원변량분석)

⑦ 전공과 학년(저학년, 고학년) 간에 전공 정체감 점수는 차이를 보이는가? (이원변량분석)

⑧ 전공을 통제한 뒤 학년 간에 전공 정체감 점수에 차이를 보이는가? (공변량분석)

⑨ 전공 정체감 점수 질문지를 2주 뒤 같은 대상자 간에 응답케 한 뒤 첫 번째와 두 번째의 관계는 어떠한가? (피어슨의 상관분석)

⑩ 평점의 증감에 따른 전공 정체감 점수는 어느 만큼 변화하는가? (단순회귀분석)

⑪ 평점과 1주일에 공부하는 시간은 전공 정체감 점수에 어느 정도 영향을 주는가? (중다회귀분석)

⑫ 평점과 출생지역은 전공 정체감 점수에 어느 정도 영향이 있는가? (중다회귀분석)

⑬ 10개의 문항은 몇 개의 하위요인으로 나누어지는가? (요인분석)

⑭ 평점과 공부하는 시간을 가지고 대학원 진학가능성을 알 수 있는가? (판별분석)

위의 연구문제를 밝히기 위한 질문지를 가지고 30명으로부터 자료를 수집하였다.
그 자료를 가지고 다음과 같이 칼럼번호에 코딩한다.

코딩작업

변수	칼럼	변수내용	비 고
ID	1–2	연구대상자의 식별번호	
grade	3	연구대상자의 학년	1 = 1학년 2 = 2학년 3 = 3학년 4 = 4학년
major	4	연구대상자의 전공	1 = 아동복지 2 = 심리학 3 = 유아교육 4 = 아동학
born	5	연구대상자의 출신지역	1 = 서울 출신 2 = 기타 출신
GPA	6–7	연구대상자의 지난 학기 평점	평점을 수치로 표시
hours	8–9	연구대상자의 일주일에 공부하는 시간	시간을 점수로 표시
graduate	10	연구대상자의 대학원 진학여부	1 = 하지 않겠다 2 = 하겠다
IS1–IS10	11–20	전공 정체감 점수	1 = 매우 부동의 2 = 부동의 3 = 잘 모르겠다 4 = 동의 5 = 매우동의
R	21–22	전공 정체감 점수 재검사 후 총점수	총점수를 점수로 표시
After	23–24	학기말의 전공 정체감 총점수	총점수를 점수로 표시

01 1112005133111515511016	11 2211605111551515511225	21 3322405254114151113838
02 1211506144111415511418	12 2313215214454421142836	22 3323005255114152153736
03 1211707143111425511517	13 2312518224445421153440	23 3422615243212143332538
04 1313015252222144513035	14 2412616224434422253238	24 3422814253223153332942
05 1413416242212254423136	15 2412815123554521253036	25 4113012232232243323036
06 1412814132333234432734	16 3121518253122153423438	26 4212510134323334522736
07 2111705111551515511116	17 3122410243122243323640	27 4322210254114152143738
08 2112006111551515510918	18 3212814132233344422835	28 4323112254114252243536
09 2211507122441515511322	19 3212410131332234412629	29 4113015232212254523238
10 2211405122551515511020	20 3212610132332343522430	30 4112814114444513152832

23장

자료 입력

SPSS프로그램을 이용하여 코딩된 자료를 분석하기 위해서는 데이터 파일을 만들어야 한다. 데이터 파일은 여러 가지 방법으로 만들 수 있는데, 그 중 SPSS의 [데이터보기] 창에 직접 입력하는 방법과 EXCEL 파일을 불러오는 두 가지 방법을 소개하고자 한다.

1. 데이터 입력

코딩된 자료는 그림 23-1의 [데이터보기] 창에 직접 입력될 수 있다. 자료를 입력하려면 먼저 변수를 정의해야 한다. 변수의 정의는 그림 23-2 [변수보기] 창에서 변수 이름Name, 변수 유형Type, 자리수Width, 소수점이하자리수Decimals, 변수 설명Labels, 변수값Values, 결측값Missing, 열형식Column Format, 텍스트 맞춤Align, 척도Measure 등에 관한 내용을 지정할 수 있다.

기본적으로 SPSS는 모든 변수값들을 숫자Numerical 형식으로 간주하지만 변수값을 원하는 유형으로 바꿀 수 있다. 변수 유형Type의 빈 셀을 클릭하면 그림 23-3 [변수 유형] 정의 대화상자가 열리는데, 여기서 연구목적에 맞는 변

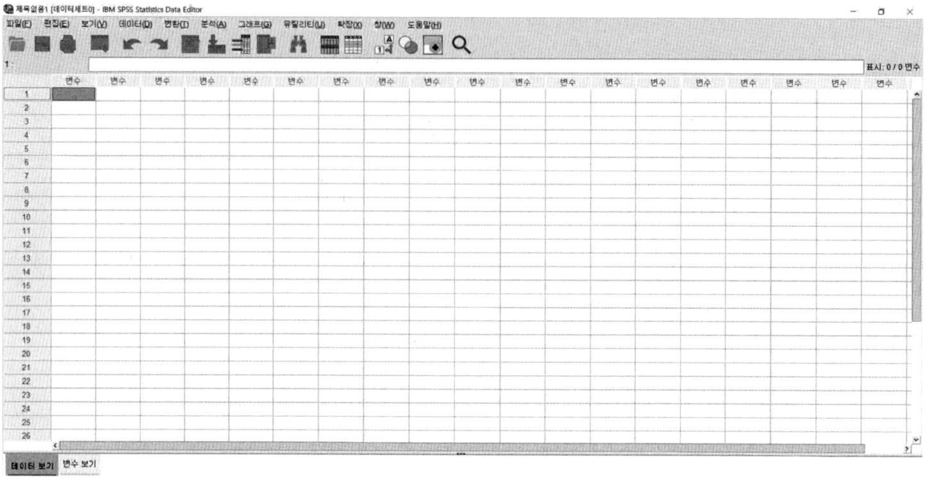

그림 23-1
데이터보기 창

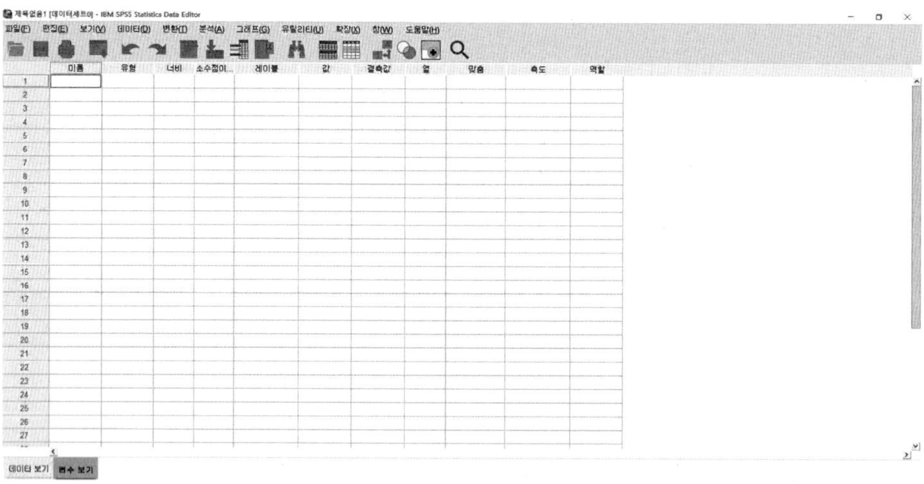

그림 23-2
변수보기 창

수 유형을 선택한다. 예를 들어 A, B, C 등의 문자로 된 변수값을 갖는 변수를 원할 때는 문자열을 선택한다. 그러나 현재의 자료는 모두 숫자 형식이기에 변수의 유형을 바꿀 필요는 없다.

변수 설명variable label은 변수이름이 한글은 네 글자, 영어는 여덟 글자수로 제한되어 있어 변수가 의미하는 내용을 자세히 설명해 주는 것이다. SPSS의 처리결과도 변수 설명을 사용할 수 있기에 활용하면 편리하다. 예를 들어, 're'

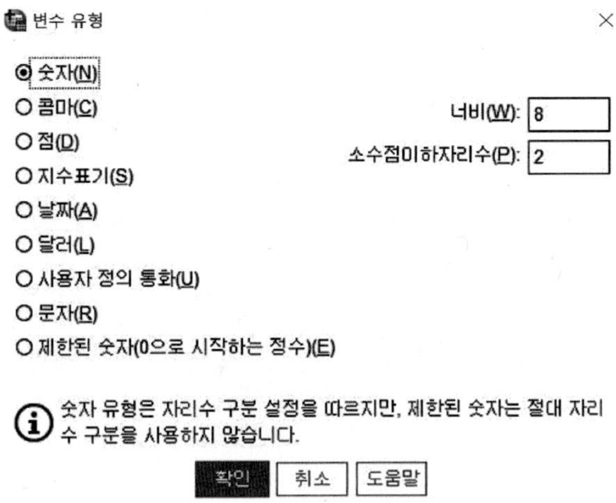

그림 23-3
변수 유형 대화상자

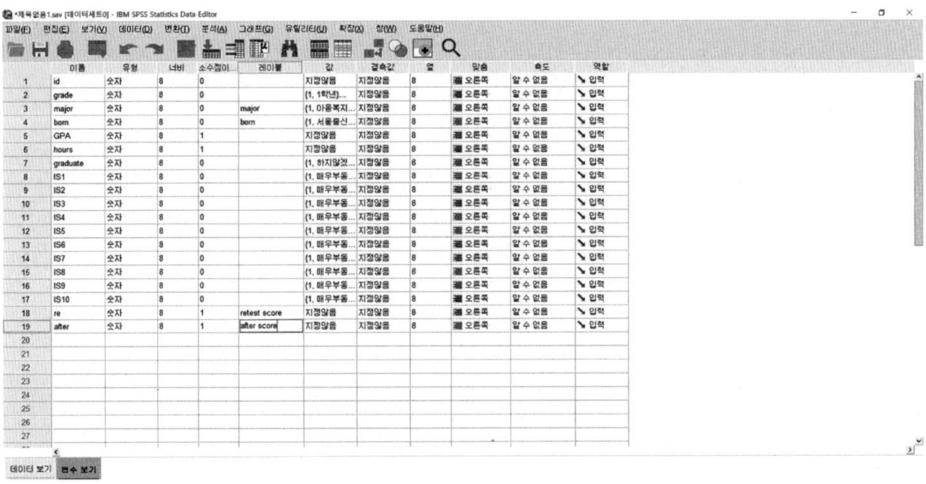

그림 23-4
변수 설명

에 'retest score'라는 변수 설명을 붙여 주면 이해하기가 보다 쉽다. 같은 방법으로 'after'에 'after score'라는 변수 설명을 붙여 준다.

변수값 설명value label은 변수값의 의미를 설명하는 것으로 그림 23-5 변수값value 안에 변수값(예, 1)을 입력한 후 바로 밑의 변수값 설명에 명칭을 입력한다. 예를 들어 'grade'의 변수값 1은 1학년을 입력한 후 '추가' 버튼을 클릭하고 다시, 2는 2학년, 3은 3학년, 4는 4학년을 반복하여 입력한다. 이와 같은

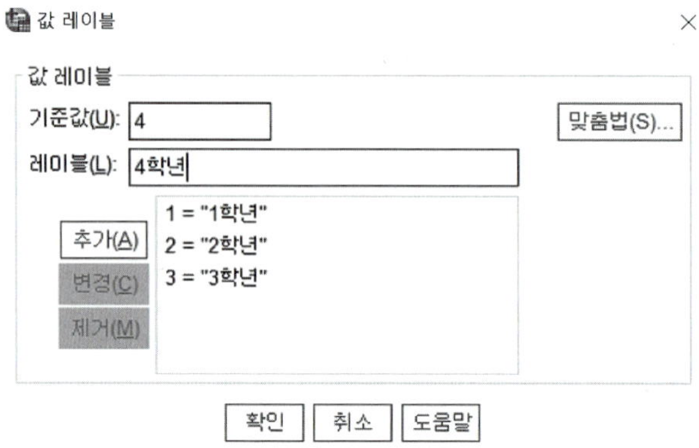

그림 23-5
변수값 설명 대화상자

방법으로 'major', 'born', 'graduate', 'IS1'-'IS10'의 변수값을 입력한다.

2. EXCEL 불러오기

다른 문서 편집 프로그램을 이용하여 만든 텍스트 파일을 SPSS에서 불러올 수 있다. 위의 자료를 EXCEL에 입력한 경우는 다음과 같다.

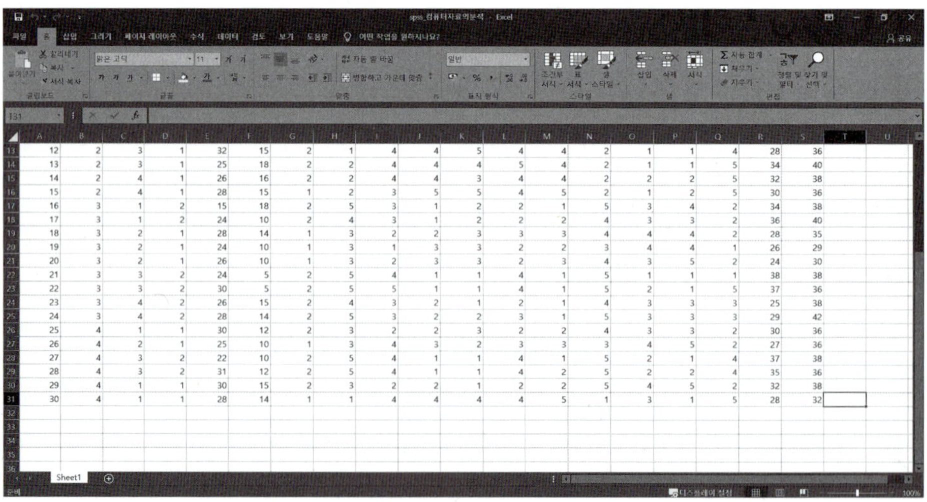

	A	B	C	D	E	F	G	H	I	J	K	L	M	N	O	P	Q	R	S
13	12	2	3	1	32	15	2	1	4	4	5	4	4	2	1	1	4	28	36
14	13	2	3	1	25	18	2	2	4	4	4	5	4	2	1	1	5	34	40
15	14	2	4	1	26	16	2	2	4	4	3	4	4	2	2	2	5	32	38
16	15	2	4	1	28	15	1	2	3	5	5	4	5	2	1	2	5	30	36
17	16	3	1	2	15	18	2	5	3	1	2	2	1	5	3	4	2	34	38
18	17	3	1	2	24	10	2	4	3	1	2	2	2	4	3	3	2	36	40
19	18	3	2	1	28	14	1	3	2	2	3	3	3	4	4	4	2	28	35
20	19	3	2	1	24	10	1	3	1	3	3	2	2	3	4	4	1	26	29
21	20	3	2	1	26	10	1	3	2	3	3	2	3	4	3	5	2	24	30
22	21	3	3	2	24	5	2	5	4	1	1	4	1	5	1	1	1	38	38
23	22	3	3	2	30	5	2	5	5	1	1	4	1	5	2	1	5	37	36
24	23	3	4	2	26	15	2	4	3	2	1	2	1	4	3	3	3	25	38
25	24	3	4	2	28	14	2	5	3	2	2	3	1	5	3	3	3	29	42
26	25	4	1	1	30	12	2	3	2	2	3	2	2	4	3	3	2	30	36
27	26	4	2	1	25	10	1	3	4	3	2	3	3	3	4	5	2	27	36
28	27	4	3	2	22	10	2	5	4	1	1	4	1	5	2	1	4	37	38
29	28	4	3	2	31	12	2	5	4	1	1	4	2	5	2	2	4	35	36
30	29	4	1	1	30	15	2	3	2	2	1	2	2	5	4	5	2	32	38
31	30	4	1	1	28	14	1	1	4	4	4	4	5	1	3	1	5	28	32

그림 23-6
EXCEL에 입력한 자료의 예

먼저 [파일](File) → [데이터 가져오기] → EXCEL을 선택한다.

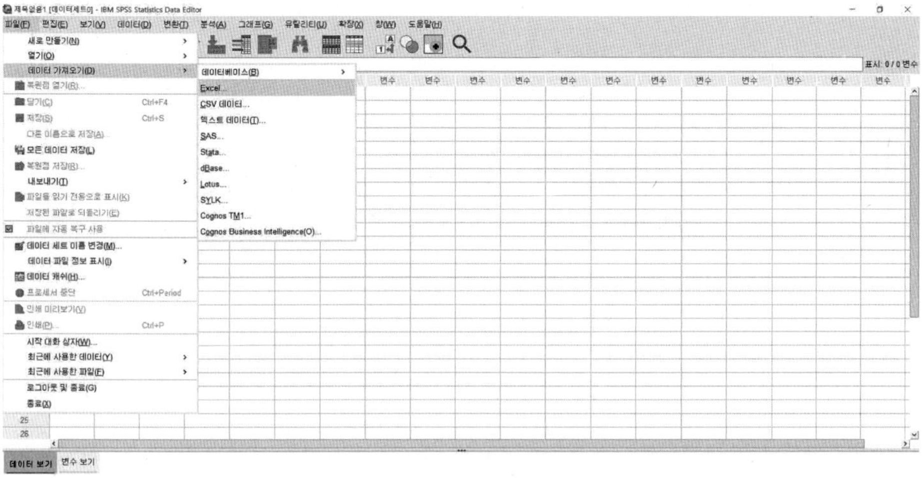

그림 23-7
EXCEL에 입력한 자료 불러오기

데이터 파일 열기 대화상자가 열리면, 자료가 입력된 EXCEL 파일명을 입력한다.

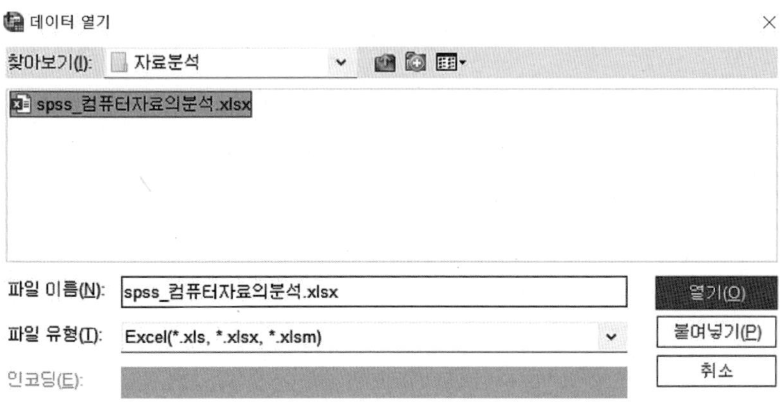

그림 23-8
EXCEL 파일 열기 대화상자

이제 데이터 가져오기 마법사의 도움을 받아 EXCEL 파일을 읽으면 된다.

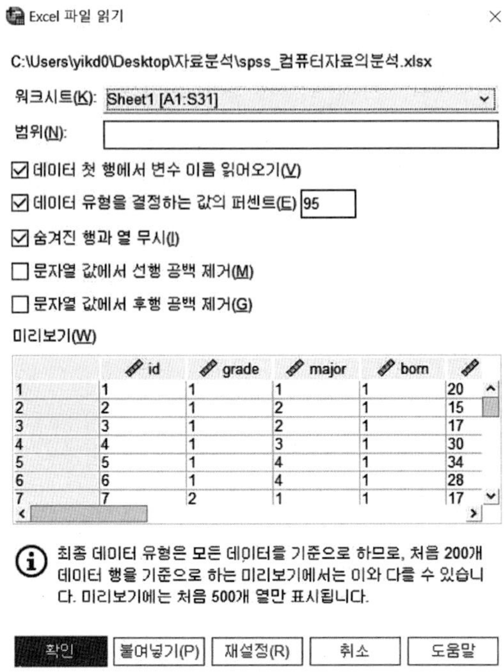

그림 23-9
EXCEL 파일 읽기 대화상자

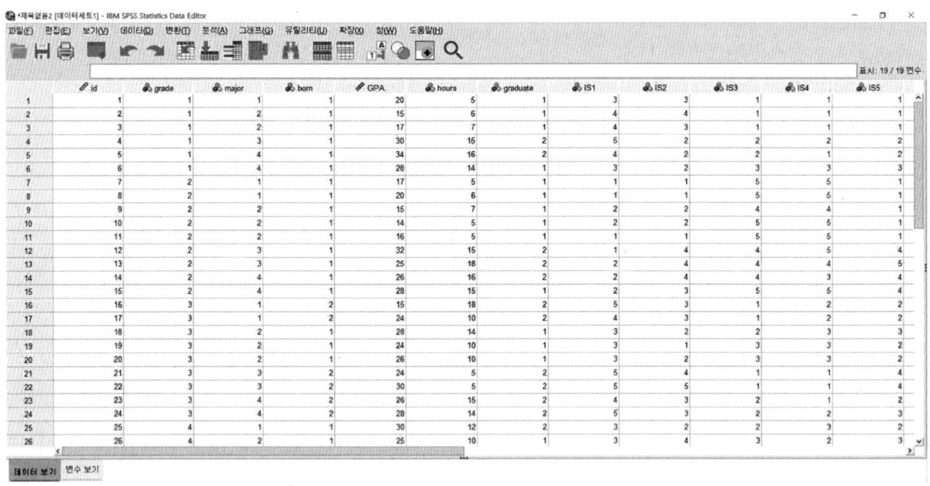

그림 23-10
데이터보기 창

비록 변수 이름과 변수 유형은 정의되었다 하더라도 변수 설명, 변수값에 대한 설명 등은 아직 부여되지 않았기에 데이터를 직접 입력할 때와 같이 변수보기 창에서 이를 정의해 주어야 한다.

24장

데이터 변환

자료를 분석하기 위해서는 입력된 자료를 변환해야 하는 경우가 있다. 변환된 변수로 연구에 적절한 분석을 할 수 있다.

1. 변수값 변환

변수값을 변환Recode하여 분석하는 것이 필요한 경우가 있는데, 같은 변수로 변환할 수도 있고, 다른 변수로 변환하여 새로운 변수를 만들 수도 있다.

먼저 새로운 변수를 만들 경우는 [변환]Tramsform → [다른 변수로 코딩변경]을 선택한다.

예를 들어, major의 변수값 1, 2는 1로, 3, 4는 2로 변환하여 major1이라는 새로운 변수를 만들어 보자. 그림 24-2의 [다른 변수로 코딩변경] 대화상자가 열리면 변수값을 변경할 변수 major를 선택한 후, 출력변수 상자 안에 새로운 변수명 major1을 입력하고 [변경] 단추를 선택한다. 다음에 기존값 및 새로운 값Old and New Values을 선택하면 기존값과 새로운 변수값 대화상자가 열린다(그림 24-3). 기존값 상자 안에 변환 전의 변수값을 입력하고 새로운 값 상자 안에

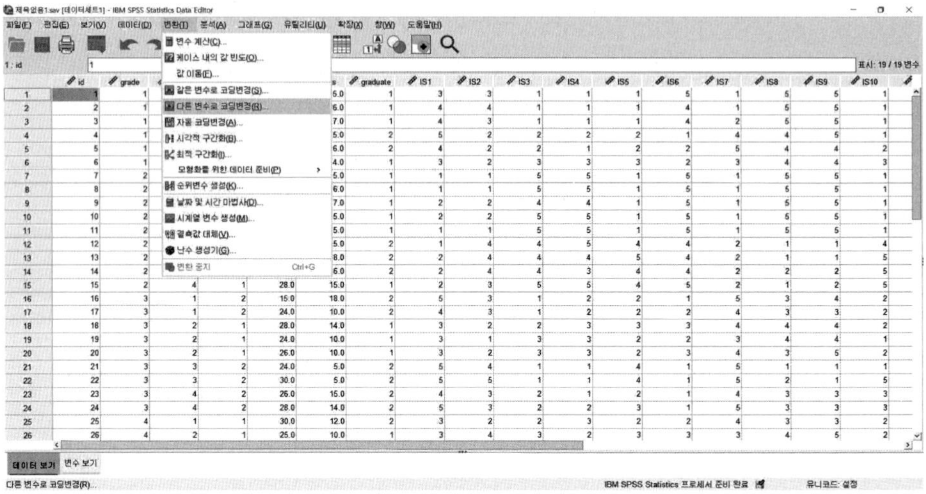

그림 24-1
변수값 변환 메뉴

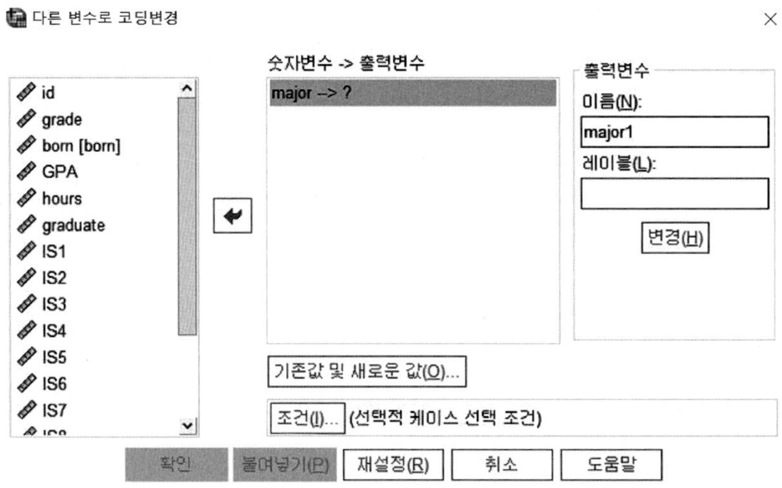

그림 24-2
다른 변수로
코딩변경 대화상자

변환 후의 변수값을 입력한 후 [추가]Add 단추를 선택한다. major의 경우 기존값 1, 새로운 값 1, 기존값 2, 새로운 값 1, 기존값 3, 새로운 값 2, 기존값4, 새로운 값 2를 따로따로 입력할 수도 있으나, 범위를 사용하여 기존값 1~2는 새로운 값 1, 기존값 3~4는 새로운 값 2로 입력하면 보다 편리하다. 같은 방법으로 grade의 변수값 1, 2는 1로, 3, 4는 2로 변환하여 grade 1을 만든다.

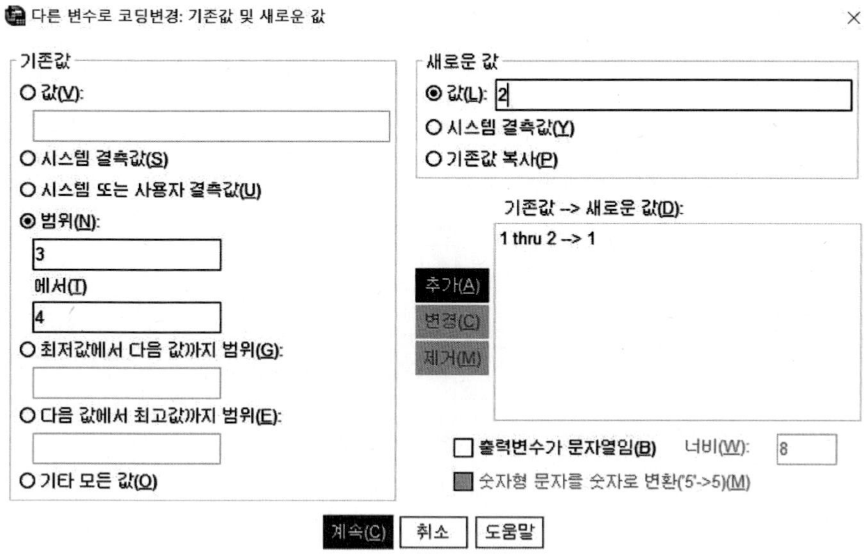

그림 24-3
기존값과
새로운 값 대화상자

같은 변수로 변환하는 경우는 [변환]Transform → [같은 변수 코딩변경]을 선택한다.

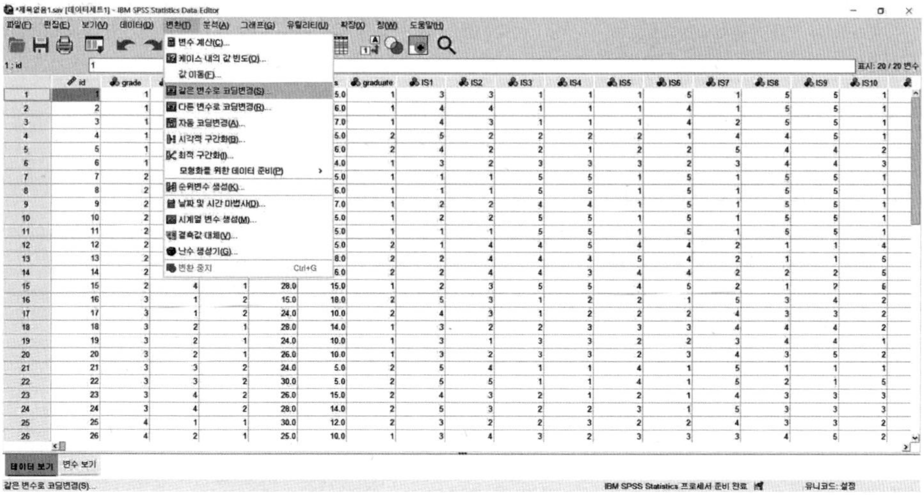

그림 24-4
같은 변수로
코딩변경 메뉴

문항이 역코드를 필요로 하는 경우 같은 변수로 변환하게 되는데, 현재의 자료에서, IS3, IS4, IS6, IS8, IS9의 다섯 문항은 역코드가 필요한 문항들이다.

따라서 이들 문항의 변수값 1은 5로, 2는 4로, 4는 2로, 5는 1로 변환시킨다. 변수값을 바꾸는 과정은 앞의 '다른 변수로 코딩변경'의 경우와 동일하다.

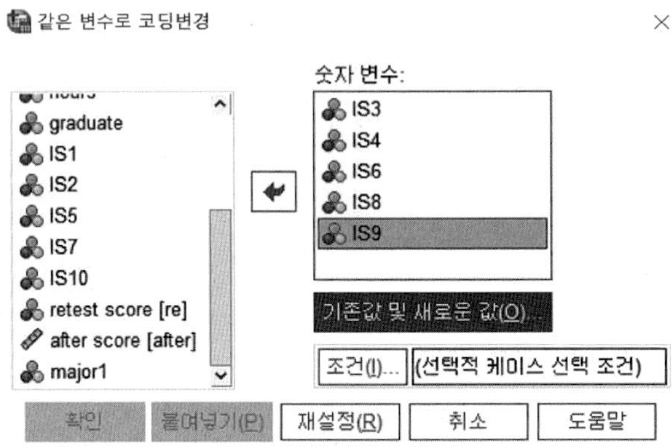

그림 24-5
같은 변수로 코딩변경: 역코드 대화상자

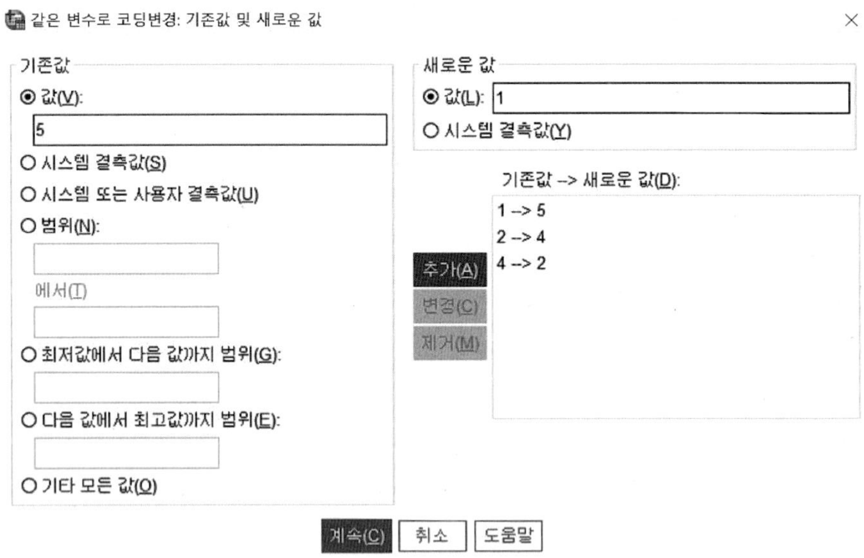

그림 24-6
기존값과 새로운 값: 역코드 대화상자

2. 변수값 계산

수집한 자료의 변수값을 여러 가지 함수를 이용하여 새로운 변수를 만들 수 있다. 변수값 계산compute은 [변환]Transform → [변수 계산]Compute을 선택한다.

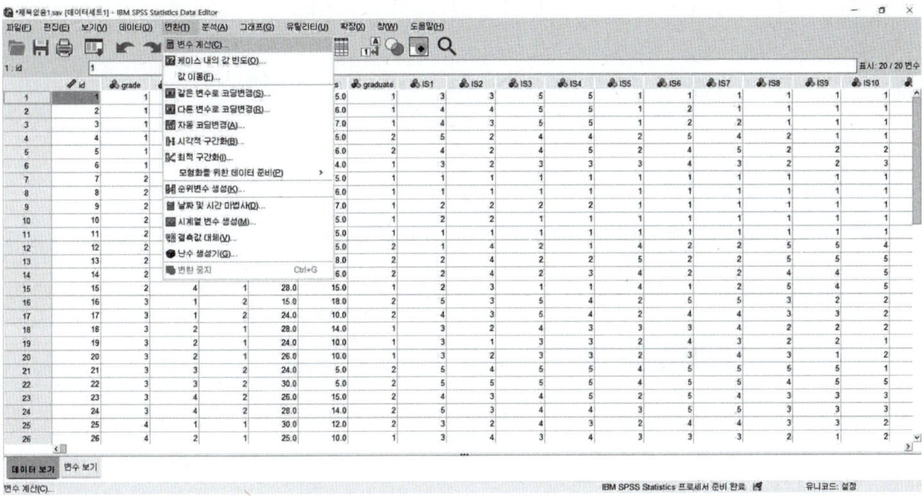

그림 24-7
변수 계산 설명

변수 계산 대화상자가 열리면, 변수값 계산을 통해 새로이 만들어질 변수의 이름을 목표변수에 입력한다. 현재의 자료에서 아동학 정체감 점수를 얻기 위해 목표변수에 identity를 입력하고, 숫자표현식에 'IS1 + IS2 + IS3 + IS4 + IS5 + IS6 + IS7 + IS8 +IS9 + IS10'을 입력한다. 하단에 있는 변수 보기를 클릭하여 그림 24-9 변수 설명 대화상자가 열리면 'identity'라는 변수 설명을 입력해 준다.

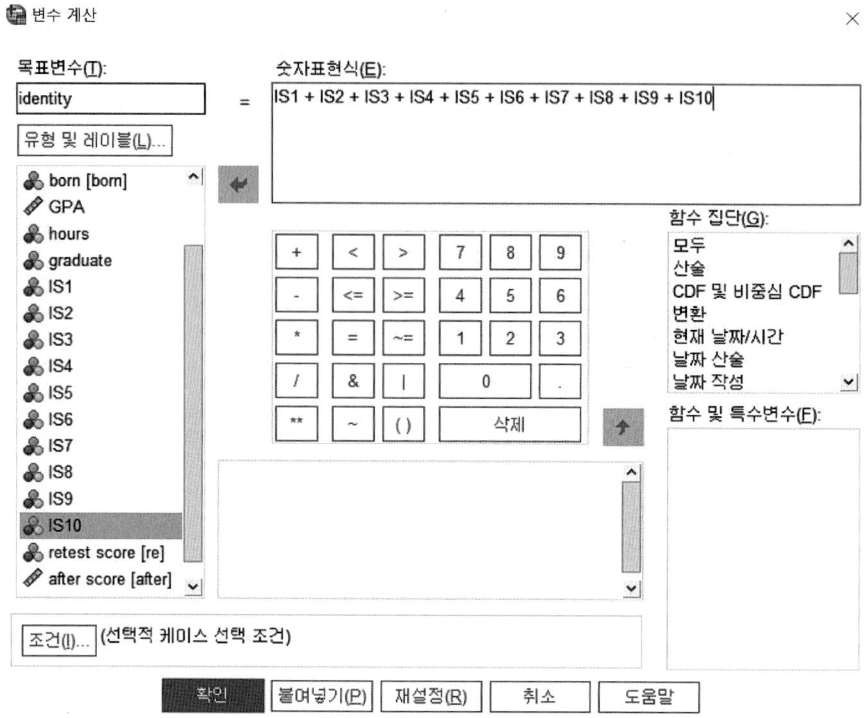

그림 24-8
변수 계산 대화상자

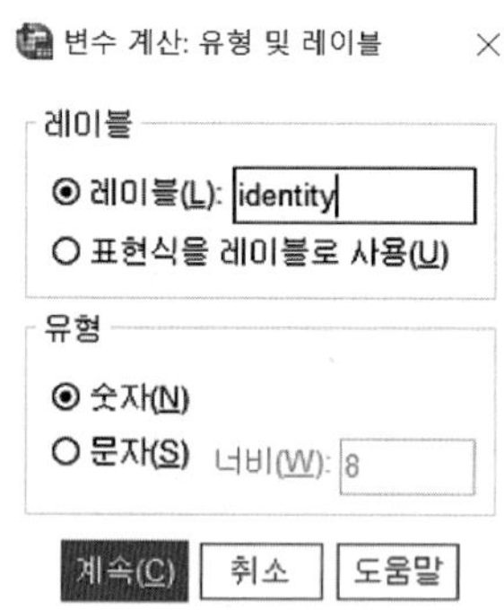

그림 24-9
변수 계산:
유형 및
레이블 대화상자

25장

데이터 분석

1. 빈도분석

빈도분석Frequency은 빈도 뿐만 아니라 평균, 분산, 표준편차 등의 기술적 통계치를 제시해 준다.

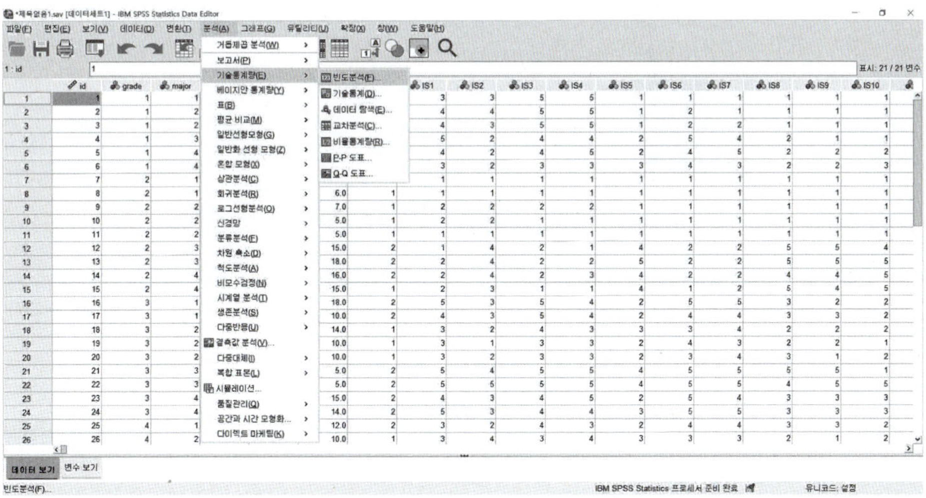

그림 25-1
빈도분석 메뉴

메뉴에서 [분석]Analyze → [기술통계]Descriptive Statistics → [빈도분석]

Frequency을 차례로 선택한다.

빈도분석 대화상자의 변수 목록에서 major와 identity를 선택한다. 통계량 Statistics 단추를 클릭하여 그림 25-3 통계량 선택 대화상자가 열리면 필요한 통계량을 선택한다.

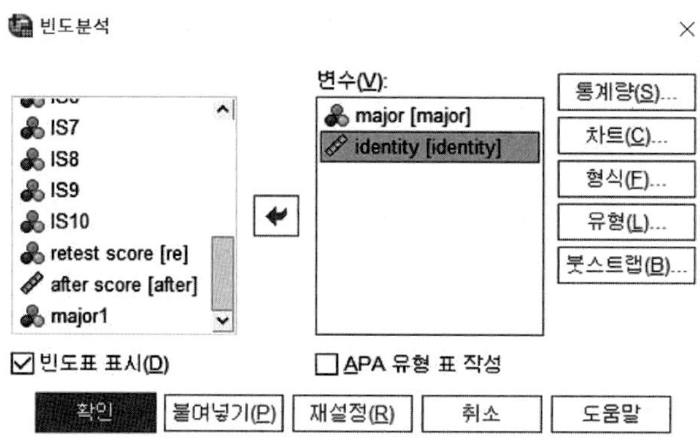

그림 25-2
빈도분석:
변수 선택 대화상자

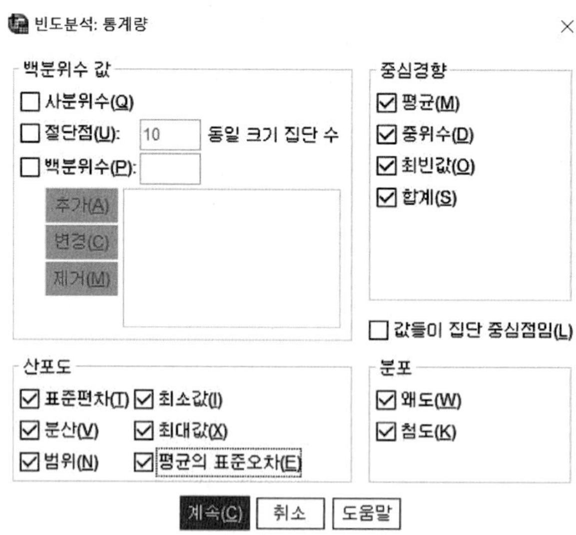

그림 25-3
빈도분석:
통계량 선택 대화상자

빈도분석의 결과는 표 25-1과 같다.

표 25-1 major의 빈도

major	빈도	퍼센트	유효 퍼센트	누적 퍼센트
아동복지학	8	26.7	26.7	26.7
심리학	9	30.3	30.0	56.7
유아교육학	7	23.3	23.3	80.0
아동학	6	20.0	20.0	100.0
합계	30	100.0	100.0	

표 25-2 Identity Score 빈도

	빈도	퍼센트	유효 퍼센트	누적 퍼센트
10	3	10.0	10.0	10.0
12	1	3.3	3.3	13.3
14	1	3.3	3.3	16.7
22	1	3.3	3.3	20.0
24	1	3.3	3.3	23.3
25	2	6.7	6.7	30.0
26	1	3.3	3.3	33.3
28	5	16.7	16.7	50.0
30	4	13.3	13.3	63.3
32	2	6.7	6.7	70.0
34	2	6.7	6.7	76.7
36	2	6.7	6.7	83.3
38	1	3.3	3.3	86.7
44	2	6.7	6.7	93.3
46	1	3.3	3.3	96.7
48	1	3.3	3.3	100.0
합계	30	100.0	100.0	

표 25-1 major의 빈도는 전공별major 학생들의 빈도 분포를 산출한 결과이다. 전체 사례수 30명 중 아동복지 전공이 8명(26.7%), 심리학 전공 학생이 9명(30%), 유아교육 전공이 7명(23.3%) 그리고 아동학 전공이 6명(20.0%)으로 분포되어 있다. 표 25-2 Identity score 빈도는 전공 정체감identity의 전체 사례의 빈도와 백분율을 보여 준다.

한편 표 25-3에서 기술통계량을 살펴보면, 전공major의 경우 평균값 2.37, 중앙값 2, 최빈값 2 등이 산출되었으나 변수의 값은 의미가 없으므로 무시해도 무방하다.

표 25-3 major와 identity의 통계량

	major	identity score
N 유효	30	30
결측	0	0
평균	2.37	28.73
평균의 표준오차	.20	1.88
중위수	2.00	29.00
최빈값(more)	2	28
표준편차	1.10	10.28
분산	1.21	105.72
왜도	.197	-.231
왜도의 표준편차	.427	.427
첨도	-1.239	-.119
첨도의 표준편차	.833	.833
범위	3	38
최소값	1	10
최대값	4	48
합계	71	862

전공 정체감의 경우, 점수의 전체적 범위는 38점으로 10점에서 48점까지 걸쳐 분포되어 있고 평균값은 28.73, 중앙값은 29.00, 최빈값은 28점으로 나타나 정규분포보다 약간 왼쪽으로 치우친 분포를 이루었다.

2. 카이제곱 검증

1) 단일표본 카이제곱 검증

단일표본 카이제곱 검증Chi square Test은 [분석]Analyze → [비모수검증] Non-para metric Test → [레거시 대화상자 - 카이제곱]을 선택한다.

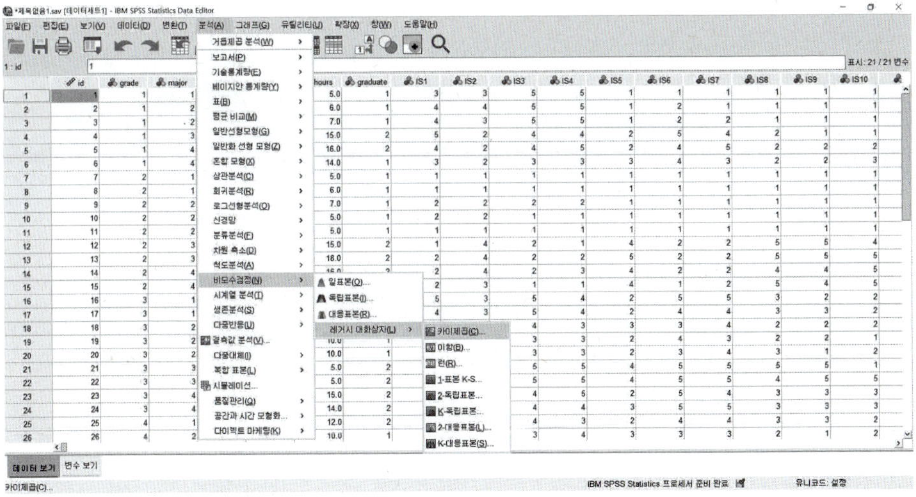

그림 25-4
카이제곱 검증 메뉴

major에 대한 카이제곱 검증을 하는데, 아동복지와 심리학의 기대빈도가 각각 8, 유아교육과 아동학의 기대빈도가 각각 7이라 가정한다면, 다음과 같이 설정해 준다.

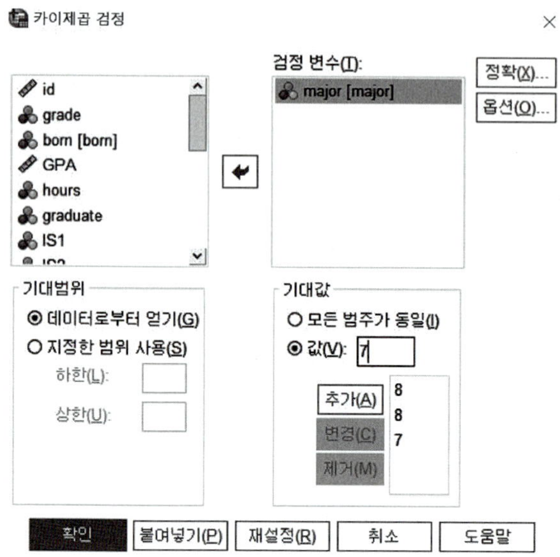

그림 25-5
카이제곱 검증:
변수 선택 대화상자

단일표본 카이제곱 검증의 결과는 다음과 같다.

표 25-4 빈도

major	관측수	기대값	잔차
아동복지학	8	8.0	.0
심리학	9	8.0	1.0
유아교육학	7	7.0	.0
아동학	6	7.0	−1.0
합계	30		

표 25-5 카이제곱 통계량

	major
카이제곱[a]	.268
자유도	3
근사 유의확률	.966

a. 0 셀(0%)는 5보다 작은 기대빈도를 가진다. 최소셀 기대빈도는 7.0이다.

전공별(1, 2, 3, 4)로 기대빈도와 관찰빈도의 비율이 같은지를 검증한다(표 25-4). 여기서는 아동복지(1), 심리학(2)이 각각 기대빈도가 8이고 유아교육(3), 아동학(4)가 각각 7이라는 가정하에 Expected라고 지정하며 카이제곱 값이 .268, 자유도가 3으로 유의도가 .966이다(표 25-5). 그러므로 네 집단의 기대빈도와 관찰빈도는 동일하다고 볼 수 있다.

2) 교차분석

교차분석은 [분석] → [기술통계량]Descriptive Statistics → [교차분석]Crosstab을 선택한다.

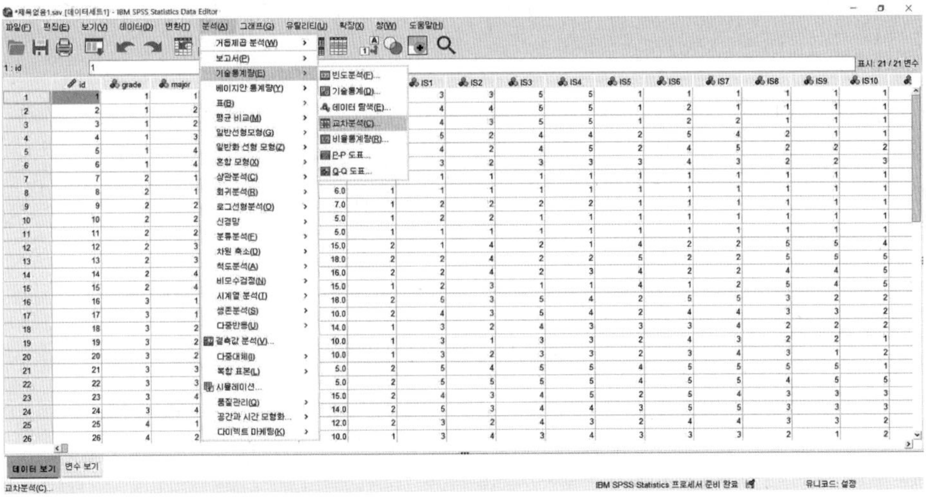

그림 25-6
교차분석 메뉴

major1을 열row에, born을 행column에 입력하고, 통계량 단추를 클릭하여 카이제곱을 선택하고, 셀의 단추를 클릭하여 열, 행, 전체의 백분율을 선택한다.

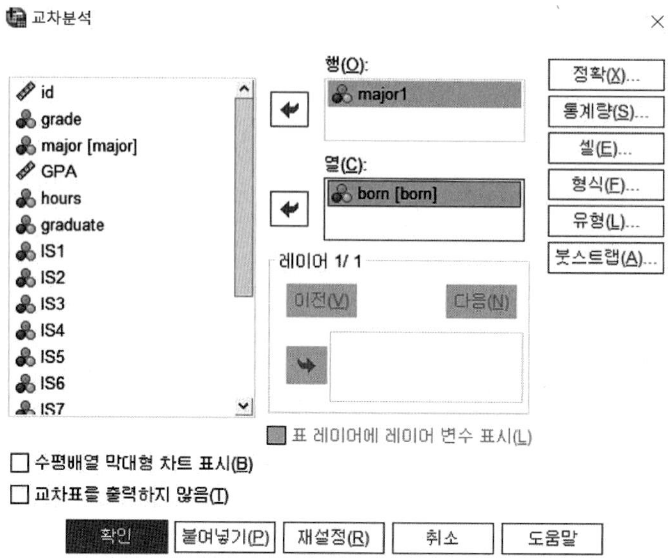

그림 25-7
교차분석:
변수 선택 대화상자

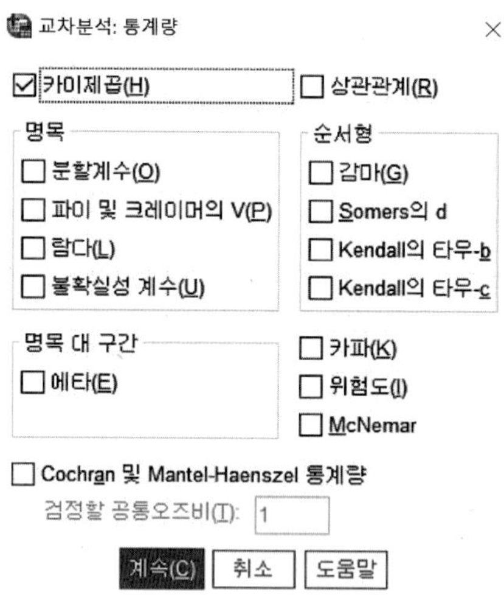

그림 25-8
교차분석:
통계량 대화상자

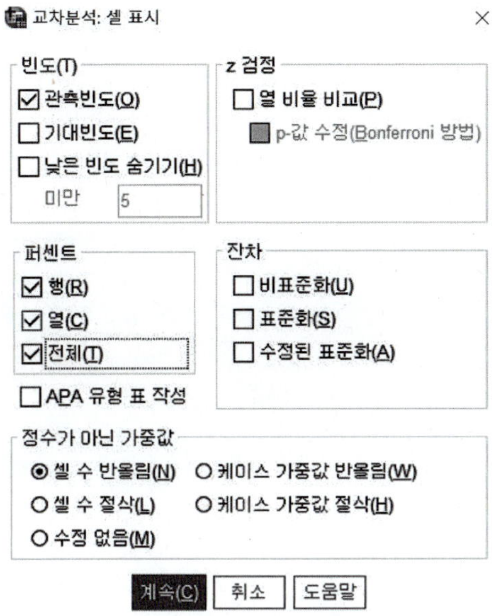

그림 25-9
교차분석: 셀 대화상자

카이제곱 검증의 결과는 표 25-6과 같다.

표 25-6 교차분석표

			born		
			서울 출신	기타 출신	전체
major	1	빈도	15	2	17
		MAJOR1의 %	88.2%	11.8%	100.0%
		born의 %	68.2%	25.0%	56.7%
		전체 %	50.0%	6.7%	56.7%
	2	빈도	7	6	13
		MAJOR1의 %	53.8%	46.2%	100.0%
		born의 %	31.8%	75.0%	43.3%
		전체 %	23.3%	20.0%	43.3%
전체		빈도	22	8	30
		MAJOR1의 %	73.3%	26.7%	100.0%
		born의 %	100.0%	100.0%	100.0%
		전체 %	73.3%	26.7%	100.0%

15, 2, 7, 6은 빈도수이다. 88.2%와 11.8%를 횡적으로 더하면 100%가 되며, 68.2%와 31.8%를 종적으로 더하면 100%가 된다. 50%, 6.7%, 23.3%, 20%는 집단의 백분율이다.

표 25-7 카이제곱 검증

	값	자유도	접근 유의확률 (양쪽검정)	정확한 유의확률 (양쪽검정)	정확한 유의확률 (한쪽검정)
Pearson 카이제곱	4.455[b]	1	.035		
연속수정[a]	2.870	1	1	.090	
우도비	4.535	1	1	.033	
Fisher의 정확한 검증				.049	.045
선형 대 선형 결합	4.306	1	.038		
유효케이스 수	30				

a: 2×2표에 대해서만 계산됨
b: 2셀(50.0%)은 5보다 작은 기대값을 가지는 셀이다. 최소 기대빈도는 3.

카이제곱값이 2.870이고 자유도 1[(2-1)(2-1) = 1]로서 유의도는 .09로 두 변수 간에는 상호독립적이다. 즉 전공과 출생지와는 서로 관련이 없다고 볼 수 있다. 한편 기대빈도가 5 이하인 칸이 4칸 중 2로서 50%가 된다. 기대빈도가 5 이하인 칸이 50%나 되므로 수정된 카이제곱값이 사용되어야 한다. 수정되기 전 카이제곱값이 4.455이고, 유의도(.035)도 의미가 있으나 이것을 채택하지 않는다.

3. t 검증

1) 독립적 t 검증

독립적 t 검증은 [분석]Analyze → [평균비교]Compare Means → [독립표본 t 검

증]을 선택한다.

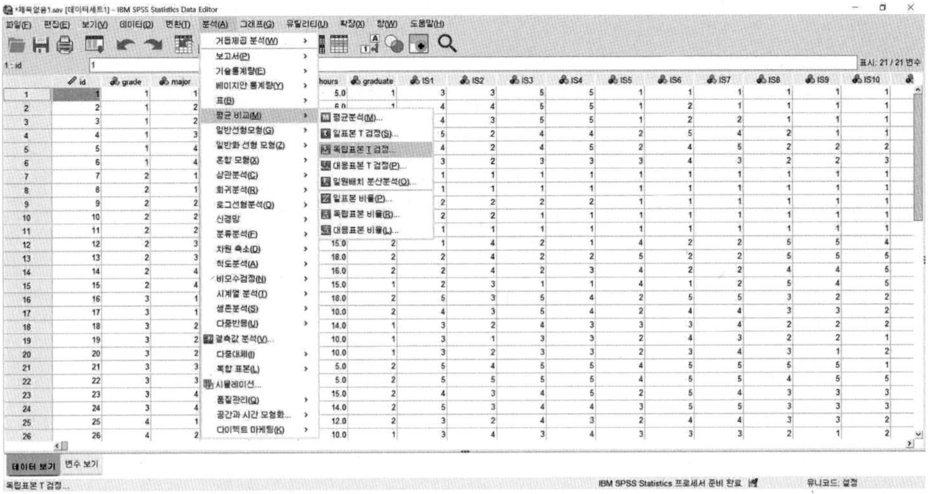

그림 25-10
독립적 t 검증 메뉴

grade1에 의한 두 집단의 identity값으로 t 검증을 한다. [집단 정의] 단추를 클릭하여 그림 25-12 집단정의 대화상자가 열리면 집단 1에 1(1, 2학년)을 집단 2에 2(3, 4학년)를 입력한다.

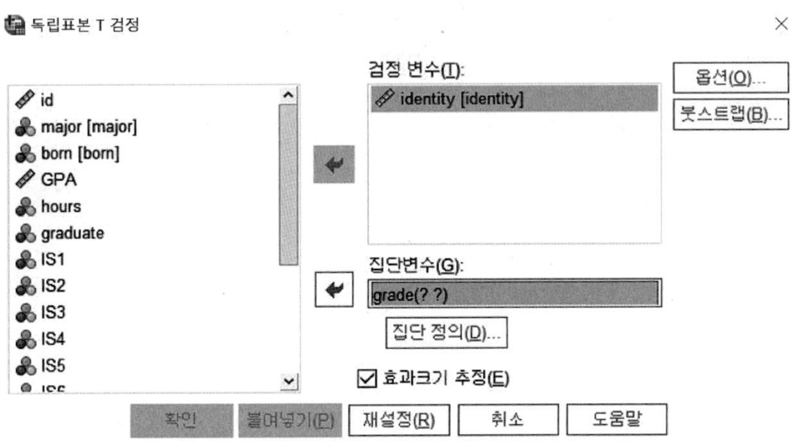

그림 25-11
독립적 t 검증:
변수 선택 대화상자

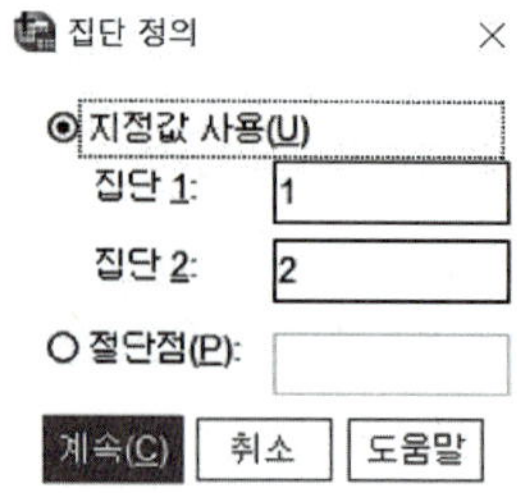

그림 25-12
집단 정의 대화상자

독립적 t 검증의 결과는 다음과 같다.

표 25-8 기술통계량_집단 통계량

	GRADE1	N	평균	표준편차	평균의 표준편차
identity score	1.00	15	22.80	9.06	2.34
	2.00	15	34.67	7.84	2.03

두 집단의 표본크기가 각각 15명, 15명이고 두 집단의 평균은 각각 22.80, 34.67, 표준편차는 각각 9.06, 7.84임을 알 수 있다. 두 집단의 표준오차는 표준편차를 표본크기로 나눈 값이다. 즉 2.34는 9.06을 15로 나눈 값이다.

두 집단의 분산이 같은 가를 알아보기 위해 Levene's Test가 사용되었다(표

표 25-9 독립적 t 검증_독립표본검정

		Levene의 등분산검정		평균의 통일성에 대한 t 검정						
		F	유의확률	t	자유도	유의확률(양쪽)	평균차	차이의 표준오차	차이의 95% 신뢰구간 하한	차이의 95% 신뢰구간 상한
identity score	등분산이 가정됨	.763	.390	−3.836	28	.001	−11.87	3.09	−18.20	−5.53
	등분산이 가정되지 않음			−3.836	27.440	.001	−11.87	3.09	−18.21	−5.52

25-9). F값의 유의도가 통상적인 .05보다 작으면 등분산이 가정되지 않는다고 본다. 여기서는 유의도가 .390이므로 등분산이 가정된다. t값은 3.836이며 자유도는 n1 + n2-2, 즉 15 + 15-2=28이다. t 통계값의 p값은 .001로 주어진 자료에서 영가설을 기각할 수 있는 유의수준을 뜻한다.

두 집단의 평균의 차이가 의미있는 차이인가를 알아보는 t 검증 결과 전공 정체감은 학년수준에 따라 유의한 차이가 있는 것으로 밝혀져 영가설이 기각되었다.

2) 종속적 t 검증

종속적 t 검증은 [분석]Analyze → [평균비교]Compare Means → [대응표본 t 검증]을 선택한다.

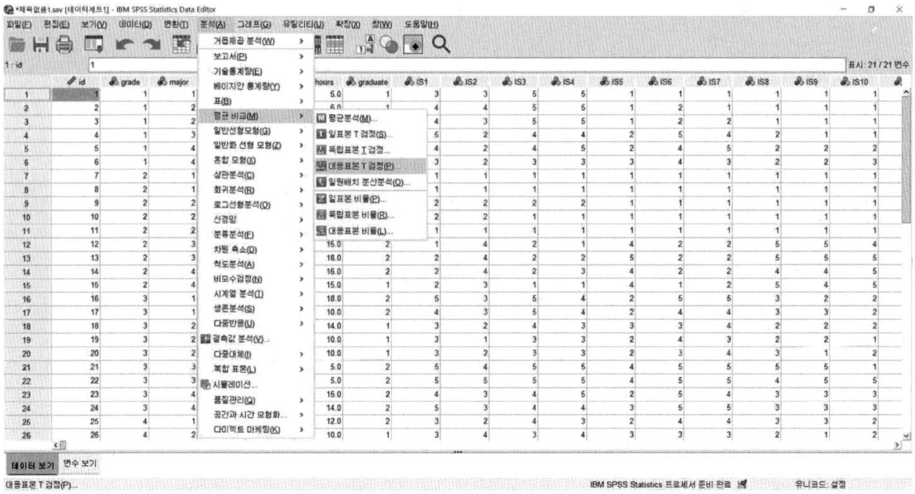

그림 25-13
종속적 t 검증 메뉴

왼쪽 변수상자에서 분석하려는 변수의 쌍 identity와 after를 선택하면 현재 선택상자의 변수1란에 after, 변수2란에 identity가 나타난다. 이때 선택한 순서가 아닌 알파벳순서로 변수1과 2의 순서가 정해진다. 가운데 ⏎ 단추를 누르면 after-identity가 나타난다.

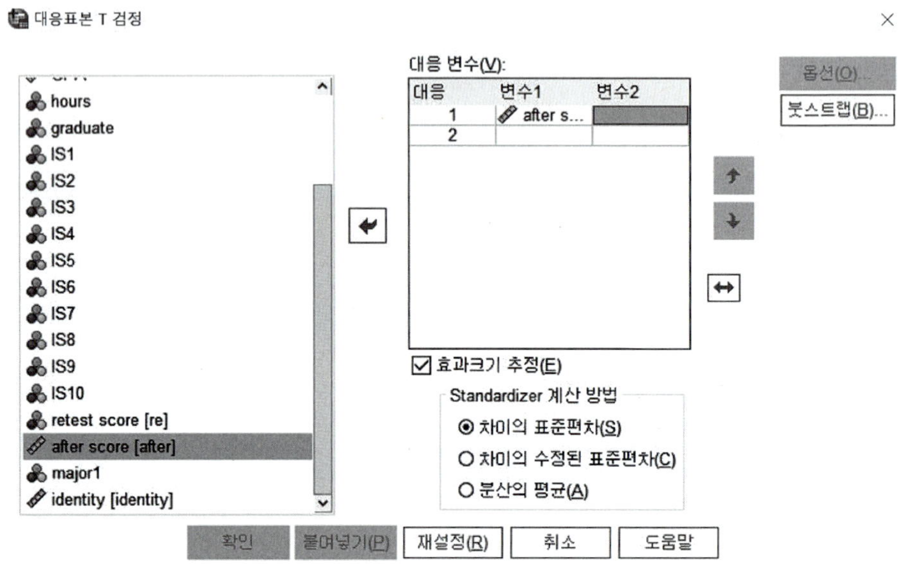

그림 25-14
종속적 t 검증: 변수 선택 대화상자

종속적 t 검증의 결과는 다음과 같다.

표 25-10 기술통계량_대응표본 통계량

		평균	N	표준편차	평균의 표준오차
대응	after score	31.63	30	8.32	1.52
1	home economi identity score	28.78	30	10.28	1.88

표 25-11 상관_대응표본 상관계수

		N	상관계수	유의확률
대응 1	after score & home economi identity score	30	.773	.000

학기 초 아동학 정체감의 평균은 28.73이고 학기 말의 평균은 31.63이다. 학기 초와 학기 말, 즉 identity와 after의 상관관계는 .773이다. 그리고 표본 상관계수는 r이 0이 아니라는, 즉 통계적으로 독립적이지 않다는 것을 나타내 주는 것으로 여기서는 p값이 0에 가까운 숫자이다. 그러므로 종속적 t 검증을 사용할 수 있다는 것을 말해 준다(표 25-12).

표 25-12 종속적 t 검증_대응표본 검정

		Paired Differences					t	자유도	유의확률(양쪽)
		평균	표준편차	평균의 표준오차	차이의 95% 신뢰구간				
					하한	상한			
대응 1	after score-home economi indentity score	2.900	6.530	1.192	.462	5.338	2.432	29	.021

종속적 t 검증에서 t값은 2.432이고 자유도는 29(30쌍-1=29)이다. 그리고 .021은 종속적 두 변수의 모집단 평균이 같은가의 검증을 나타내는 값이다.

학기 초의 전공 정체감identity과 아동발달을 수강한 후 학기 말에 측정한 전공 정체감after 간에 유의한 차이가 있는지를 검증하였다. 아동발달을 수강한 후에 전체 학생집단은 전공 정체감이 높아졌으며, 이에 대한 t 검증에서도 통계적으로 유의한 차이가 있음이 밝혀졌다. 따라서 영가설이 기각되었다.

4. 변량분석

일원변량분석은 [분석]Analyze → [평균 비교]Compare Means → [일원배치 분산분석]을 선택한다.

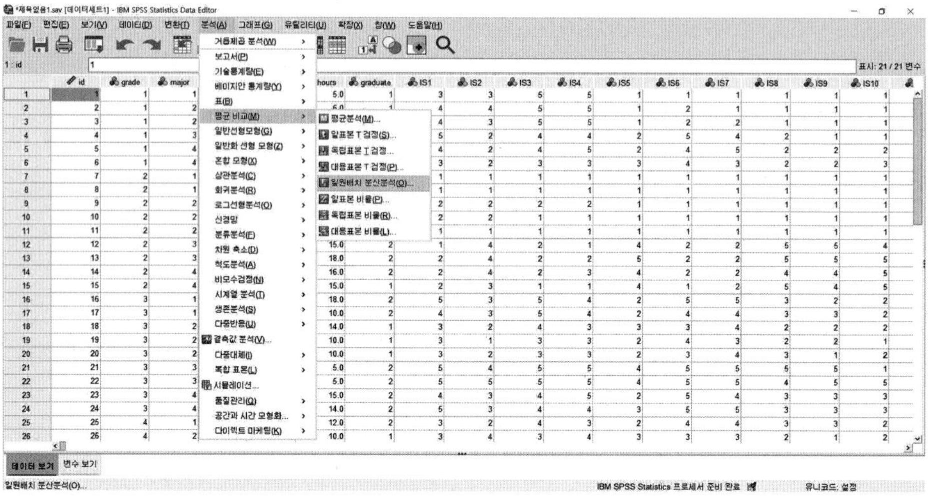

그림 25-15
일원분산분석 메뉴

왼쪽 변수 상자에서 identity를 선택하여 종속변수란에 입력한다. 독립변수에 해당하는 major를 선택하여 요인란에 입력한다. 이때 독립변수 major는 4집단이다.

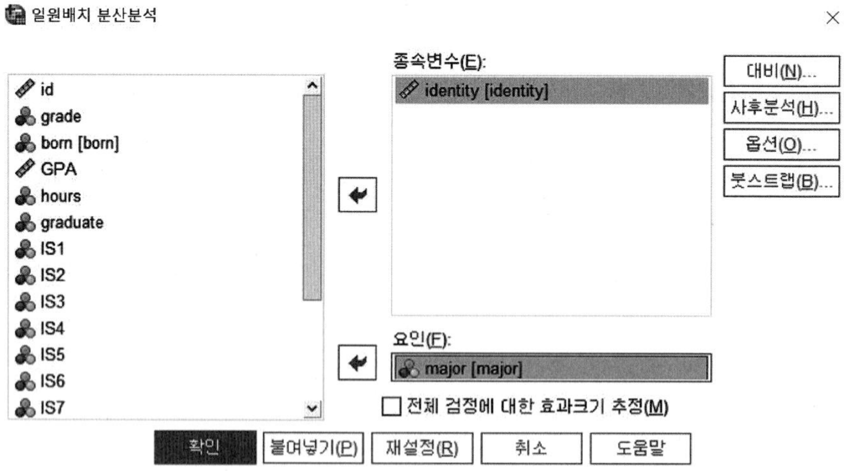

그림 25-16
일원분산분석:
변수 선택 대화상자

사후검증을 위해 여러 가지 다른 방법을 사용할 수 있다.

그림 25-17
일원분산분석:
사후검증 대화상자

예를 들어, LSD(유의수준): Least Sgnificant Differences, Scheffé
Duncan,
S–N–K: Newman–Keuls,
Tukey 검증 등이다.

각 집단의 평균과 표준편차 등 추가적인 기술통계량을 얻기 위해서는 [옵션]을 선택한다.

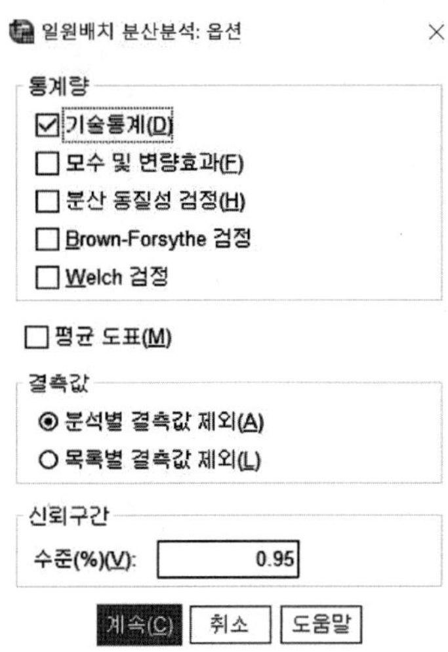

그림 25-18
일원분산분석:
옵션/기술통계량
대화상자

일원변량분석의 결과는 다음과 같다.

표 25-13 일원변량분석 home economic identity score

	제곱합	자유도	평균제곱	F	유의확률
집단 간	1482.819	3	494.273	8.118	.001
집단 내	1583.048	26	60.886		
합계	3065.867	29			

집단 간 자유도는 비교집단이 4이므로 3(41)이 되고 전체 사례수가 30이므로 전체 자유도는 29(30-1 = 29)가 된다. 집단 내 자유도는 29 - 3 = 26이다. 총제곱합은 집단 간 제곱합과 집단 내 제곱합을 더하여 얻을 수 있다. 집단 간 평균제곱합은 집단 간 제곱합을 해당 자유도(3)로 나눈 값이고 집단 내 평균제곱합은 집단 내 제곱합을 해당 자유도(26)으로 나눈 값이다. F값은 집단 간 평균제곱합과 집단 내 평균제곱합의 비율이다. p값이 .001로 영가설을 기각한다.

표 25-14 기술통계량 home economic identity score

	N	평균	표준편차	표준오차	평균에 대한 95% 신뢰구간		최소값	최대값
					하한값	상한값		
아동복지학	8	25.00	10.14	3.59	16.52	33.48	10	36
심리학	9	21.33	7.19	2.40	15.80	26.86	10	28
유아교육학	7	39.43	7.81	2.95	32.21	46.65	30	48
아동학	6	32.33	4.08	1.67	28.05	36.62	28	38
합 계	30	10.28	10.28	1.88	24.89	32.57	10	48

네 집단의 빈도수, 평균, 표준편차, 범위 등을 알 수 있다.

Scheffe 통계량으로 계산된 사후검증을 보면 유의수준 .05에서 집단 1아동복

표 25-15 Scheffe 검증_다중비교

종속변수: identity score Scheffe

(I) major	(J) major	평균차(I-J)	표준오차	유의확률	95% 신뢰구간	
					하한	상한
아동복지	심리학	3.67	3.79	.817	−7.66	14.99
	유아교육	−14.43*	4.04	.014	−24.49	−2.36
	아동학	−7.33	4.21	.404	−19.92	5.26
심리학	아동복지	−3.67	3.79	.817	−14.99	7.66
	유아교육	−18.10*	3.93	.001	−29.84	−6.35
	아동학	−11.00	4.11	.092	−23.29	1.29
유아교육	아동복지	14.43*	4.04	.014	2.39	26.49
	심리학	18.10*	3.93	.001	6.35	29.84
	아동학	7.10	4.34	.459	−5.87	20.06
아동학	아동복지	7.33	4.21	.404	−5.26	19.92
	심리학	11.00	4.11	.092	−1.29	23.29
	유아교육	−7.10	4.34	.459	−20.06	5.87

* .05 수준에서 평균차가 크다.

지 전공과 집단 3유아교육 전공, 집단 2심리학 전공와 집단 3아동학에서 전공 정체감의 평균점수에 유의한 차이가 있다.

표 25-16 Scheffe 검증: 동일 집단군 분류

identity score Scheffe[a,b]

major	N	유의수준 = .05에 대한 부집단	
		1	2
심리학	9	21.33	
아동복지	8	25.00	
아동학	6	32.33	32.33
유아교육	7		39.43
유의확률		.088	.404

동일 집단군에 있는 집단에 대한 평균이 표시된다.
a: 조화평균 표본크기 = 7.331을 사용.
b: 집단 크기가 같지 않다. 집단 크기의 조화평균이 사용된다. 제1종 오류수준은 보장할 수 없다.

표 25-16은 통계적으로 평균 차이가 없는 동일한 집단을 나타내고 있다. 제1 subset에서는 집단 1, 2, 3 그리고 제2 subset에서는 집단 3, 4의 전공 정체감에 차이가 없다라고 할 수 있다.

전공에 따라 전공 정체감에 유의한 차이가 있는지를 검증한 결과 영가설이 기각되고 전공에 따라 전공 정체감은 통계적으로 유의한 차이가 있다고 해석할 수 있다. 전공집단에 따른 전공 정체감의 정도에 있어서 각 하위집단 중 2집단과 3집단, 1집단과 3집단 간에는 유의도 .05 수준에서 유의한 차이가 있음을 알 수 있다. 즉, 유아교육 전공집단은 아동복지 전공집단, 심리학 전공집단보다 각각 전공 정체감 정도가 높았다. 그러나 그 밖의 집단 간 차이에서는 유의한 차이가 발견되지 않았다.

2) 이원변량분석

이원변량분석은 [분석]Analyze → [일반선형모형]General Linear Model → [일변량]Univariate을 선택한다.

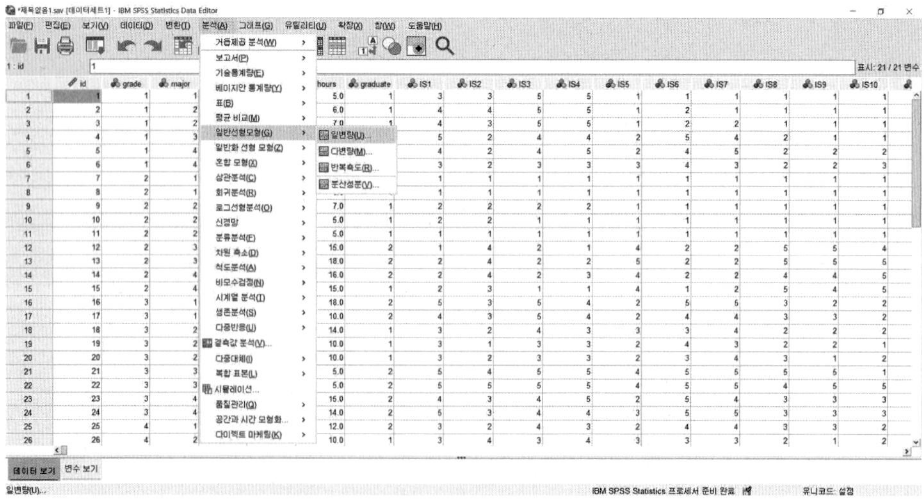

그림 25-1
이원분산분

왼쪽 변수상자에서 identity를 선택하여 종속변수란에 입력한다. 독립변수에 해당하는 major와 grade1을 선택하여 고정요인Fixed Factor에 입력한다.

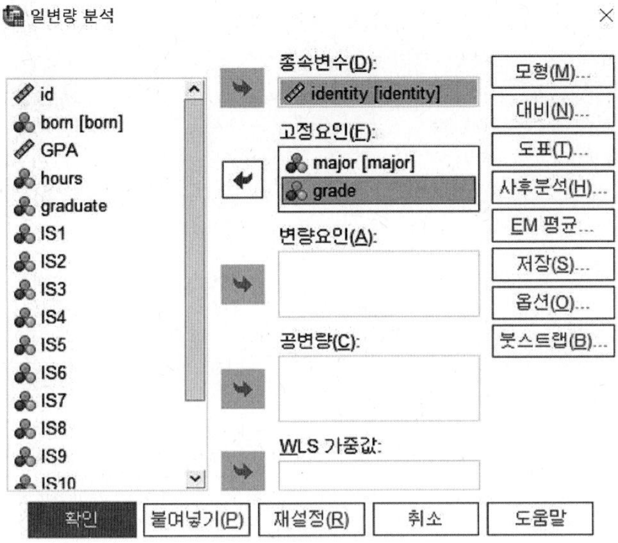

그림 25-20
이원변량분석: 변수 선택 대화상자

각 집단의 평균과 표준편차 등 추가적인 기술통계량을 얻기 위해서는 옵션을 선택한 후 출력의 기술통계량을 선택한다.

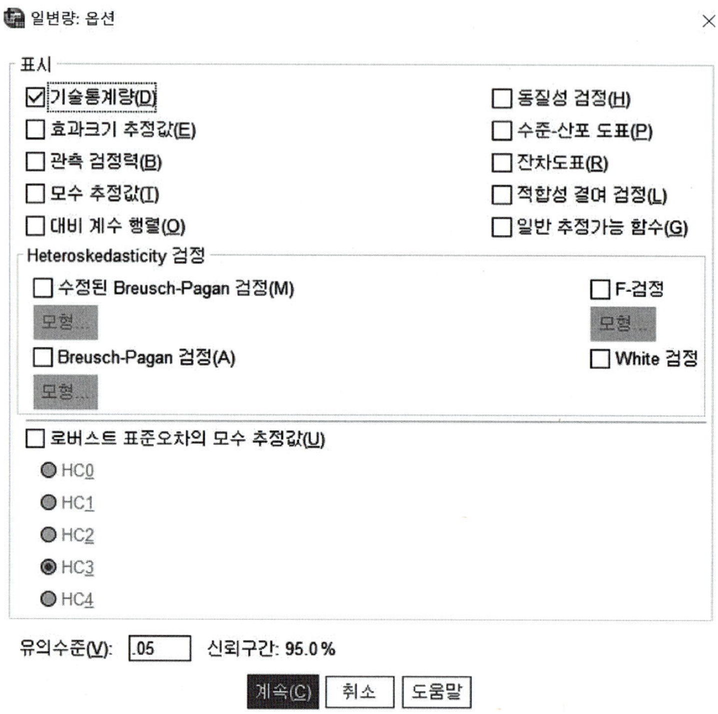

그림 25-21
이원분산분석:
기술통계량 대화상자

이원변량분석의 결과는 다음과 같다.

표 25-17 이원변량분석_개체 간 효과검증

종속변수: home economic identity score

소스	제III유형 제곱합	자유도	평균제곱	F	유의확률
수정 모형	2665.200[a]	7	380.743	20.906	.000
절편	23460.929	1	23460.929	1288.204	.000
MAJOR	1442.619	3	480.873	26.404	.000
GRADE1	997.297	1	997.297	54.760	.000
MAJOR*GRADE1	116.046	3	38.682	2.124	.126
오차	400.6677	22	18.212		
합계	27834.000	30			
수정 합계	3065.867	29			

a: R 제곱 = .869(수정된 R 제곱 = .828)

일원변량분석과 같은 방법으로 계산되었으므로 각 산출결과에 대해서 해석은 생략한다. 컴퓨터 산출결과를 가지고 앞의 4부에서 언급한 대로 변량분석표를 작성하면 다음과 같다(표 25-18). 요인이 2개 이상인 변량분석에서는 제일 먼저 상호작용 효과가 있는지를 검증한다. p값이 .126이므로 상호작용효과가 유의하지 않으므로 주효과, 여기서는 전공(4집단)과 학년(2집단)에 차이가 있는지 검증한다. 이들 간에 유의한 차이가 있다는 것을 p값으로 알 수 있다. 따라서 전공 정체감은 전공과 학년에 따라 유의한 차이가 있다고 결론짓는다.

표 25-18 변량분석표

	제곱합	자유도	평균제곱	F	유의확률
전공	1442.619	3	480.873	26.404	.000
학년	997.297	1	997.297	54.760	.000
상호작용	116.046	3	38.682	2.124	.126
오차	400.667	22	18.212		
전체	3065.867	29	105.720		

3) 공변량분석

공변량분석은 이원변량분석과 같이 [분석]Analyze → [일반선형모형]General Linear Model → [일변량]Univariate을 선택한 후 통제하고자 하는 변수를 공변량Covariate에 입력한다. 왼쪽 변수상자에서 identity를 선택하여 종속변수란에 입력한다. 독립변수로 grade를 선택하여 고정요인란에, 전공의 효과를 통제하기 위해 공변수 major1을 공변량에 입력한다.

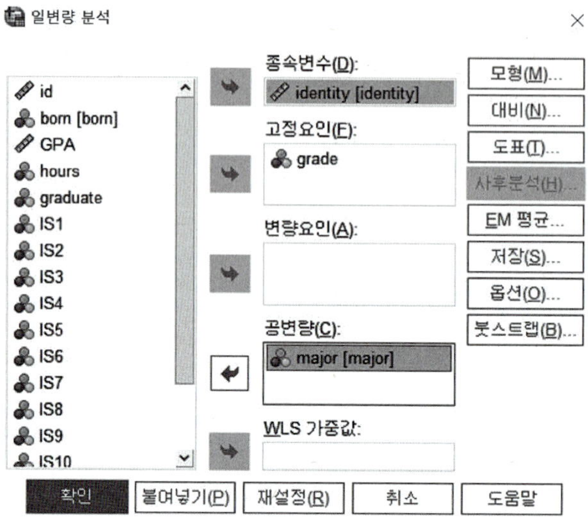

그림 25-22
공변량분석: 변수 선택 대화상자

각 집단의 평균과 표준편차 등 추가적인 기술통계량을 얻기 위해서는 이원변량분석에서와 같이 옵션을 선택한 후 출력의 기술통계량을 선택한다.

공변량분석의 결과는 다음과 같다.

표 25-19 기술통계량

종속변수: identity score

GRADE	평균	표준편차	N
1학년	27.00	3.69	6
2학년	20.00	10.63	9
3학년	37.89	8.01	9
4학년	34.33	8.33	6
합계	28.73	10.28	30

표 25-20　공변량분석_개체 간 효과 검증

종속변수: identity score

소스	제III유형 제곱합	자유도	평균제곱	F	유의확률
수정모형	2629.147[a]	4	657.287	37.626	.000
절편	270.613	1	270.613	1395.503	.001
MAJOR1	1395.503	1	1395.503	79.886	.000
GRADE	1365.914	3	455.305	26.064	.000
오차	436.7194	25	17.469		
수정합계	27834.000	30			
합계	3065.867	29			

a: R제곱 = .858(수정된 R제곱 = .835)

공변수는 전공이고 주효과를 보는 것은 학년이다. 총제곱합은 27834.000이고, 학년에 의한 제곱합은 1365.914, 전공에 의한 제곱합은 1395.503이다. 해당 자유도로 제곱합을 나누어주면 평균제곱합을 얻을 수 있다. F값은 각 평균제곱합을 MSE(17.469)로 나눈 값이다. p값이 0에 가까우므로 전공을 통제한 뒤에도 학년에 따라 전공 정체감 점수에는 유의한 차이가 있다는 것을 보여준다.

5. 상관분석

상관분석은 [분석]Analyze → [상관분석]Correlate → [이변량 상관계수]Bivariate를 선택한다.

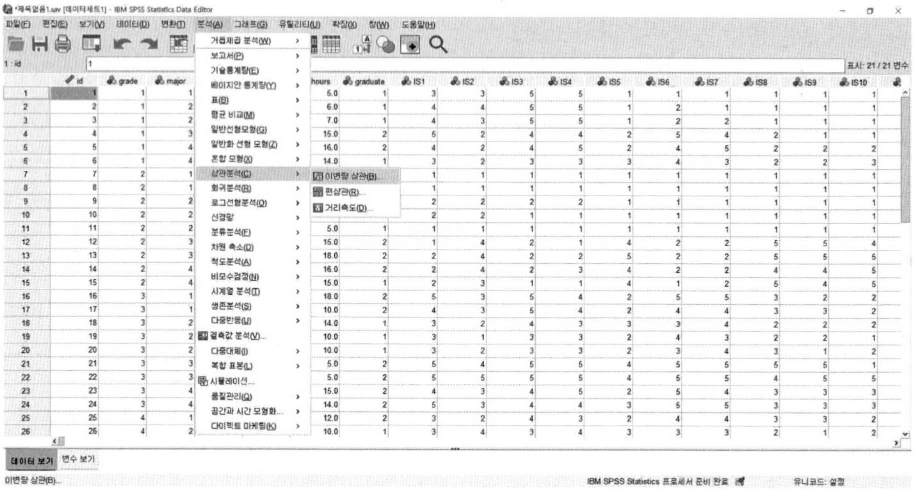

그림 25-23
상관분석 메뉴

왼쪽 변수상자의 전공 정체감 점수 identity와 재검사 점수 re를 선택하여 오른쪽 변수상자로 옮긴다.

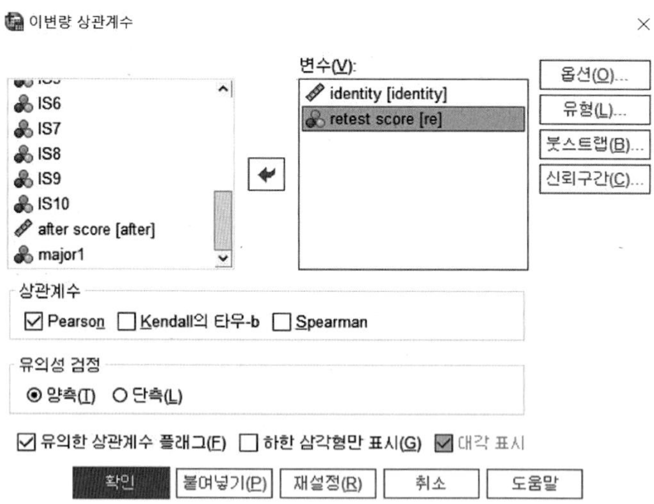

그림 25-24
상관분석:
변수 선택 대화상자

상관분석 결과는 다음과 같다.

표 25-21 상관분석_상관계수

		identity score	retest score
identity score	Pearson 상관계수	1.000	.886**
	유의확률(양쪽)		.000
	N	30	30
retest score	Pearson 상관계수	.886**	1.000
	유의확률(양쪽)	.000	
	N	30	30

**상관계수는 0이 수준(양쪽)에서 유의하다.

상관관계가 .886으로 양방검증에서 .001의 유의수준에서 유의함을 알 수 있다. 즉, 전공 정체감 점수와 재검사 점수 간에는 상관관계가 높은 것으로 나타났다.

6. 회귀분석

1) 단순회귀분석

단순회귀분석은 [분석]Analyze → [회귀분석]Regression → [선형]Linear을 선택한다.

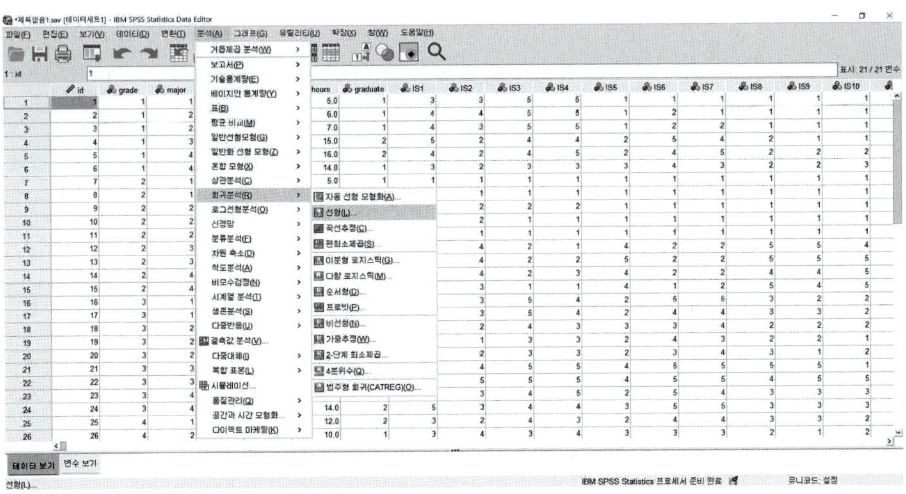

그림 25-25
회귀분석 메뉴

왼쪽 변수상자로부터 identity를 선택하여 종속변수에, GPA를 선택하여 독립변수에 입력한다. 독립변수를 투입하는 방식은 동시에 투입하는 입력Enter으로 한다.

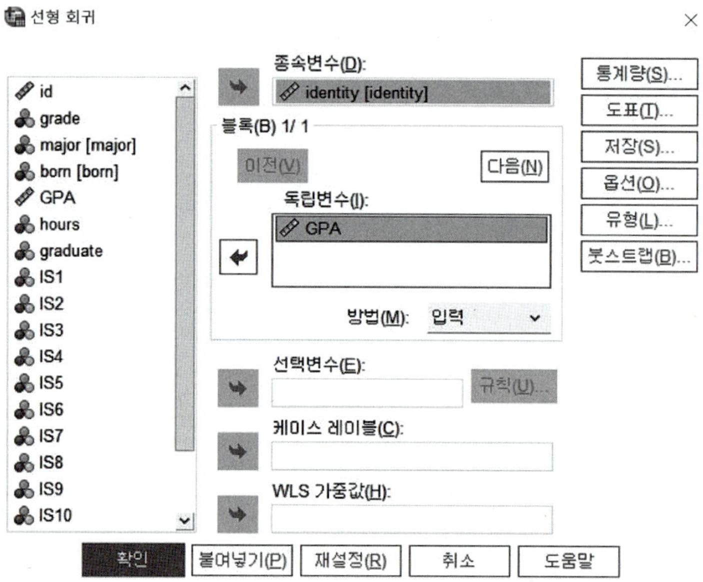

그림 25-26
단순회귀분석: 변수 선택 대화상자

회귀분석의 결과는 다음과 같다.

표 25-22 단순회귀분석의 모형요약

모형	R	R 제곱	수정된 R 제곱	추정값의 표준오차
1	560[a]	.314	.289	8.67

a: 예측값은 (상수), GPA.

중상관계수 R(.560)은 단순회귀분석에서는 피어슨 적률상관계수와 값이 같으며 R을 제곱한 R^2결정계수는 .314이다.

표 25-23 단순회귀분석의 분산분석표_분산분석[b]						
모형		제곱합	자유도	평균제곱	F	유의확률
1	선형회귀분석	962.591	1	962.591	12.815	.001[a]
	잔차	2103.276	28	75.117		
	합계	3065.867	29			

a: 예측값은 (상수), GPA.
b: 종속변수는 identity score.

회귀분석의 분산분석표는 일원변량분석과 같이 계산된다.

$$F = 12.815 = \frac{962.591}{75.117}$$

표 25-24 단순회귀모형의 회귀계수_계수[a]

모형		비표준화계수		표준화계수	t	유의확률
		B	표준오차	베타		
1	(상수)	4.803	6.870		.699	.490
	GPA	.986	.275	.560	3.580	.001

a: 예측값은 (상수), GPA.

회귀방정식은 Y = 4.803 + 0.986GPA가 되고 절편과 회귀계수의 표준오차 수정치를 알 수 있다. 표준화 회귀계수는 단순회귀분석에서는 중상관계수 multiple R와 같다. t값$(3.580)^2$ = 12.815로 F값이 된다. GPA는 유의한 회귀변수가 됨을 알 수 있다.

2) 중다회귀분석 1

중다회귀분석은 단순회귀분석과 같이 [분석]Analyze → [회귀분석]Regression → [선형]Linear을 선택한다. 왼쪽 변수상자로부터 identity를 선택하여 종속변수에, GPA와 hours를 선택하여 독립변수에 입력한다. 이렇듯 독립변수가 두 개 이상인 회귀분석을 중다회귀분석이라 한다. 독립변수를 투입하는 방식은 설명력이 높은 변수일수록 먼저 투입되고 유의하지 않은 변수가 남으면 중단되는 단계적 회귀분석Stepwise을 사용한다.

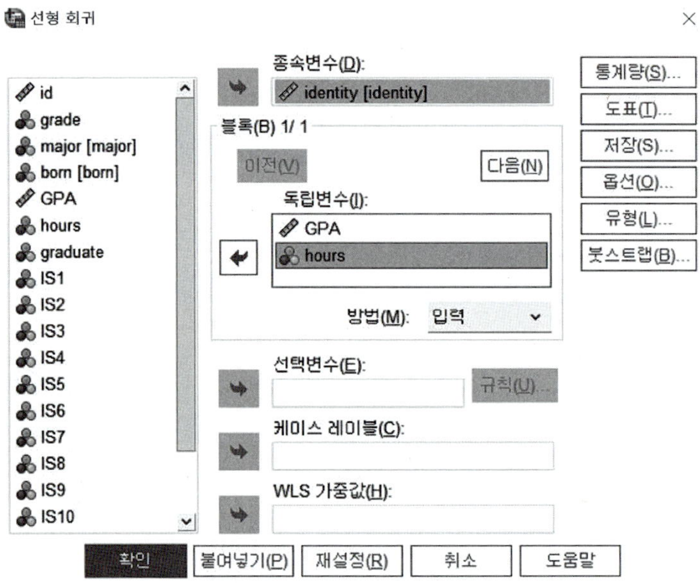

그림 25-27
중다회귀분석: 변수 선택 대화상자

중다회귀분석의 결과는 다음과 같다.

표 25-25 중다회귀분석의 모형요약

모형	R	R제곱	수정된 R제곱	추정값의 표준오차
1	560[a]	.314	.289	8.67

a: 예측값은 (상수), GPA.

표 25-26 중다회귀분석의 변량분석표_분산분석[b]

모형		제곱합	자유도	평균제곱	F	유의확률
1	선형회귀분석	962.591	1	962.591	12.815	.001[a]
	잔차	2103.276	28	75.117		
	합계	3065.867	29			

a: 예측값은 (상수), GPA.
b: 종속변수는 identity score.

표 25-27 중다회귀모형의 회귀계수_계수[a]

모형		비표준화계수		표준화계수	t	유의확률
		B	표준오차	베타		
1	(상수)	4.803	6.870		.699	.490
	GPA	.986	.275	.560	3.580	.001

a: 예측값은 (상수), GPA.

독립변수 GPA가 먼저 선정되어 단순회귀분석과 같은 결과를 보여 준다.

표 25-28 중다회귀분석: 제거된 변수_Excluded Variables[b]

모형	진입-베타	t	유의확률	편상관	공선성통계량승차한계
1 HOUR	.115[a]	.590	.560	.113	.664

a: 모형 내의 예측값은 (상수), GPA.
b: 종속변수는 identity score.

두 번째 변수hours는 회귀방정식에 포함되지 않는 변수임을 알 수 있다. 따라서 독립변수가 2개 있었어도 단계적 회귀분석에서 컴퓨터가 자동으로 하나만 선정하였다.

만약 단계적 분석법이 아니고 'enter'로 하게 되면 유의하지 않은 변수도 포함하여 분석된다.

3) 중다회귀분석 2

중다회귀분석 1과 같이 종속변수로 identity, 독립변수로 GPA, hours를 선택한다. 이때 독립변수를 투입하는 방식은 입력enter으로 한다. 통계량Statistics 단추를 눌러 기술통계량Descriptives과 Durbin-Watson을 선택한다.

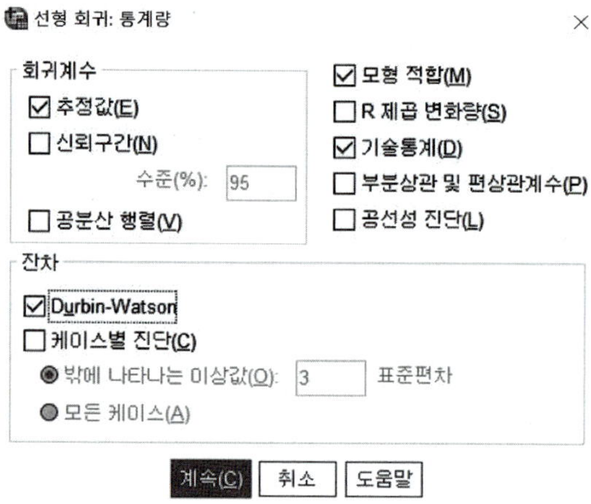

그림 25-28
중다회귀분석: 통계량 대화상자

중다회귀분석의 결과는 다음과 같다.

표 25-29 중다회귀분석: 상관_상관계수

		identity score	GPA	HOURS
Pearson 상관	identity score	1.000	.560	.401
	GPA 50	1.000	.580	
	HOURS	.401	.580	1.000
유의확률(한쪽)	identity score		.001	.014
	GPA .001		.000	
N	HOURS	.014	.000	
	identity score	30	30	30
	GPA30	30	30	
	HOURS	30	30	30

기술통계량의 평균과 표준편차의 산출결과는 여기서 생략하고 변수들 간의 상관계수를 살펴보았다. GPA와 hours가 .580의 상관계수임을 알 수 있다.

표 25-30 중다회귀분석의 모형요약_모형요약[b]

모형	R	R제곱	수정된 R제곱	추정값의 표준표차	Durbin-Watson
1	.568[a]	.323	.273	8.77	1.104

a: 예측값은 (상수), HOURS, GPA.
b: 종속변수는 identity score.

오차항이 독립적인가를 검증하는 Dubin-Watson 계수가 1.104로 오차항이 서로 독립적이 아님을 알 수 있다.

표 25-31 중다회귀분석 분산분석표_분산분석[b]

모형		제곱합	자유도	평균제곱	F	유의확률
1	선형회귀분석	989.344	2	494.672	6.432	.005[a]
	잔차	2076.523	27	76.908		
	합계	3065.867	29			

a: 모형 내의 예측값은 (상수), GPA.
b: 종속변수는 identity score.

표 25-32 중다회귀분석 회귀계수_계수[a]

모형		비표준화계수		표준화계수	t	유의확률
		B	표준오차	베타		
1	(상수)	4.725	6.952		.680	.503
	GPA	.869	.342	.494	2.540	.017
	HOURS	.266	.451	.115	.590	.560

a: 종속변수는 identity score.

독립변수가 동시에 투입되는 Enter로 지정하였으므로 회귀분석에는 두 변수가 모두 포함되었으나 hours 변수는 유의하지 않음(sig t = .560)을 알 수 있다.

표 25-33 중다회귀분석 오차통계량_잔차통계량[a]					
	최소값	최대값	평균	표준편차	N
예측값	18.22	38.53	8.73	5.84	30
잔차	−13.70	19.49	−5.92E−16	8.46	30
표준화 예측값	−1.800	1.678	.000	1.000	30
표준화 잔차	−1.563	2.2232	.000	.965	30

a: 종속변수는 identity score.

4) 가변수의 중다회귀분석

가변수는 [변환]Transform의 [변수값 계산]Compute을 이용하여 만든다. 먼저 대상변수Target variable에 새로이 만들 가변수 D1을 입력한다. 오른쪽 상자에 0을 입력한다. [조건] 단추를 클릭하면 새로운 대화상자가 열리는데, 왼쪽 변수상자에서 born을 선택하여 born의 변수값을 1로 정한다.

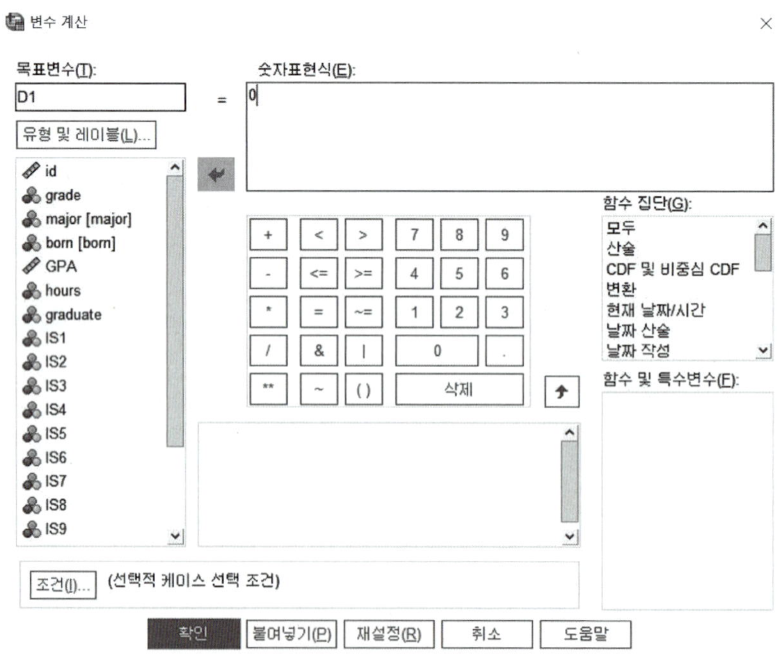

그림 25-29
가변수 만들기:
변수 계산 대화상자

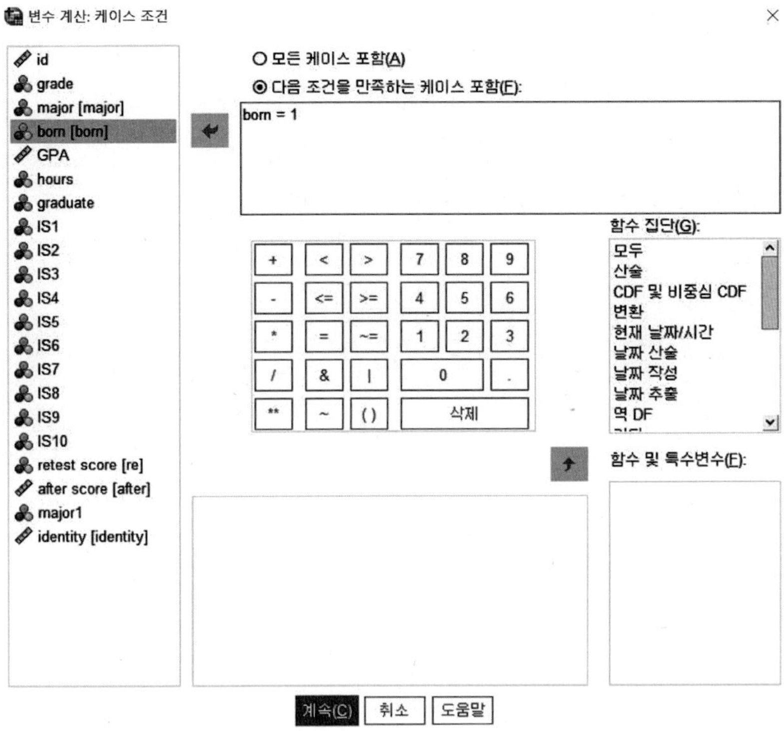

그림 25-30
가변수 만들기: 조건 대화상자

즉, born의 변수값이 1인 경우, 가변수 D1의 변수값은 0이 되는 것이다. 같은 방식으로 born의 변수값이 2인 경우, 가변수의 D1의 변수값은 1이 된다. 이렇게 하여, 출신지가 1(서울)이면 새로 만든 가변수(D1)가 0이고 기타 지역의 출신지는 D1 = 1로 변수가 만들어진다. 만약 범주가 셋이면 가변수는 2개가 만들어진다. 즉 출생지가 서울, 도시, 농촌의 셋이라면 첫 번째 변수(예 D1)에서는 서울(D1 = 0), 도시(D1 = 1), 농촌(D1 = 0)이 되고, 두 번째 변수(예, D2)에서는 서울(D2 = 0), 도시(D2 = 0), 농촌(D2 = 1)이 된다.

종속변수로 identity를 독립변수로 GPA와 가변수 D1을 선택한다. 독립변인의 투입방식은 입력Enter으로 한다.

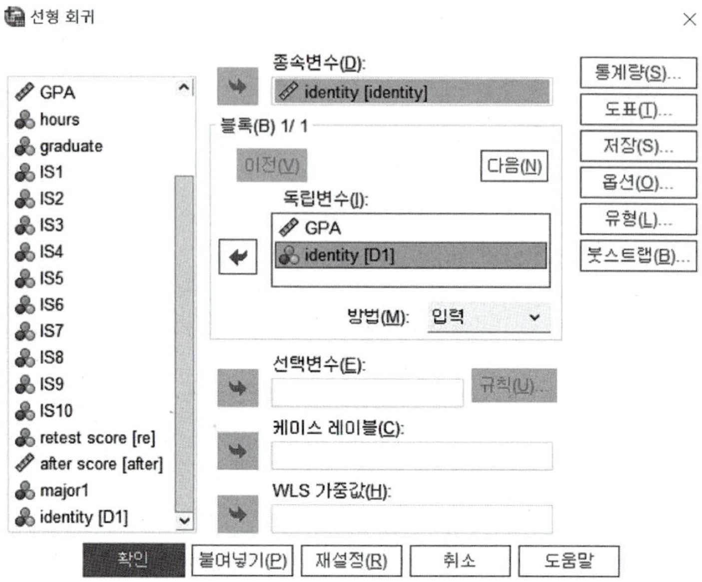

그림 25-31
중다회귀분석:
가변수 입력 대화상자

가변수를 이용한 회귀분석의 결과는 다음과 같다.

표 25-34 중다회귀분석 모형요약_모형요약[b]

모형	R	R제곱	수정된 R제곱	추정값의 표준표차	Durbin-Watson
1	.878[a]	.771	.754	5.10	1.229

a: 예측값은 (상수), D1, GPA.
b: 종속변수는 identity score.

표 25-35 중다회귀분석 분석분석표_분산분석[b]

모형		제곱합	자유도	평균제곱	F	유의확률
1	선형회귀분석	2362.268	2	1181.134	45.325	.000[a]
	잔차	703.599	27	26.059		
	합계	3065.867	29			

a: 예측값은 (상수), D1, GPA.
b: 종속변수는 identity score.

표 25-36 중다회귀분석 회귀계수_계수[a]						
모형		비표준화계수		표준화계수	t	유의확률
		B	표준오차	베타		
1	상수	2.900	4.054		.715	.481
	GPA	.894	.163	.508	5.495	.000
	HOURS	15.492	2.114	.678	7.329	.000

a: 예측값은 (상수), D1, GPA.

표 25-36 중다회귀분석 회귀계수가 보여 주듯이 D1이 유의해서 회귀식은 identity = 2.900 + 15.492D1 + 0.894GPA이다. 그러므로 출신 지역이 서울인 경우 identity = 2.900 + 0.894GPA이고, 기타지역 출신인 identity = 18.392, (2.900 + 15.492) + 0.894GPA이다.

7. 요인분석

요인분석은 [분석]Analyze → [차원 축소]Data Reduction → [요인분석]Factor을 선택한다.

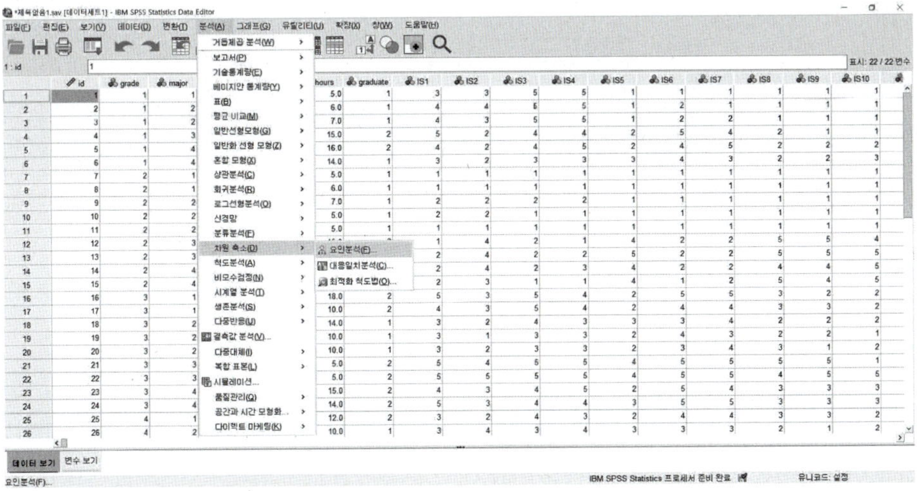

그림 25-32 요인분석 메뉴

왼쪽 변수상자에서 IS1에서 IS10까지의 10개의 변수를 선택하여 오른쪽 변수상자로 입력한다.

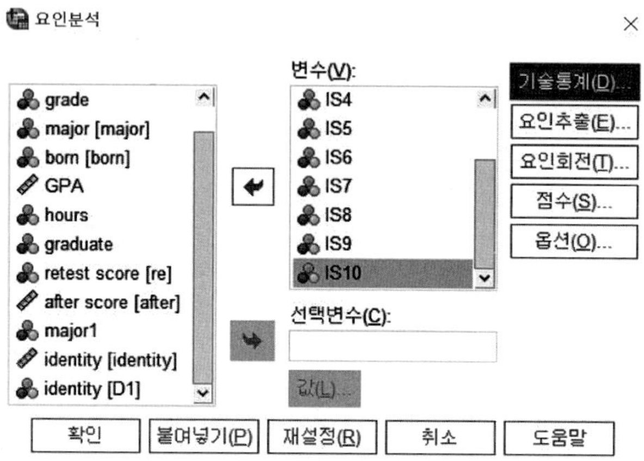

그림 25-33
요인분석:
변수 선택 대화상자

[요인추출]Extraction 단추를 클릭한 후, 요인추출 방법으로는 주성분 분석Principle component을 선택한다. 요인추출의 조건은 고유치eigen value 1.0 이상으로 한다.

그러나 연구자가 요인의 수를 지정하고자 하면 요인수number of factors에 원하는 수를 입력하면 그 수만큼 요인이 추출된다.

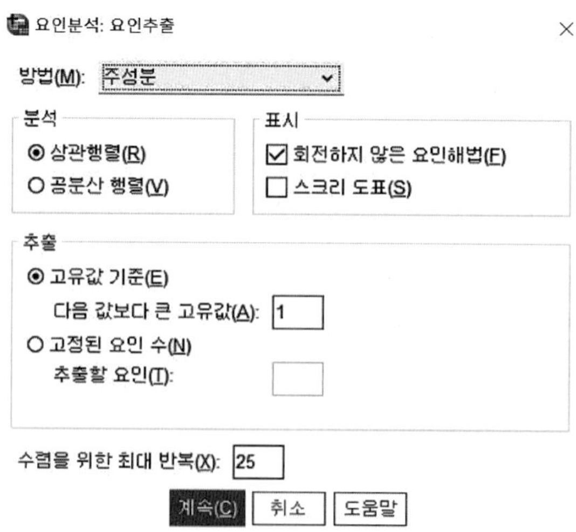

그림 25-34
요인추출 대화상자

[요인회전]Rotation 단추를 클릭한 후 요인회전방법으로 직각회전은 베리멕스Varimax을 선택한다. 만일 사각회전을 원하면 직접 오블리민Direct Oblimin을 선택한다.

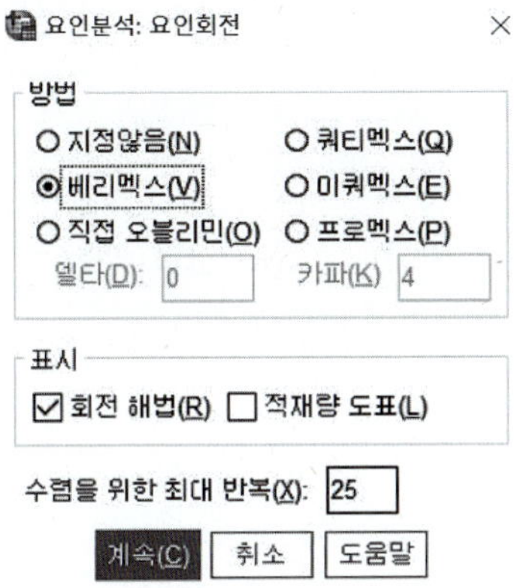

그림 25-35
요인회전 대화상자

요인분석의 결과는 다음과 같다.

표 25-37 공통분산의 추출_공통성

	초기	추출
IS1	1.000	.924
IS2	1.000	.643
IS3	1.000	.870
IS4	1.000	.844
IS5	1.000	.922
IS6	1.000	.807
IS7	1.000	.773
IS8	1.000	.880
IS9	1.000	.901
IS10	1.000	.849

추출방법: 주성분 분석

표 25-38 설명된 총분산

성분	초기고유값			추출 제곱합 적재값			회전 제곱합 적재값		
	전체	%분산	%누적	전체	%분산	%누적	전체	%분산	%누적
1	5.086	50.855	50.855	5.086	50.855	50.855	4.250	42.498	42.498
2	3.329	33.286	84.141	3.329	33.286	84.141	4.164	41.643	84.141
3	.844	8.437	92.578						
4	.235	2.350	94.928						
5	.136	1.361	96.288						
6	.113	1.125	97.414						
7	9.E-02	.909	98.322						
8	7.E-0.	.719	99.041						
9	5.E-02	.549	99.591						
10	4.E-0.	.409	100.000						

추출방법: 주성분 분석

가능한 모든 요인은 10개이며 고유치가 1 이상인 요인은 2개이다. 요인 1이 설명하는 분산이 50.9%이고 요인 2가 설명하는 분산이 33.3%으로 합계는 84.2%이다. 그러므로 나머지 15.9%는 요인 2개로 설명되지 않은 분산이므로 무시해도 좋을 듯하다.

요인회전 후의 요인 적재량 값으로 변수 5개(IS1, IS3, IS4, IS6, IS7)는 요인 1에 높이 적재되고 나머지 변수 5개(IS2, IS5, IS8, IS9, IS10)는 요인 2에 높이 적재되어 있다.

여기에서 다음 두 가지의 목적을 위해 요인분석을 실시하였다. 첫째, 전공 정체감 척도를 작성하는 데 적합한 문항을 걸러내고, 둘째, 그 문항들이 상호 독립적인 몇 개의 차원으로 묶어질 수 있는지를 보고자 하였다.

문항들 간의 상관관계를 사용하여 주성분 분석Principle-component analysis을 실시한 결과에 따르면 최초의 통계량에서 고유치가 1.0 이상인 변인이 2개로 추출되었고 2개의 요인으로도 총분산의 84.2%를 설명해 주므로 10개의 요인

표 25-39 성분행렬[a]

	성분	
	1	2
IS1	.740	−.613
IS2	.731	.329
IS3	.681	−.638
IS4	.659	−.640
IS5	.719	.636
IS6	.766	−.469
IS7	.785	−.397
IS8	.746	.569
IS9	.712	.628
IS10	.567	.726

추출방법: 주성분 분석
a: 추출된 2 성분

을 채택하기보다는 2개의 요인으로 추출하는 것이 바람직함을 알 수 있다(표 25-38).

그 다음에 산출된 요인 행렬표factor matrix에서는 10개 문항이 요인 1과 요인 2에 적재되어 있는데 그 각각의 값을 요인 적재량factor loading이라 하며 보통 ±0.4 이상일 때 적재량의 유의성이 있다고 한다. 적재량이 높은 문항이 해당 요인에서 중요한 변수임을 의미하므로, 본 조사에서는 IS1 문항이 요인 1에 IS5 문항이 요인 2에 각각 중요한 변수임을 알 수 있다.

처음 추출된 요인 행렬표에서는 요인 적재량이 요인 1과 요인 2에 분산되어 있으므로 상호 독립적으로 적재되게 하기 위해 회전rotation을 할 필요가 있다. 본 조사에서는 직각회전Varimax을 실시한 결과가 회전 후 요인 행렬표로 제시되어 있다(표 25-40).

표 25-40 회전된 성분행렬[a]

	성분	
	1	2
IS1	.959	6.669E−02
IS2	.302	.743
IS3	.933	8.038E−03
IS4	.919	−8.90E−03
IS5	8.24E−02	.957
IS6	.879	.189
IS7	.842	.253
IS8	.148	.926
IS9	8.23E−02	.945
IS10	−9.04E−02	.917

요인추출방법: 주성분 추출
회전방법: Kaiser 정규화가 있는 베리멕스
a: 3 반복 계산

표 25-41 성분 변환행렬

성분	1	2
1	.724	.690
2	.690	.724

요인추출방법: 주성분 분석
회전방법: kaiser 정규화가 있는 베리멕스

이상의 결과를 요약한 것이 표 25-41이다. 이로써 10개 문항은 모두 전공 정체감을 구성하는 변수로 판정되었고, 2개의 차원으로 구성된 구조임을 알 수 있다.

본 연구자는 IS6, IS7, IS1, IS3, IS4로 추출된 요인 1을 '시대적 적합성', IS10, IS5, IS9, IS8, IS2로 추출된 요인 2를 '학문의 전문성'으로 명명하여 전

표 25-42 아동학 정체감에 대한 요인분석

질문지 번호	내용	요인I	요인II	요인III
IS6	아동학 전공자는 산업사회에서의 취업에 어려움이 있다.	.879	.189	.807
IS7	아동학은 시대의 변화에 부응하는 미래지향적 학문이다.	.842	–.253	.773
IS1	아동학은 현대사회의 요구에 따라 전문적 세분화를 추구하고 있다.	.959	0.067	.924
IS3	아동학은 시대의 흐름에 뒤떨어진 분야이다.	.933	.008	0.870
IS4	남녀평등사회에서는 아동학을 낮게 평가하는 경향이 있다.	.0919	–.009	.844
IS10	아동학은 인간과 인접환경과의 상호작용을 다루는 고유한 학문이다.	.090	.917	.849
IS5	아동학은 삶의 질적 향상에 목적을 두고 있다.	.082	.957	.922
IS9	아동학의 지식은 다른 분야에 비해 일반화하기 힘들다.	.082	.945	.901
IS8	아동학은 기술적인 측면에 치중하여 이론적 깊이가 없다.	.148	.926	.880
IS2	아동학은 부모교육의 기초를 제공한다.	.302	.743	.643
고유치(eigen value)		5.086	3.329	
공통분산(common variance)		50.9%	33.3%	

공 정체감을 구성하는 주된 하위영역으로 지정하였다.

한편 해당요인의 설명력을 알기 위해서는 고유치를 문항수로 나누어 공통분산값을 내야 한다. 이 경우 요인 1은 5.086/10 = 0.5086으로 전체의 약 50.9%를 요인 2는 3.329/10 = 0.3329로 전체의 약 33.3%를 설명해 주고 두 요인은 합하여 84.2%의 분산을 설명해 줄 수 있어 2개 요인으로 추출하는 것이 바람직함을 제시해 주고 있다.

8. 판별분석

판별분석은 [분석]Analyze → [분류분석]Classify → [판별분석]Discriminant을 선택한다.

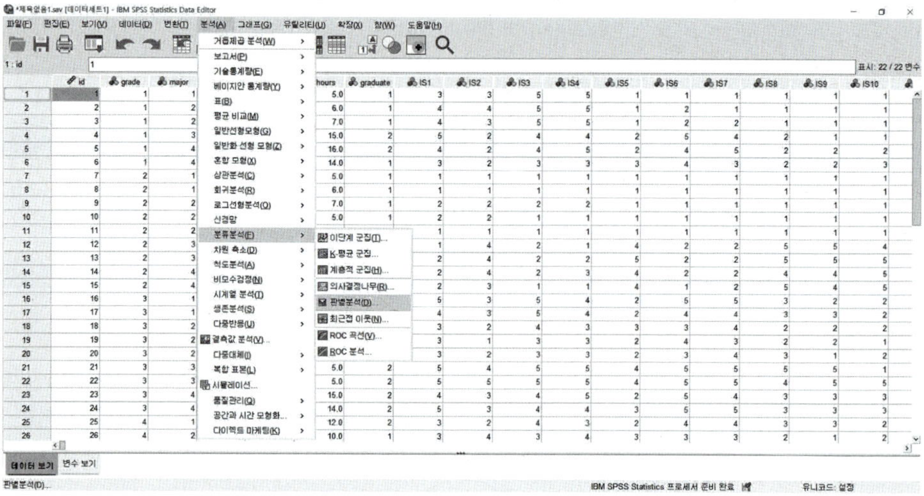

그림 25-36 판별분석 메뉴

지난 학기 평점GPA의 독립변수로써, 학부 졸업 후 대학원에 진학할 것인지 여부Graduate를 예측하기 위해 판별분석을 실시하였다. 우선 종속변수인 대학원 진학 희망 여부를 두 집단으로 구분하였는데 대학원에 가지 않을 집단을 1, 대학원에 가기를 희망하는 집단을 2로 분류하였다.

왼쪽 상자로부터 graduate를 선택하여 판별대상 변수를 나타내는 집단변수 Grouping Variable에 입력하고, 범위지정 대화상자에서 범위를 지정해 준다. 독립변수는 GPA, hours를 선택한다. 변수를 입력하는 방법은 유의한 변수를 단계적으로 투입하는 단계선택법Stepwise method을 선택한다.

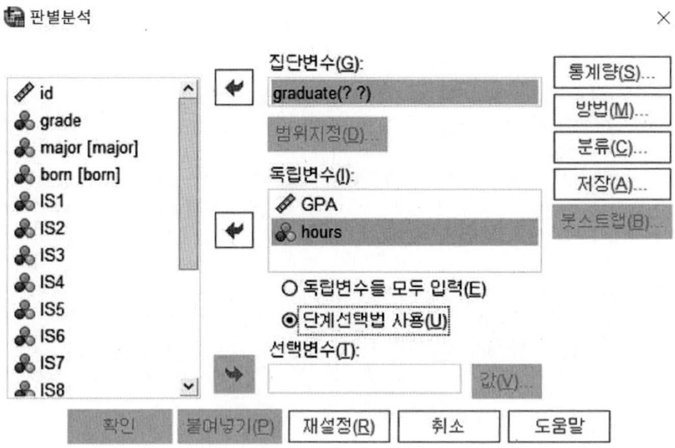

그림 25-37
판별분석:
변수 선택 대화상자

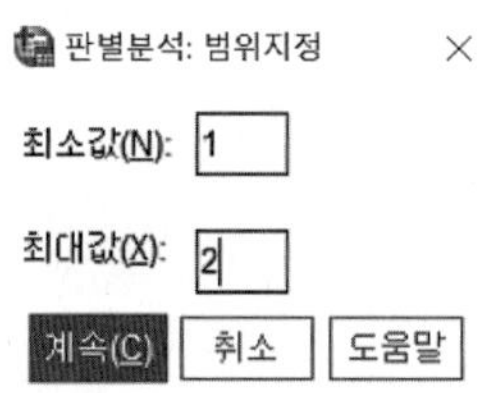

그림 25-38
판별분석:
범위 지정 대화상자

평균, 표준편차의 기술통계량을 구하기 위해서는 [통계량]Statistics 단추를 클릭하여 평균Means을 선택한다.

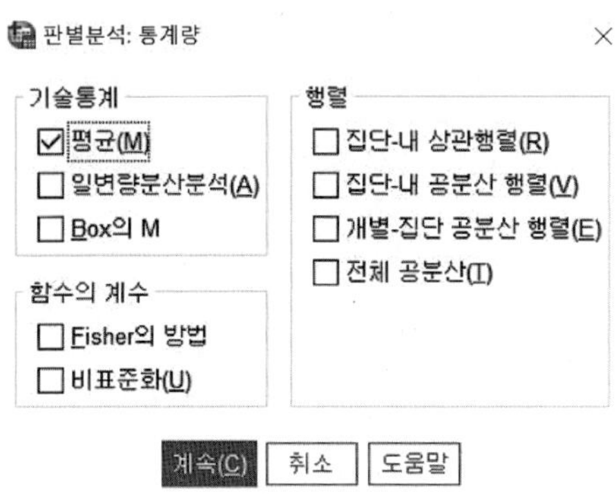

그림 25-39
판별분석:
기술통계량 대화상자

실제 및 예측된 소속집단을 표로 나타내 보이기 위해서는 [분류]Classify 단추를 클릭하여 요약표Summary Table를 선택한다.

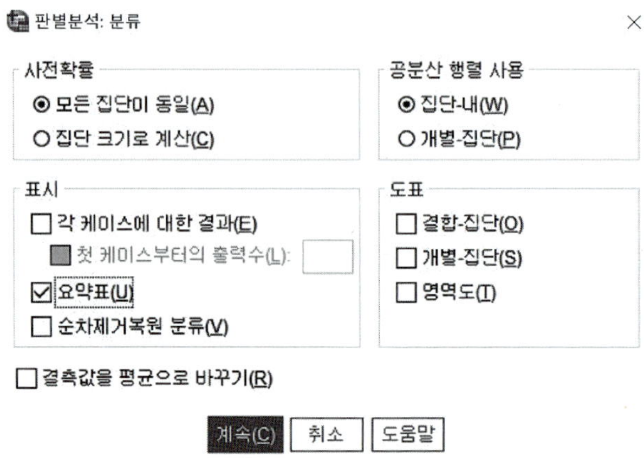

그림 25-40
판별분석:
분류 대화상자

단계적 판별분석의 결과는 다음과 같다.

표 25-43 판별분석: 집단통계량

GRADUATE		평균	표준편차	유효수(목록별)	
				가중되지 않음	가중됨
하지 않겠다	GPA	21.400	5.501	15	15.000
	HOURS	8.867	3.815	15	15.000
하겠다	GPA	27.133	4.779	15	15.000
	HOURS	13.067	4.079	15	15.000
합계	GPA	24.267	5.842	30	30.000
	HOURS	10.967	4.429	30	30.000

표 25-44 Wilks의 람다

단계	변수의 수	람다	자유도1	자유도2	자유도3	정확한 F			
						통계량	자유도1	자유도2	유의확률
1	1	.751	1	1	28	9.286	1	28.00	.995E−03

표 25-45 분석할 변수

단계		공차한계	제거할 F
1	GPA	1.000	9.286

표 25-46 분석할 변수 없음

단계		공차한계	최소 공차한계	입력할 F	wilks 람다
0	GPA	1.000	1.000	9.286	.751
	HOURS	1.000	1.000	8.483	.767
1	HOURS	.800	.800	2.175	.695

표 25-47 진입된/제거된 변수[a,b,c,d]

단계	진입된	Wilks 람다							
		통계량	자유도1	자유도2	자유도3	정확한 F			
						통계량	자유도1	자유도2	유의확률
1	GPA	.75	1	1	128.000	9.286	1	28.000	.005

각 단계에서 전체 wilks의 람다를 최소화하는 변수가 입력된다.
a: 최대 단계수는 4이다.
b: 입력할 최소 부분 F는 3.84이다.
c: 제거할 최대 부분 F는 2.71이다.
d: F 수준, 곱차한계 또는 VIN 부족으로 계산을 더 수행할 수 있다.

유의한 변수를 단계적으로 투입하는 단계선택법을 사용한 판별분석으로 변수의 추가여부는 F값이 3.84 이하이면 투입하지 않는다. 변수의 F값은 클수록, 람다값은 작을수록 기여도가 크다고 할 수 있다. 표 25-46이 보여 주듯, 첫 번째 단계에서는 두 변수GPA, hours 중 어떠한 변수도 투입되지 않았는데, F값이 GPA는 9.286, hours는 8.483이었다. 이 중 다음 단계에서 F값이 더 큰 GPA가 먼저 투입된다. GPA에 의한 두 집단 간 차이의 F값 9.286은 유의하다(P = .005 또는 P < .0). 두 번째 단계에서 변수가 다음 단계로 투입되기 위해서는 F값이 3.84보다 커야 하는데, hours의 F값은 2.175이기 때문에 분석에

투입되지 않는다. 결국 GPA만이 단계적 판별분석에 투입된 유일한 변수이다.

표 25-48 고유값

함수	고유값	분산의 %	누적 %	정준 상관
1	.332[a]	100.0	100.0	.499

a: 첫 번째 1 정준 판별함수가 분석에 사용되었다.

표 25-48이 보여 주듯, 판별함수가 하나이므로 100%percent of variance이며, 판별점수와 집단 간의 관련 정도를 나타내는 정준 상관계수는 .499이다.

표 25-49 Wilks의 람다

함수의 검정	Wilks의 람다	카이제곱	자유도	유의확률
1	.751	7.877	1	.005

표 25-49에 나타난 바와 같이 집단 내 분산을 총분산으로 나눈 Wilks' Lambda 값은 .751이고, 이 Lambda 값과 자유도를 고려한 χ^2은 7.877이다. χ^2 값을 이용하여 판별함수의 유의성을 검증할 수 있는데 유의확률이 .005으로 유의수준 .01에서 유의함을 알 수 있다. 즉, 집단 간 판별점수의 차이는 유의한 것이다.

표 25-50 표준화 정준 판별함수계수

	함수
	1
GPA	1.000

표 25-51 구조행렬

	함수
	1
GPA	1.000
HOUR[a]	.447

판별변수와 표준화 정준 판별함수 간의 집단 내 통합 상관행렬. 변수는 함수 내 상관행렬의 절대값 크기순으로 정렬되어 있다.
a: 이 변수는 분석에 사용되지 않는다.

표 25-52 비표준화 정준 판별함수 계수

	함수
	1
GPA	.194
(Constant)	−4.710

Unstandardized coefficients

표 25-50은 표준화된 판별함수계수이며, 표 25-51은 구조행렬로서 판별함수 값과 독립변수와의 상관을 보여 준다. 표 25-52는 비표준화 판별함수계수로서 판별식을 만들 수 있다.

$$z = -4.710 + .194\text{GPA}$$

이 판별식에 대상의 GPA 값을 대입하면 대학원에 진학할 수 있느냐를 판별할 수 있다.

표 25-53 함수의 집단중심점

GRADUATE	함수
	1
하지 않겠다	−.556
하겠다	.556

표준화 하지 않은 정준 판별함수가 집단평균에 대해 계산되었다.

표 25-53은 대학원에 진학하지 않은 집단의 판별점수의 평균중심점, Centroid이 -.556, 대학원에 진학하는 집단의 판별점수의 평균이 .556임을 보여 준다. 이것은 비표준화된 판별식에 의해 계산된 값으로 이 두 점수에 가까운 집단으로 판별한다. 그런데 특히 두 집단의 경우 사례수가 같으면 중심점의 합이 항상 0이 되기 때문에 사례의 판별점수를 0을 기준으로 집단에 분류할 수 있다.

표 25-54는 판별분석의 정확도를 말한다. 현재 판별식으로 올바르게 분류될 비율은 66.7%이다.

표 25-54 분류결과[a]

GRADUATE			예측소속집단		전체
			하지 않겠다	하겠다	
원래값	빈도	하지 않겠다	9	6	15
		하겠다	4	11	15
	%	하지 않겠다	60.0	40.0	100.0
		하겠다	26.7	73.3	100.0

a: 원래의 집단 케이스 중 66.7%이(가) 올바로 분류되었다.

참고문헌

국가생명윤리정책원(2018). 연구자를 위한 윤리지침. http://irb.or.kr

국가생명윤리정책원(2019). 취약한 연구대상자 보호 지침. http://irb.or.kr

이경옥(2021). 유아교육연구를 위한 고급통계. 학지사.

장상희 · 홍동식(2006). 사회 통계학: 원리와 실제. 박영사.

정자용 · 오세영 · 조복희(2007). 수도권 일부 지역 유치원 어린이의 아토피 피부염 유병률과 관련 식생활 요인 분석. 대한임상건강증진학회지, 7(2), 104-112.

정창수 · 문용갑(1990). 대도시 주민들의 이웃관계와 그 관련 변인들에 관한 연구. 한국사회학, 23(1), 1171-1189.

조복희 · 박혜원 역(1990). 발달심리의 연구법. 교육과학사.

조복희 · 이윤형(2020). 영유아발달. 교육과학사.

Arbuckle, J. L. (1997). AMOS user's guide version 3.6. Chicago, IL: SmallWaters Corp.

Babbie, E. (2020). The practice of social research (15th ed.). Boston, MA: Cengage.

Bailey, K. D. (2008). Methods of social research (4th ed.). NY: The Free Press.

Bentler, P. M. (1985). Theory and implementation of EQS: A structural equations program. Los Angeles, CA: BMDP Statistical Software Inc.

Black, T. B. (1994). Evaluating social science research. London: Sage Publications.

Byrne, B. M. (2010). Structural Equation Modeling with AMOS: Basic concepts, Applications, and Programming (2nd ed.). New York, NY:Routledge.

Campbell, D. T., & Stanley, J. C. (1966). Experimental and quasi-experimental designs for research. Boston, MA: Cengage.

Coolican, H. (2019). Research methods and statistics in psychology (7th ed.). NY: Routledge.

Corbin, J., & Strauss, A. (2015). Basics of qualitative research: Techniques and procedures for developing grounded theory. Thousand Oaks, CA: Sage publications.

Cozby, P. C., & Bates, S. C. (2019). Methods in behavior research (14th ed.). Boston, MA: McGraw-Hill Education.

Creswell, J. W., & Guetterman, T. C. (2018). Educational research: Planning, conducting, and evaluating quantitative and qualitative research (6th ed.). New Jersey: Pearson.

Creswell, J. W., & Poth, C. N. (2017). Qualitative inquiry and research design: Choosing among five approaches. Thousand Oaks, CA: Sage publications.

Dane, F. C. (2018). Evaluating research: Methodology for people who need to read research (2nd ed.). Los Angeles, CA: Sage Publications.

Davis, S. F., & Smith, R. A. (2020). Introduction to statistics and research methods: Becoming a psychological detective. New Jersey: Pearson.

Elmes, D. G., Kantowitz, B. H., & Roediger III, H. L. (2011). Research methods in psychology (9th ed.). Belmont, CA: Wadsworth Publishing.

Jöreskog, K. G., & Sörbom, D. (1984). LISREL–VI user's guide (3rd ed.). Mooresville, IN: Scientific Sortware.

Kerlinger, F. N., & Lee, H. B. (1999). Foundations of behavioral research (4th ed.). Belmont, CA: Wadsworth Publishing.

Kopala, M., & Suzuki, L. (2012). Using qualitative methods in psychology (Kindle ed.). Sage Publication International.

Leary, M. R. (2016). Introduction to behavioral research methods (7th ed.). New Jersey: Pearson.

Leong, T. L., & Austin, J. T. (2006). The psychology research handbook: A guide for graduate students and research assistants (2nd ed.). Thousand Oaks, CA: Sage Publications.

Miller, S. A. (2017). Developmental research methods (5th ed.). Thousand Oaks, CA: Sage Publications.

Mills, G., & Gay, L. (2018). Educational research: Competencies for analysis and applications (12th ed.). New Jersey: Pearson.

Mitchell, M. L., & Jolley, J. M. (2012). Research design explained (8th ed.). Belmont, CA: Wadsworth Publishing.

Moustakas, C. (1994). Phenomenological research methods. London, UK: Sage publications.

Muthén, L., & Muthén, B. (1999). Mplus user's guide. Los Angeles, CA: Muthén & Muthén.

Osgood, C. E., Suci, G. J., & Tannenbaum, P. H. (1957). The measurement of meaning. Champaign, IL: University of Illinois Press.

Resnik, D. B. (2018). The ethics of research with human subjects: Protecting people, advancing science, promoting trust. Cham, Switzerland: Springer.

Rosenberg, K. M., & Daly, H. B. (1993). Foundations of behavioral research. NY: Harcourt Brace College Publishing.

Sales, B. D., & Folkman, S. (2000). Ethnics in research with human participants. American Psychological Association.

Salkind, N. J. (2019). Exploring research (9th ed.). Upper Saddle River, New Jersey: Pearson.

Shaughnessy, J. J., Zechmeister, E. B., & Zechmeister, J. S. (2014). Research methods in psychology (10th ed.). NY: McGraw-Hill Education.

Singleton, R. A., & Straits, B. C. (2017). Approaches to social research (6th ed.). UK: Oxford University Press.

Steven, S. S. (1951). Handbook of experimental psychology. Wiley.

True, J. A. (1989). Finding out: Conducting and evaluating social research (2nd ed.). Belmont, CA: Wadsworth Publishing.

Whitley, B. E. Jr., & Kite, M. E. (2018). Principles of Research in Behavioral Science (4th ed.). NY: McGraw-Hill.

Wortham, S., & Hardin, B. (2011). Assessment in early childhood education (8th ed.). New Jersey: Pearson.

찾아보기

저자소개

조복희

현 경희대학교 아동가족학과 명예교수
서울대학교 가정교육과 졸업
서울대학교 대학원 아동학전공 석사
University of Tennessee (M.S/아동학 전공)
Oregon State University (Ph.D./인간발달 전공)
전 한국아동학회 회장
전 한국보육지원학회 초대회장
전 육아정책연구소 소장
저서: 속담과 아동발달 (2014)
인간발달 (공저, 2020)
영유아발달 (공저, 2020)

이주연

현 전남대학교 생활복지학과 교수
이화여자대학교 가정관리학과 졸업
이화여자대학교 대학원 가정관리학과 석사
University of Wisconsin-Madison (Ph.D./인간발달가족 전공)
저서: 정신건강론 (공저, 2017)
보육교사론 (공저, 2017)
보육학개론 (공저, 2020)

김양은

현 우송대학교 글로벌아동교육학과 교수
경희대학교 아동주거학과 졸업
경희대학교 대학원 아동학전공 석사
Pennsylvania State University (Ph.D./유아교육 전공)
저서: 보육과정 (공저, 2021)
아동관찰 및 행동연구 (공저, 2021)

아동연구의 방법, 2판

초판 발행 2009년 2월 28일
2판 발행 2022년 2월 28일

지은이 조복희 · 이주연 · 김양은
펴낸이 류원식
펴낸곳 교문사

편집팀장 김경수 | **책임진행** 심승화 | **디자인** 신나리 | **본문편집** 홍익m&b

주소 10881, 경기도 파주시 문발로 116
대표전화 031-955-6111 | **팩스** 031-955-0955
홈페이지 www.gyomoon.com | **이메일** genie@gyomoon.com
등록번호 1968.10.28. 제406-2006-000035호

ISBN 978-89-363-2302-8 (93370)
정가 21,000원